생성형 AI가

처음인 어른들을 위한

가장 쉬운 책

일러두기

특별부록으로 제공되는 〈처음 어른들을 위한 생성형 AI 2.0 퍼펙트 활용 가이드〉를 통해 생성형 AI의 종류별 활용 가이드 팁을 보다 구체적으로 확인할 수 있습니다. 오른쪽 QR코드를 통해 다운로드 받아 활용하시기 바랍니다.

인공지능 시대의 생존을 위한 가장 강력한 무기

생성형 AI가
처음인 어른들을 위한
가장 쉬운 책

김재필 지음

한스미디어

대혼돈의 시대에서
살아남기 위한 AI 인생 전략

● 트럼프 2기, 구조조정, 경제 침체… 대혼돈의 파도가 밀려온다

"천만 제2차 베이비부머의 은퇴가 시작된다"

조간 신문을 펼쳐 보다가 경제면의 충격적인 헤드라인이 눈에 들어왔다. 960만 명에 달하는 제2차 베이비부머 세대(1964년부터 1974년 출생)가 향후 11년에 걸쳐 법정 은퇴 연령인 60세에 진입한다는 것이었다. 그리고 얼마 지나지 않아 이번엔 국내 대기업들에서 희망퇴직과 구조조정을 실시한다는 기사가 등장했다. 극심한 경제 침체에 대비한 선제적 대응이라고 해명했지만, '올 것이 왔구나'라는 느낌이 들었다. 제2차 베이비부머 세대의 은퇴가 현실로 다가온 것이다.

한때 386세대, X세대로 불린 제2차 베이비부머는 IMF 외환위기 시기에 구조조정의 한파를 맞으면서, 전쟁터 같은 직장에서 20~30년을 버티며 묵묵히 제 역할을 해냈다. 50대 중후반의 나이에 회사를 떠나기엔 아직 현역 같은데, 이제 인생의 종착역인 양 기약 없는 퇴직을 마주하고 있다. 조직에서 속절없이 밀려나는 기분은 이루 말할 수가 없다. 한 해 한 해 성과에 대한 압박은 더해만 가는데, 젊은 세대를 따라잡기가 버겁다.

이제 회사에 남아 있을 시간이 몇 년 남지 않았고, 그마저도 안정적이지 않다. 정년마저 위태위태하다. 설령 정년이 연장된다 해도 몸과 마음이 따라주지 않는다. 끝까지 회사가 원하는 성과를 낼 자신이 없다. 성과를 내지 못하면 언제든지 회사에서 쫓겨날 수 있다는 현실은 마음을 더욱 불안하게 만든다.

게다가 도널드 트럼프가 47대 미국 대통령으로 당선되어 트럼프 2.0 시대가 열리면서 세계 정세는 격랑에 휩싸였다. 금리, 무역, 환율, 부동산 등 모든 경제 상황이 한 치 앞을 내다볼 수 없을 만큼 큰 변화가 있을 것으로 예상되는 가운데, 대혼돈의 시대를 맞아 혼란과 불안 속에서 제2차 베이비부머 세대는 이제 새로운 인생길을 찾아나가야 한다.

● 인생의 변곡점을 맞이한 요즘 어른들

제2차 베이비부머 세대는 지금 인생의 가장 큰 변곡점을 맞이하고 있다. 제2차 베이비부머 세대는 한국 사회를 지탱해온 원동력이었지만, 이제는 퇴직이라는 거대한 파도에 맞서야 한다. 희망퇴직, 명예퇴직의 칼바람을 피할 재간이 없다. 매년 반복되는 구조조정의 압박 속에서 언제까지 회사에 머물 수 있을지 보장할 수 없다. 어디 그뿐인가. 퇴직금으로 노후를 준비해야 하는데 당장 먹고살 걱정부터 앞선다. 자식 교육과 부모 부양이라는 이중고에 시달려 정작 자신의 노후는 뒷전이었다. 속이 타들어 간다. 퇴직금 외엔 별다른 대책이 없다는 걸 지금 와서야 깨닫는다. 설상가상으로 퇴직 후 재취업은 하늘의 별 따기다. 은퇴 후 새로운 일, 새로운 삶을 개척하기 위해 세상으로 나가야만 한다.

은퇴 후에도 제2차 베이비부머들은 일을 계속하고 싶어 한다. 노후 대비가 충분치 않기 때문이다. 60세 이상 취업자 수는 326만 5,000명으로 5년 새 연평균 9%나 늘었다. 하지만 재취업의 문은 좁기만 하다. 청년실업이 심각한 상황에서 중장년층 일자리 문제는 후순위로 밀릴 수밖에 없다. 게다가 급변하는 기술 환경 속에서 오랜 경력이 오히려 재취업에 걸림돌이 되기도 한다. 기업이 선호하는 것은 연륜보다 젊고 유연한 인재들이다.

현실적으로 은퇴 후 삶은 그리 녹록하지 않다. 공적연금의 불안정성과 그로 인한 소득절벽은 은퇴 이후 대다수 중장년층을 단순 일자리로 내몰고 있다. 한국고용정보원의 자료에 따르면, 65세 이상의 신규 취업자들은 대부분 불안정한 임시근로나 일용직에 종사하고 있다. 이들의 대부분은 정년 후 새로운 일터에서 일하지만, 그마저도 언제든 해고될 수 있는 상황이다. 젊은 시절에는 결코 고려하지 않았던 불안정한 일자리이지만, 지금은 생계유지를 위해 어쩔 수 없이 선택해야 한다.

정년 연장과 재고용 제도도 현실적인 대안이 되지 못한다. 기업들은 인건비 부담과 고령자의 낮은 생산성을 이유로 정년 연장에 대해 소극적인 태도를 보인다. 한국고용정보원의 조사에 따르면, 5인 이상 사업체 중 정년 연장 계획이 있는 곳은 절반에 미치지 못하며, 그마저도 임금피크제 도입 등 임금을 조정해야 한다는 조건이 따른다. 결국 많은 중장년층은 불안정한 일자리에서 일하거나 자영업에 도전하고 있다. 그러나 자영업 역시 창업 자금 부족과 사업 실패 시 큰 경제적 타격을 입을 수 있어 결코 쉬운 선택이 아니다.

제2차 베이비부머 세대는 스스로 새로운 일자리를 창출해야 한다. 과거에는 회사와 사회가 미래를 보장해줄 것이라 믿었지만, 이제는 그렇지 않다는 것을 안다. 고령화 사회에서 일은 선택이 아닌 필수로 다가온다. 이들에게 일은 단순히 생계를 위한 수단을 넘어 자존감을 지키기 위한 방법이기도 하다. 결국 해답은 스스로 길을 개척하는 것뿐이다. '내 일은 내가 만들어야 한다.'

그렇다 보니 하나의 대안으로 창업이 늘고 있다. 2023년 기준 60대 이상이 대표로 있는 사업체 수가 역대 최대치를 기록한 것이 이를 방증한다. 무인매장, 세탁소, 수선업 등 진입 장벽이 낮은 업종이 대세다. 녹록지 않은 도전이지만 생계를 위해선 어쩔 수 없는 선택이다.

은퇴를 앞둔 제2차 베이비부머 세대에게 필요한 것은 새로운 도전 정신이다. 이들의 은퇴는 한국 경제에 큰 영향을 미칠 전망이다. 한국은행에 따르면, 이들의 은퇴로 향후 10년간 연평균 경제성장률이 0.38%p씩 떨어질 것으로 보인다. 일각에서는 이를 '인구절벽'에 이은 '성장절벽'이라고 표현하기도 한다. 이러한 상황에서 이들의 경험과 지식을 최대한 활용하는 것은 한국 경제의 성장을 위해 필수적이다.

미국의 부유한 베이비부머 세대는 은퇴 후에도 경제활동을 이어가며 사회에 기여하고 있다. 이들은 퇴직연금과 부동산 자산 가치의 급상승으로 경제적 여유를 누리며, 미국 전체 가계 자산의 약 70%를 소유하고 소비를 주도하고 있다. 《월스트리트저널》은 "우리 아직 안 죽었어We're not dead yet"라는 제목으로 이들의 영향력을 강조했다. 이들은 여전히 경제를 움직이는 중요한 세대다. 평균연령 73세의 선시티 같은 계획도시에서 상점, 식당, 건강 클리닉 등 다양한 분야에서 활발하게 소비하며 경제를 이끌고 있다. 특히 55세 이상의 미국인은 전체 개인 지출의 45%를 차지하며, 베이비붐 세대는 인구의 20%에 불과하지만 자산의 52%를 소유하고 있다.

이러한 사례는 제2차 베이비부머 세대에게도 많은 것을 시사한다. 이들은 과거의 경력과 경험을 바탕으로 새로운 분야에 도전하고, 자신의 삶을 주체적으로 이끌어갈 용기가 필요하다. 무엇보다 '계속 고용'을 노후 대책으로 여기기보다 자아실현의 기회로 삼는 자세가 중요하다. 세상은 쉽지 않지만, 결국 자신의 자리와 일은 스스로 만들어야 한다. 이것이 이 시대를 살아가는 중장년층에게 주어진 과제이며, 그들이 선택해야 할 길이다.

● 끊임없이 변화에 도전하다

요즘 어른들은 기존 시니어 세대와는 다르다. 이전 세대가 안정적이고 전통적인 가치를 중시했다면, 지금의 어른들은 끊임없는 변화와 성장을 추구한다. 나이는 숫자에 불과하며, 여전히 배울 것이 많고 도전할 것도 많다고 느낀다.

2024년 9월에 열린 제67회 미스 유니버스 코리아 본선에 출전한 81세의 최순화 씨는 나이는 숫자에 불과하다는 것을 몸소 보여주었다. 그녀는 한국인 최고령 참가자로서 당당히 무대에 올라 '베스트 드레서' 상을 거머쥐었다. 최순화 씨의 도전은 늦은 나이에도 불구하고 새로운 꿈을 향해 나아갈 수 있다는 것을 증명했다. 76세에 모델의 꿈을 갖게 된 그녀는 아카데미에 등록하여 열심히 공부하고 연습했다. 병원에서 일하면서도 런웨이를 걷는 연습을 게을리하지 않았던 그녀의 노력은 서울패션위크 데뷔와 유명 패션 잡지 및 광고 출연이라는 결실을 맺었다. "이 나이에도 불구하고 저는 기회를 잡고 도전할 용기가 있었다"며 꿈을 향한 도전의 메시지를 전했다. 그녀는 나이에 상관없이 끊임없이 성장하고 발전할 수 있다는 것을 보여주었다.

지금 무언가를 시작하기에는 늦었다고 생각했다면, 최 씨의 사례는 그런 생각이 얼마나 큰 오해인지를 깨닫게 해준다. 풍부한 경험과 지혜를 바탕으로 새로운 도전을 이어간 그녀는 나이라는 숫자에 갇히지 않고, 긍정적인 마음가짐과 태도로 인생을 개척해나가는 진정한 아름다움을 보여주었다. 81세의 나이에도 이렇게 당당히 자신의 꿈을 향해 도전하는 모습을 보면, 50~60대는 새로운 시작을 하기에 결코 늦은 나이가 아니다. 오히려 인생의 전환점에서 새로운 가능성을 모색할 수 있는 최적의 시기일 수 있다.

기술에 대한 개방적인 태도도 요즘 어른들의 특징 중 하나이다. 그들은 라디오, 워크맨, TV, 개인용 컴퓨터, 스마트폰 등 혁신적 기술의 변화를 겪으며 성장해왔다. 이러한 경험 덕분에 아날로그와 디지털에 모두 능하며, 새로운 기술에 대해서도 비교적 거부감이 없다. 그렇기 때문에 AI가 등장해도 협업의 도구로 자연스럽게 받아들일 수 있다. 배움을 멈추지 않고, 변화에 적극적으로 대응하려 한다. 새로운 기술이나 기기를 배우고 사용하는 것에 주저하지 않으며, 변화에 대한 두려움보다는 호기심이 앞서는 것이 요즘 어른들의 모습이다.

필자 역시 챗GPT와 같은 AI를 자주 사용한다. 궁금한 점이 생기면 바로 질문하여 빠르게 답을 얻고, 복잡한 정보를 쉽게 이해하는 데 도움을 받는다. 시간은 절약되고 생산성은 높아지니 AI를 안 쓸 이유가 없다. AI를 통해 복잡한 데이터를 쉽게 분석하고, 이를 쉽게 설명할 수 있게 되면서 본인이 가진 경험과 지식의 전달도 훨씬 쉬워졌다.

나이가 들면서 신체적·정신적 에너지가 줄어드는 건 자연스러운 일이다. AI는 이런 한계를 넘는 데 큰 도움이 된다. 반복적인 일이나 정보 검색 같은 부분에서 AI의 도움을 받고, 그 에너지를 더 중요한 일에 쓸 수 있다. 이는 정신적 건강과 행복감을 유지하는 데 아주 중요하다.

● AI가 처음인 어른들에게 전하는 'AI 인생 전략서'

요즘 어른들은 기존 시니어 세대와 달리 인생의 황금기를 맞아 자신만의 색깔로 제2의 인생을 설계하고 싶어 한다. 은퇴 이후의 삶을 어떻게 가치 있고 행복하게 살아갈 것인지가 이들의 가장 큰 화두다. 그들에게 AI는 기술 그 이상의 의미를 갖는다.

이 책은 AI를 처음 접하거나 AI를 실생활에서 활용하고자 하는 그런 어른들을 위한 'AI 인생 전략서'가 되고자 한다. 단순한 AI 지식 전달이 아닌 자신의 길을 똑바로 찾아갈 수 있게 도와주는 길라잡이 역할을 하고자 한다. AI를 삶에 녹여내어 자신의 꿈과 진정한 자아를 찾고, 직면한 고민과 문제를 슬기롭게 헤쳐나갈 수 있는 통찰을 전하고자 한다. 평생학습을 통해 제2의 인생을 준비하는 일, 건강하고 활기찬 노후를 설계하는 일, 새로운 라이프 스타일을 추구하며 자아를 실현하는 일 등에 있어 AI는 강력한 파트너가 될 수 있다.

이 책에서는 수많은 생성형 AI 중에서도 가장 유용하고 필요하다고 생각되는 AI 서비스와 활용 방법을 소개한다. 생성형 AI를 잘 활용하여 요즘 어른들이 계속해서 성장하고 꿈을 향해 나아갈 수 있도록 돕고자 하는 마음으로 작성하였다. 같은 눈높이에서 요즘 어른들의 고민이 무엇이고, AI를 통해 지식을 체계화하여 전문가로서의 역량을 강화하는 법이나 AI로 맞춤형 정보를 얻는 법 등 잠재력을 발휘할 수 있는 내용들을 담았다.

　다가오는 생성형 AI 2.0 시대에서 성장하기 위해서는 마인드를 바꿔야 한다. AI를 위협이 아닌 경쟁력을 높여주는 기회로 바라보는 관점의 전환이 필요하다. 인생 후반전을 더욱 찬란하게 빛내줄 반려 기술임을 깨달아야 한다. 끊임없이 배우고 도전하며 자신다운 삶을 만들어가는 여정에 AI와 함께 그 첫걸음을 내딛어보자.

3장 | 처음 어른들을 위한 위한 최소한의 생성형 AI 지식

4장 | 처음 어른들을 위한 너무나 쉬운 생성형 AI 활용법

1장
생성형 AI 2.0 대혁명

챗GPT 세상 2년, 모든 것이 AI로 탈바꿈하다

● 챗GPT, 벌써 2년

챗GPT가 세상에 모습을 드러낸 지 어느덧 2년이 되었다. 지난 2년 동안 챗GPT는 폭발적인 인기를 얻으며 생성형 AI의 대명사로 자리 잡았고, 우리의 일상과 사회는 그 영향으로 엄청난 변화를 겪었다.

2022년 11월 30일, 처음 챗GPT를 접했을 때의 그 충격과 놀라움은 지금도 생생하다. 노트북 화면 너머로 펼쳐진 것은 마치 SF 영화에서나 볼 법한 광경이었다. 입력한 질문에 AI가 마치 인간처럼 자연스럽고 논리적으로 답변하는 모습에 경악을 금치 못했다.

'이게 정말 인공지능이 작성한 글인가?'

'이런 것이 가능하다고?'

수없이 입력했던 질문들…. 챗GPT와 주고받는 대화 한 마디 한 마디가 새로운 깨달음이자 충격으로 다가왔다. 머신러닝Machine Learning, 딥러닝Deep Learning, 인공지능 등 그동안 막연하게만 느껴졌던 개념들이 챗GPT를 통해 생생한 현실로 다가왔다. 동시에 가슴 설레는 미래에 대한 상상도 시작되었다. 챗GPT와 같은 AI 기술이 우리 삶에, 산업에, 사회에 어떤 변화를 가져올까? 단순 반복 업무는 AI가 대신하고 인간은 더 창의적이고 가치 있는 일에 몰두하게 될까? AI와 인간이 협업하는 새로운 시대가 열릴까? 한편으로는 걱정도 들었다. 강력한 AI 기술이 악용될 수 있지는 않을까? 기술의 발전 속도를 인간이 따라잡지 못하면 어떻게 될까? 윤리적·법적 기준은 어떻게 마련할 수 있을까?

기대와 우려가 공존하는 사이, 챗GPT는 빠르게 전 세계로 확산되었다. 공개된 지 불과 몇 주 만에 전 세계적으로 수백만 명의 사용자를 끌어모으며 폭발적인 관심을 받았고, 이는 곧 마이크로소프트MS와 오픈AI의 파트너십으로 이어졌다. MS는 빙 검색에 챗GPT를 탑재하고 오피스 제품과 윈도우에 통합하는 등 AI 경쟁에서 선제적 행보를 보였다.

2023년 초에는 당황한 구글이 재빠르게 경쟁 AI인 '바드Bard'를, 중국 바이두는 자체 챗봇을 예고하는 등 글로벌 IT 기업들의 AI 주도권 경쟁이 본격화되었다. 그해 3월에는 GPT-4가 출시되어 본격적인 생성형 AI 시대가 시작되었고, 각 기업들은 앞다투어 자사 제품에 생성형 AI를 접목했다. 이 시기에 AI 개발자들의 몸값도 급등했다.

동시에 AI가 가져올 사회적 영향에 대한 우려도 커졌다. AI 윤리 문제, 저작권 침해, 일자리 감소 등의 이슈가 불거졌고, 심지어 일론 머스크를 비롯한 AI 석학들은 AI 개발 중단을 요구하기도 했다. 하지만 AI의 발전은 거스를 수 없는 대세가 되어 있었다.

2023년 하반기, 오픈AI는 기업용 챗GPT를 출시하고 다양한 신기능을 추가하며 본격적인 상업화에 돌입했다. 11월에는 오픈AI의 CEO 샘 알트만Sam Altman의 돌연 해임과 5일 만의 복귀라는 충격적인 드라마도 펼쳐졌다.

다음 해인 2024년 들어서도 생성형 AI 열기는 식지 않았다. 2024년 1월, 오픈AI는 GPT 스토어Store를 오픈했는데, 이를 통해 누구나 GPT 기반 애플리케이션을 개발하고 판매할 수 있게 되었다. 교육, 의료, 법률 등 전문 분야에서도 GPT 기반 도구들이 속속 등장했다. 2월에는 챗GPT의 오프라인 모드와 메모리 기능이 추가되면서 활용성이 더욱 높아졌다.

샘 알트만이 복귀한 지 불과 6개월 만인 2024년 5월, 오픈AI는 GPT-4oomni를 발표했다. GPT-4o는 텍스트, 오디오, 이미지, 비디오 등 다양한 형식의 데이터를 처리할 수 있는 멀티모달Multi-modal 모델이다. 사용자와 실시간 음성 대화가 가능하며, 상대방의 감정을 인식하고 그에 맞는 반응을 보일 수 있다. 평균 0.32초 내에 응답이 가능한 빠른 속도, 실시간 다국어 번역, 이미지에 대한 정확한 이해 등 GPT-

4o의 혁신적인 기능은 AI와 인간의 상호작용을 한 차원 높은 수준으로 끌어올리며 범용인공지능Artificial General Intelligence, AGI의 실현이 한층 가까워졌음을 보여주었다. 7월에는 GPT-4의 경량화 버전인 GPT-4 미니mini가 출시되었다. 이를 통해 개인과 중소기업도 합리적인 가격에 고성능 AI를 활용할 수 있게 되었다. GPT-4o와 GPT-4 미니는 생성형 AI의 대중화에 새로운 전기를 마련했다.

● 기업이, 사회가, 일상이 AI로 트랜스포메이션되다

챗GPT로 대표되는 생성형 AI의 영향력은 콘텐츠 생성 분야에서 눈부시게 증가했다. 기업들은 생성형 AI를 활용해 웹사이트 콘텐츠, 광고 문구, 소셜 미디어 게시물 등을 빠르고 효율적으로 제작했고, 기업들은 챗GPT가 콘텐츠 생성 속도 향상에 기여했다고 응답할 정도였다. 자연어 대화, 문서 작성, 코딩 등 챗GPT의 광범위한 능력이 알려지면서 생성형 AI는 기업 경영의 화두로 떠올랐다. 생성형 AI는 기업의 업무 효율성을 높이고 비용을 절감하는 한편, 새로운 혁신의 기회를 제공하면서 디지털 트랜스포메이션Digital Transformation, DX을 가속화하고 있다.

글로벌 컨설팅 기업 맥킨지앤컴퍼니의 조사 결과, 생성형 AI의 활용이 가장 활발한 분야는 '마케팅 및 영업'(34%)과 '제품 및 서비스 개발'(23%)로 나타났다. 소프트웨어 기업 어도비는 생성형 AI '파이어

플라이Firefly'를 통해 텍스트 입력만으로 이미지를 생성하고 편집하는 기능을 제공한다. 마케팅 담당자들은 이를 통해 제품 홍보용 이미지나 광고 배너 등을 손쉽게 제작할 수 있게 됐다.

고객 서비스 영역에서도 생성형 AI의 활약은 두드러졌다. 많은 기업은 생성형 AI 기반의 챗봇을 도입하여 24시간 고객 문의에 즉각 대응할 수 있게 되었다. 이는 고객 만족도 향상과 함께 인건비 절감 효과도 가져왔다.

금융, 의료, 교육 등 여러 산업군에서도 생성형 AI의 도입이 확산되고 있다. 디지털 기술 컨설팅 기업 가트너는 2025년까지 전 세계 기업의 30% 이상이 생성형 AI를 통해 새로운 제품, 서비스, 고객 경험을 창출할 것으로 내다봤다. 또한 생성형 AI는 디지털 전환의 걸림돌로 여겨졌던 '레거시 시스템'의 한계를 극복하는 돌파구가 될 수 있다. 방대한 양의 비정형 데이터를 분석해 의미 있는 결과를 도출하고, 핵심 프로세스의 자동화를 통해 조직 전반의 효율성을 높인다. 나아가 제품 개발, 고객 서비스 등에서 새로운 혁신을 일으키는 촉매제 역할을 한다.

국내에서는 아직 기업들의 AI 활용도가 해외 대비 낮은 편이다. 이제 걸음마 단계라는 얘기다. 하지만 생성형 AI가 기업 경쟁력의 핵심 요소로 자리 잡으면서 앞으로 도입이 가속화될 것으로 보인다.

글쓰기나 그림과 같은 창작 분야에서도 생성형 AI의 활용도는 점점 커지고 있다. 작가들은 챗GPT를 활용해 스토리텔링 아이디어를 얻고, 등장인물의 대사를 생성하는 등 창작 과정에서 AI와 협업하는 사례가 늘고 있다. 일부 작가들은 챗GPT와 공동 집필한 작품을 발표하기도 했다. 2024년 1월, 일본 최고 권위의 작품상인 '아쿠타가와상' 선정 소설에 AI를 사용했다는 사실이 밝혀져 문학계는 큰 충격에 휩싸이며 논란에 빠지기도 했다. 소설 《도쿄도 동정탑東京都同情塔》으로 아쿠타가와상을 수상한 구단 리에 작가는 수상 기자회견에서 소설 대화 내용 가운데 5%를 챗GPT가 만들어준 문장으로 채웠다고 고백했다. 이 소설은 범죄자를 '동정받아야 할 사람'으로 생각하는 근미래의 도쿄를 무대로 한 것으로, 일상생활 깊숙이 생성형 AI가 침투해 언어에 대한 과도한 자기통제가 일어나는 사회를 AI와 대화하며 비판하고 있다. 구단 작가는 "챗GPT와 개인적인 문제로도 교감을 나눴다. AI와 좋은 관계를 유지하고 공존하며 창의력을 더욱 발휘하고 싶다"고 말했는데, 이에 대해 아쿠타가와 시상위원회는 "AI를 사용한 것은 사실이나 그의 작업물이 실질적으로 흠잡을 데가 없다고 판단했다"며 시상을 뒤집을 생각이 없다고 밝혔다.

이처럼 창의성의 본질이 인간 고유의 영역이라는 점에서 AI 작문에 대한 우려의 목소리도 있지만, 분명한 것은 창작의 영역에서도 인간과 AI의 협업이 새로운 지평을 열고 있다는 사실이다.

교육 분야에서도 생성형 AI를 활용한 맞춤형 학습 콘텐츠 제작이 활발하다. 학생 개개인의 수준과 관심사에 맞는 학습 자료를 AI가 실시간으로 생성해주고, 학생들의 질문에 즉각 답변을 제공하는 AI 튜터링 서비스도 등장했다. 2025년부터 한국에서는 AI 디지털 교과서가 각 학교에서 순차적으로 도입되어 교육의 개인화와 효율화를 가속화하는 한편, 교사의 역할 변화도 촉구되고 있다.

생성형 AI로 인해 가장 극적인 변화를 맞은 분야 중 하나는 번역과 다국어 콘텐츠 제작이다. 한때 인기 직종이었던 실시간 통역 및 외국어 번역 전문가들의 일자리가 챗GPT의 등장으로 대폭 줄어들었을 정도다. 전 세계 44%의 기업들은 챗GPT를 활용해 다국어 콘텐츠를 제작하고 있으며, AI 실시간 통역 서비스는 이제 화상회의와 국제 행사의 필수 요소가 되었다. 덕분에 언어의 장벽이 허물어지면서 전 지구적 소통과 협력의 가능성도 한층 확대되고 있다.

● AI의 어두운 그림자, 딥페이크

물론 생성형 AI가 불러온 변화가 전적으로 긍정적인 것만은 아니다. 대표적인 것이 바로 '딥페이크' 문제다. 딥페이크deepfake는 딥러닝deep learning과 가짜fake의 합성어로, AI로 실제 인물의 얼굴, 음성, 행동 등을 합성해 마치 진짜처럼 보이게 하는 기술이다. 특히 생성형 AI 기술 발달로 전문가가 아니더라도 쉽게 딥페이크 콘텐츠를 만들 수 있게 됐다. 이로 인해 연예인은 물론 일반인 피해 사례도 급증하는 추세다. 과거엔 연예인 얼굴을 합성해 음란물을 제작하는 경우가 대부분이었지만, 이제는 지인들의 얼굴까지 악용되고 있는 것이다.

게다가 텔레그램을 통해 제작·유포된 딥페이크 음란물이 심각한 사회문제로 확산되고 있다. 텔레그램은 러시아 개발자가 만든 메신저 앱으로, 익명성과 보안성을 앞세워 전 세계에서 4억 명 이상이 사용 중이다. 국내에서도 2024년 8월 한 달간 신규 이용자가 34만 명 이상 늘어나는 등 이용이 급증하는 추세다. 텔레그램의 이런 익명성이 범죄에 악용되고 있는데, 딥페이크 음란물 제작과 유포에 텔레그램이 악용되면서 2차 피해 확산이 우려된다.

또한 콘텐츠의 질적 하락, 가짜 정보의 확산, 저작권 침해 등의 우려도 제기되고 있다. AI에 대한 과도한 의존이 인간 고유의 창의성을 잠식할 수 있다는 지적도 있다.

그럼에도 챗GPT로 인해 우리의 일상과 산업 지형이 근본적으로 재편되고 있음은 부인할 수 없는 사실이다. 단순 반복 업무는 AI에 맡기고 인간은 더욱 창의적이고 부가가치 높은 영역에 집중하는, 새로운 일하는 방식이 자리 잡고 있다. AI와의 협업을 통해 우리는 이전에는 상상하기 어려웠던 혁신을 이뤄내고 있다. 우리는 생성형 AI가 일상과 업무에 가져온 변화를 실감하고 있다. 단순히 편리한 도구를 넘어, AI는 소통하고 협업하며 문제 해결 방식 자체를 변화시키고 있다.

생성형 AI는 인간의 창의력과 사고력을 보완하면서 업무 처리 속도와 정확성을 높인다. 그 과정에서 새로운 통찰과 혁신의 기회도 창출한다. 동시에 범죄에 악용되는 딥페이크과 같은 기술을 막기 위해선 개개인의 인식 제고와 자성의 목소리도 필요하다. 모두가 경각심을 갖고 AI 기술의 윤리적 사용을 위해 노력해야 한다. 사회 전반의 디지털 리터러시 향상과 AI 윤리 정립도 시급하다.

챗GPT 2주년을 맞는 지금, 우리는 이미 AI와 공존하는 시대에 살고 있다. 중요한 것은 이 변화를 어떻게 받아들이고 활용하느냐다. AI를 두려워하기보다 기회로 바라보고, 인간만의 고유한 가치를 지키면서 AI와 협력하는 지혜가 필요한 시점이다. 해결해야 할 과제도 많다. AI로 인한 일자리 감소, 가짜 정보 확산, 프라이버시 침해 등 부작용에 대한 우려는 여전하다. 차별과 편견을 학습한 AI가 사회적 불평등을 심화시킬 수 있다는 지적도 있다. 무엇보다 강력해진 AI를 인간이 통제할 수 있을지, 윤리적 기준을 어떻게 정립할지에 대한 근본적인 물음이 남아 있다.

지난 2년은 챗GPT로 인해 세상이 빠르게 변화하는 모습을 지켜본 시기였다. 생성형 AI에 대한 거품이 사라지고 이제 다음 단계로 진입한 새로운 AI의 시대는 그 변화를 인간이 어떻게 헤쳐나갈지 고민하고 준비해야 할 시기다. AI와 인간이 공존하고 상생하는 길을 모색해야 한다. 우리가 어떤 선택을 하느냐에 AI 시대의 미래가 달려 있다. 인간다움을 잃지 않으면서도 기술의 혜택을 누리는, 인간과 AI가 공존하는 따뜻한 디지털 미래. 그것이 우리가 AI와 함께 만들어갈 내일이다.

이것만은 알아두자: 생성형 AI, 챗GPT, LLM

● 다 알 필요 없다, 딱 3개만 이해하자

요즘 신문이나 인터넷 기사를 보면 경제나 정치면에도 IT 용어가 등장한다. 챗GPT 열풍이 불고 나서는 AI 관련된 알파벳 용어들이 여기저기 난무할 지경이다. 마음 같아서는 다 외우고 이해하고 싶지만, 우리 뇌의 용량에는 한계가 있다. AI에 관심은 있고 들어본 적은 있는 사람들을 위해 수많은 AI 용어들 중에서 딱 3가지만 소개한다. 바로 생성형 AI, 챗GPT, 그리고 LLM이다.

먼저 AI, 인공지능부터 설명하면 영어로 Artificial Intelligence, 즉 Artificial은 인공의, 즉 사람이 만든 것을 의미하고, Intelligence는 지능을 뜻한다. 그래서 합치면 '사람이 만든 지능', 즉 인공지능을 의미한다. 사람처럼 생각하고 판단할 수 있도록 만든 컴퓨터 프로그램이다. 스마트폰에서 말하면 알아듣고 답해주는 음성 비서나 길을 안내해주는 내비게이션 등이 다 AI 기술을 이용한 것이다.

AI의 개념은 1950년대로 거슬러 올라간다. 당시 컴퓨터가 처음 개발되고 사람들이 생각했다. '컴퓨터가 사람처럼 생각할 수 있을까?' 이 질문에 답하기 위해 여러 과학자와 연구자들이 모여 연구를 시작했고, 1956년 미국의 다트머스대학에서 열린 회의에서 '인공지능'이라는 용어가 처음 사용되었다. 그때부터 컴퓨터가 문제를 해결하고, 게임을 하고, 언어를 이해하는 방법을 연구하기 시작했다.

AI는 마치 어린아이에게 지식을 가르쳐서 점점 똑똑해지게 만드는 것과 같다. 처음에는 간단한 것만 할 수 있었지만, 시간이 지나면서 더 복잡하고 어려운 일도 해낼 수 있게 되었다. 정리하면, 인공지능AI은 사람이 만든 지능으로, 컴퓨터가 사람처럼 생각하고 행동할 수 있도록 하는 기술이며, 1950년대부터 연구가 시작되어 지금까지도 계속 발전하고 있다.

가끔 AI가 하드웨어인지 소프트웨어인지를 질문하는 경우가 있는데 결론부터 말하면 AI는 소프트웨어다. 하드웨어는 컴퓨터의 물리적인 부분으로 키보드, 마우스, 모니터, 컴퓨터 내부의 CPU(중앙처리장치), 메모리, 하드디스크 등이다. 반면 소프트웨어는 이러한 하드웨어에서 실행되는 프로그램과 애플리케이션이다. 문서 작성 프로그램, 인터넷 브라우저, 게임 등이 소프트웨어다. AI는 컴퓨터가 사람처럼

AI, 생성형 AI, LLM, GPT의 관계

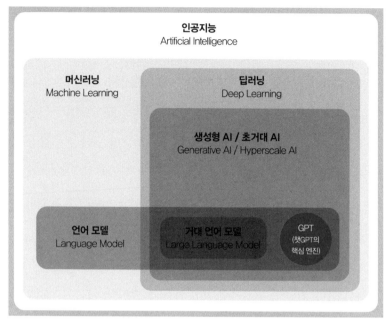

자료: KDI 보고서

생각하고 판단할 수 있게 해주는 프로그램과 알고리즘의 집합이다.
컴퓨터 자체가 AI는 아니다.

다만 AI를 실행하기 위해서는 하드웨어가 필요하다. 특히 복잡한
AI 작업을 수행하려면 강력한 처리 능력을 가진 컴퓨터나 서버가 필
요하다. AI를 더욱 빠르고 효율적으로 처리하기 위한 고성능의 칩이
요구되고, 그래서 그 칩을 만드는 엔비디아의 기업가치가 폭등한 것
이다.

● 요구하면 원하는 것을 만들어내는 '생성형 AI'

생성형 AI란 단어가 이제는 일상 용어처럼 언론에 등장한다. 생성형 AIGenerative AI는 말 그대로 '생성', 무언가를 만들어내는 AI이다. 스스로 새로운 콘텐츠를 만들어내는데, 마치 인간이 글을 쓰고, 그림을 그리고, 음악을 만드는 것처럼 데이터를 붓 삼아 AI가 새로운 창작물을 만들어내는 것이다. 챗GPT를 보면 요청하는 질문에 대해 스스로 글을 쓰고 그림도 만들어낸다. 챗GPT가 생성형 AI이다. 어떤 AI를 소개하면서 "이 AI는 생성형 AI입니다"라고 하면 '글이든 그림이든 음악이든 뭔가를 스스로 만들어내는 AI구나'라고 이해하면 된다.

생성형 AI라는 용어는 2014년에 이안 굿펠로우Ian Goodfellow라는 연구원이 새로운 AI 모델을 발표하면서 '생성적 적대 신경망Generative Adversarial Network, GAN'이라는 이름을 붙였는데, 여기서 'Generative(생성형)'라는 단어가 처음 사용되었고, 이후 유사한 개념의 AI 모델들을 통칭하는 용어로 '생성형 AI'가 쓰이게 되었다.

생성형 AI가 있다면 생성하지 않는 AI도 있을까? 있다. 이른바 비생성형 AI는 주어진 데이터를 분석하고 패턴을 찾아내는 데 특화된 AI로, 정해진 규칙에 따라 빠르고 정확하게 일을 처리한다. 챗GPT가 등장하기 전에는 오히려 이런 특화형 AI가 더 주목을 받았다. 비생성 특화형 AI에는 분류 AI, 예측 AI, 비전 AI, 이상 탐지 AI, 추천 AI 등 다양한 AI가 있다.

분류 AI는 데이터를 미리 정해진 범주에 따라 구분한다. 스팸 메일 필터링, 뉴스 기사 카테고리 분류, 은행 부정 거래 감지 등에 사용된다. 예측 AI는 과거 데이터를 바탕으로 미래를 예측하는 AI이다. 날씨 예보, 주식시장 동향 예측, 물건의 수요 예측 등에 활용된다. 비전 AI는 인간의 시각 능력을 본뜬 AI로, 눈으로 사물을 인식하고 이해하듯이 이미지나 영상 데이터를 분석해서 그 안의 내용을 파악한다. 자율주행차, 의료 영상 분석, 제조업 품질 검사, 스마트폰 카메라 등에 이용된다.

● 물으면 답해주는 대화 방식 생성형 AI '챗GPT'

써본 적은 없어도 한 번이라도 들어본 적은 있는 챗GPT라는 단어는 2022년 11월 30일에 세상에 처음 등장했다. 챗은 'Chat', 즉 대화를 의미하고, 'GPT'는 많은 글을 미리 학습한 AI이다. 마치 사람과 이야기하듯이 질문을 하면 답변을 해주고 필요한 정보를 제공해주는, 대화에 특화된 생성형 AI가 챗GPT이다.

여기서 GPT는 'Generative Pre-trained Transformer'의 약자이다. 'Generative(생성형)'는 앞서 설명한 생성형 AI를 의미하고, 'Pre-trained'는 미리 학습된 모델이라는 뜻이다. 그리고 'Transformer'는 자연어 처리Natural Language Processing, NLP 분야에서 혁신을 일으킨 신경망 구조로, GPT 모델의 기반이다. 어려운 영어들의 조합이지만, 쉽게 말해 GPT는 많은 글을 미리 공부한 AI이다. 그래서 사람처럼 자연스럽게 글을 쓰거나 대화를 이어나갈 수 있다. 인간이 많은 책을 읽고 지식을 쌓아 언어를 이해하고 사용하듯이, GPT는 수많은 텍스트를 분석하여 언어의 패턴과 규칙을 학습한다. 이를 통해 GPT는 인간과 유사한 방식으로 언어를 이해하고 생성할 수 있게 된 것이다. 똑똑한 두뇌가 GPT이고, 거기에 입과 귀를 달아 대화할 수 있게 만든 것이 챗GPT라고 이해하면 된다.

그리고 GPT 뒤에 숫자가 붙어 있는데, 이 숫자는 버전을 나타내는 숫자로 기존 모델과 차별화될 정도로 혁신적인 모델이 나오면 숫자가 올라간다. 2024년 기준으로 GPT는 GPT-4까지 나온 상황이다. GPT는 2018년에 오픈AI라는 회사에서 처음 선보였고 그 뒤로 GPT-2, GPT-3 등 점점 더 발전된 모델들이 나왔다. 2022년에 등장한 챗GPT는 당시 GPT-3 모델을 기반으로 해서 만든 것으로 무려 1,750억 개의 변수를 가진 거대 모델이다.

변수(파라미터Parameters)란 AI 모델이 학습하면서 조정하는 수많은 숫자 값인데, 이 값들은 모델이 입력된 데이터를 이해하고 적절한 결과를 내는 데 사용된다. 비유하자면, 라디오의 음색을 조절하는 수많은 다이얼들이라고 볼 수 있다. 각각의 다이얼은 소리의 특정 요소를 조절하며, 모든 다이얼을 적절히 조절하면 원하는 음악을 깨끗하게 들을 수 있다. 여기서 각 다이얼이 바로 변수에 해당한다. 즉 변수는 AI 모델이 지식을 쌓고 판단을 내리는 데 필요한 세부 조정값이다.

수많은 변수를 통해 챗GPT는 사람처럼 자연스럽게 언어를 이해하고 생성할 수 있다. 변수의 개념까지 굳이 알 필요는 없지만, 꼭 짚고 넘어갈 것은 사람처럼 대화하고 그림을 그리고 코드를 짜기 위해 어마어마한 양의 데이터와 매개변수를 챗GPT가 가지고 학습하고 있다는 사실이다.

● 생성형 AI를 움직이는 핵심 엔진 'LLM'

신문이나 뉴스를 보면 AI를 언급하면서 종종 'LLM'이라는 단어가 등장할 때가 있다. LLM은 'Large Language Model'의 약자로, 우리말로는 거대 언어 모델이다. 'Large'는 모델의 크기가 크다는 뜻이고, 'Language Model'은 언어 모델이라는 뜻이다. 방대한 양의 언어 데이터를 학습하여 사람처럼 말을 이해하고 생성할 수 있는 AI 모델로, 챗GPT의 LLM은 GPT, 구글이 개발한 LLM은 제미나이Gemini, 메타가 만든 LLM은 라마Llama이다.

LLM은 수백~수천억 개의 매개변수를 가진 거대한 신경망으로, 텍스트의 맥락과 의미를 깊이 있게 이해할 수 있다. 마치 세상의 모든 지식을 담아둔 도서관 같다고 할 수 있다. 자동차로 치면 엔진에 해당하는 것으로, 생성형 AI의 핵심 엔진이 바로 LLM이다. (현대가 만든 제네시스를 챗GPT에 비유하면, 엔진이 LLM인 GPT이고 제네시스가 AI 서비스인 챗GPT라 할 수 있다. 제조업체 현대는 챗GPT를 만든 오픈AI에 해당된다.)

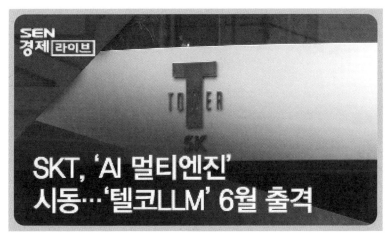

뉴스를 보면 LLM이라는 용어가 등장한다. '사람 말을 잘 알아듣는 AI 모델'이라고 생각하면 된다.

자료: 언론 종합

언론에서 'LLM을 기반으로 한 AI'라고 나오면 어려워 말고 '엄청나게 많은 양의 백과사전을 공부한 AI구나. 말 좀 잘하는 모델을 탑재한 AI 겠네'라고 이해하면 될 것이다. 즉 생성형 AI는 새로운 작품을 만들어내는 예술가이고, 챗GPT는 그중에서도 글쓰기, 그리기와 대화를 잘하는 예술가이며, LLM은 이 예술가들이 참고하는 거대한 지식 도서관인 셈이다.

다시 한번 정리하면, 생성형 AI는 새로운 콘텐츠(글, 이미지, 코드, 동영상 등)를 만들어내는 AI이고, 챗GPT는 생성형 AI 중에서도 대화에 특화된 AI이며, LLM은 AI가 언어를 이해하고 생성하는 데 기반이 되는 거대 언어 모델이다.

최근에는 LLM에서 발전한 LMMLarge Multi-modal Model(대형 멀티모달 모

델)이란 용어도 등장했는데, 텍스트 뿐만 아니라 이미지, 소리, 동영상 등 다양한 유형의 데이터를 처리할 수 있는 AI 모델을 의미한다.

생성형 AI 2.0의
대혁명이 시작된다

● 텍스트(1.0)에서 멀티모달(2.0)로 진화하는 생성형 AI

생성형 AIGenerative AI는 인공지능 기술의 발전에 따라 1.0 시대에서 2.0 시대로 진화하고 있다. 챗GPT의 등장으로 시작된 생성형 AI 1.0 시대는 자연어 처리 분야에서 혁신을 가져왔고, 일반 대중들에게 생성형 AI의 가능성을 널리 알리는 계기가 되었다.

이 시기의 생성형 AI는 주로 텍스트 생성에 초점을 맞추었으며, 룰 기반rule-based이나 간단한 통계적 방법을 사용하여 데이터를 처리하고 분석했다. 이 시기의 AI는 제한된 데이터로 학습되어 특정 분야에 대한 지식만 제공할 수 있었고, 사용자와의 상호작용도 단편적인 수준에 그쳤다.

그러다 생성형 AI 2.0으로 넘어오면서, AI는 이미지와 동영상까지 만들어내는 멀티모달 모델로 발전했다. 멀티모달 모델은 이미지, 텍스트, 음성 등 다양한 데이터 유형을 통합적으로 처리할 수 있는 모델로, 이제 생성형 AI는 텍스트, 이미지, 음성, 동영상, 코드 등 다양한 형태의 데이터를 다룰 수 있게 되었다. 하나의 AI 모델로 글 요약, 이미지 생성, 코드 작성 등 여러 작업을 동시에 처리할 수 있게 된 것이다. 마치 인간이 복합적인 업무를 수행하듯이 말이다. 멀티모달 모델의 등장으로 생성형 AI의 활용 범위가 크게 확대되었으며, 보다 실감나고 풍부한 콘텐츠 제작이 가능해진 것이다.

생성형 AI 2.0 시대로 접어들면서 챗GPT-4o를 비롯해 퍼플렉시티, 클로드, 미드저니, 수노Suno 등 다양한 생성형 AI 서비스들이 등장했는데, 이 AI들은 딥러닝 알고리즘을 활용하여 방대한 데이터에서 복잡한 패턴을 학습하고, 이를 바탕으로 텍스트뿐만 아니라 이미지, 음악 등 여러 형태의 콘텐츠를 생성할 수 있게 되었다.

뿐만 아니라 거대하고 풍부해진 학습 데이터 덕분에 생성형 AI 2.0은 전문적이고 깊이 있는 지식까지 제공할 수 있게 되었다. 가령 의료 분야의 최신 연구 동향을 반영하여 의사의 진단을 보조하거나, 법률 분야의 방대한 판례를 분석하여 변호사의 업무를 지원할 수 있다. 창의성과 문제 해결 능력 역시 비약적으로 향상되었다. 소설 작성, 광고 문구 제안, 독특한 디자인 생성 등 창의적인 영역에서도 생성형 AI 2.0의 활약이 두드러진다. 나아가 데이터 분석, 비즈니스 전략 수립 등 복잡한 문제에 대해서도 창의적이고 논리적인 해결책을 제시할 수 있다.

● 인간과의 협업이 중요해지는 생성형 AI 2.0

생성형 AI 2.0의 또 다른 특징은 에이전트Agent 시스템이다. AI 에이전트 시스템은 주어진 문제를 이해하고, 단계적으로 계획을 세워 인간과 협업하여 문제를 해결해나가는 방식으로 작동한다. 의료 분야에서는 환자의 진료 기록, 영상, 유전자 정보 등 다양한 형태의 데이터를 종합적으로 분석하여 맞춤형 치료 방법을 추천하는 에이전트가 개발될 수 있다. 개발 분야에서는 프로그램을 이해하고 자동으로 최적화하거나, 코드를 최신 버전으로 업그레이드하는 작업을 에이전트가 수행할 수 있다. 여러 분야의 AI 에이전트들이 서로 협력하며 고도로 복잡한 문제에 대한 해법을 모색할 수도 있다.

생성형 AI 2.0 시대에는 개개인의 취향과 특성을 고려한 맞춤형 서비스도 가능해진다. 사용자의 관심사, 선호도, 이전 행동 패턴 등을 분석하여 최적화된 콘텐츠를 추천하고, 개인화된 서비스를 제공한다.

이렇듯 생성형 AI는 1.0 시대를 거쳐 2.0 시대로 진입하면서 단순 반복 작업을 넘어 창의적이고 복합적인 업무까지 수행할 수 있는 수준으로 진화했다. 최근에는 다양한 플랫폼과 서비스들이 등장하면서 일반 사용자들도 쉽게 생성형 AI를 경험할 수 있게 되었다. 앞으로도 이 기술은 더욱 고도화되어 우리의 일상과 업무 전반에 스며들 것으로 예상된다. 개인의 일상은 물론 기업 운영, 학술 연구, 예술 창작 등 다방면에서 혁신을 이끌며 우리의 삶을 풍요롭게 만들어주고 있다. 앞으로도 생성형 AI 기술은 더욱 고도화되어 인간과 더욱 자연스럽게 상호작용하고, 사회 전반에 걸쳐 혁신을 가속화할 것으로 기대된다.

그러나 이러한 혁신의 이면에는 윤리적·법적 문제도 존재한다. AI가 만들어낸 콘텐츠의 저작권 문제, AI의 편향성과 공정성 이슈, 일자리 대체 등은 생성형 AI 2.0 시대에서 풀어나가야 할 중요한 이슈들이다.

● 생성형 AI 2.0 시대, 관건은 수익화

생성형 AI의 발전에는 막대한 개발 및 유지 비용이 수반된다. AI 모델을 학습시키기 위해서는 수천만 달러의 고성능 컴퓨팅 자원이 필요하며, 데이터 수집 및 정제에도 상당한 비용이 들어간다. 모델의 지속적인 업데이트와 서비스 운영을 위해서도 꾸준한 투자가 이루어져야 한다. 실제로 오픈AI의 CEO인 샘 알트만은 챗GPT 운영에 매달 수백만 달러의 비용이 발생한다고 밝힌 바 있다.

이처럼 생성형 AI 개발에 막대한 자금이 소요되는 상황에서 생성형 AI 2.0의 최대 과제는 바로 수익화 모델 구축이라 할 수 있다. 초기 투자 비용을 회수하고 지속 가능한 비즈니스로 성장하기 위해서는

AI 서비스의 수익 창출 방안 마련이 필수적이다.

생성형 AI를 API(응용 프로그램 인터페이스) 형태로 제공하는 것이 대표적인 수익화 방안으로, 개발자나 기업들이 자체 서비스에 AI 기능을 통합할 수 있도록 API를 유료로 제공하는 것이다. 오픈AI의 GPT API는 사용량에 따라 과금되는 구조를 갖추고 있으며, 기반 수익원으로 자리 잡고 있다.

AI 기반 SaaSSoftware as a Service 모델도 유력한 수익화 방안이 될 수 있다. 특정 산업이나 업무에 특화된 AI 솔루션을 구독형 서비스로 제공하는 것이다. 마케팅, 고객 서비스, HR 등 다양한 분야에 최적화된 AI 툴을 월/년 단위로 과금하여 수익을 창출할 수 있다.

장기적으로는 생성형 AI를 활용한 완전히 새로운 비즈니스 모델도 등장할 수 있다. AI가 창작한 디지털 콘텐츠에 대한 지식재산권Intellectual Property, IP 수익 모델이나 AI와 인간의 협업을 통한 혁신적인 서비스 창출 등이다.

생성형 AI 2.0 시대에서는 기술 고도화와 더불어 막대한 개발 비용을 감당하고 지속 가능한 성장을 이루기 위해 다각도로 수익 모델을 구축하는 것이 무엇보다 중요하다. 생성형 AI가 가져올 혁신과 가치를 사회 전반에 확산시키는 동시에 건전한 수익 구조를 만들어나가는 것이 생성형 AI 2.0 시대의 가장 큰 도전이자 기회가 될 것이다.

본격적인
AI 비서 시대가 열린다

● 스스로 행동하는 인공지능, AI 에이전트(비서)가 실현된다

2024년 10월 22일, 오픈AI의 경쟁사인 앤트로픽Anthropic은 자사 AI '클로드 3.5 소네트'를 기반으로 작동하는 AI 에이전트(비서) 기능인 '컴퓨터 유즈Computer Use'를 전격 공개했다. 컴퓨터 유즈는 사용자의 지시에 따라 AI 클로드가 마우스 커서를 이동하고 가상 키보드를 통해 정보를 입력하는 등 컴퓨터 조작에 필요한 모든 기능을 스스로 수행한다. (클로드에 대해서는 뒤에서 좀 더 자세히 소개하기로 한다.)

이렇게 스스로 판단하고 행동하는 AI를 '에이전틱Agentic AI'라고 하는데, 비서처럼 사용자의 지시를 받아 컴퓨터 상에서 작업을 수행하는 AI이다. 컴퓨터 유즈는 실제 사람처럼 키보드 입력, 버튼 클릭,

마우스 커서 이동 등 컴퓨터 조작에 필요한 모든 작업을 스스로 수행하는 것이다. 사용자가 특정 작업을 요청하면 클로드는 컴퓨터 화면을 캡처하여 분석하고, 목표 달성을 위한 단계를 파악한 후 실행한다.

예를 들어 "이메일을 작성해서 누구누구에게 발송해줘"라고 지시하면, AI는 이메일 프로그램을 열어 받는 사람과 제목을 입력하고, 내용을 작성한 후 발송까지 해준다. "엑셀에 있는 고객 데이터를 정리해줘"라고 요청하면 엑셀을 열어서 데이터를 분류하고 정리해준다. 웹검색과 정보 수집도 가능한데, 가령 "서울에서 부산까지 기차 시간표를 찾아줘"라고 요청하면 코레일 웹사이트에 들어가서 시간표를 검색하고 정보를 알려준다.

현재 제공 중인 '컴퓨터 유즈' 기능은 베타 버전으로 클로드 사이트에서 직접 이용할 수 있는 것이 아니라 별도의 설치 작업이 필요하다. 우선 도커Docker(애플리케이션을 신속하게 구축, 테스트 및 배포할 수 있는 소프트웨어 플랫폼)를 설치하고 API 키를 발급받아야 한다. 그다음 브라우저(크롬이나 파이어폭스)에서 로컬호스트로 접속하면 우분투Ubuntu(리눅스 기반의 운영체제) 환경이 제공되는데, 여기서 원하는 작업을 대화창에 텍스트로 입력하면 된다. 그러면 클로드는 화면을 분석하고 마우스와 키보드를 조작하면서 요청한 작업을 수행한다.

베타 버전이라 몇 가지 제한사항이 있는데, 빠른 스크롤이나 복잡한 드래그 동작은 아직 어렵고 처리 속도도 꽤 느린 편이다. 확대, 축소와 같은 순간적인 작업도 아직은 완벽하게 수행하지 못한다. 한글 입력 시 일부 버그도 있어 수정이 필요하다. 또한 앤트로픽은 윤리적 사용을 위해 소셜 미디어 게시글 작성, 선거 관련 글 작성, 웹 도메인 등록, 정부 웹사이트 연결 등을 제한하고 있다.

하지만 이런 한계에도 불구하고 클로드의 컴퓨터 유즈는 혁신적인 기능이다. 반복적인 사무 작업이나 데이터 처리 작업에서 큰 도움이 될 수 있다. 알렉스 핀이라는 한 스타트업 CEO는 컴퓨터 유즈를 이용하여 최신 AI 뉴스 기사 조사를 요청했는데, AI는 로이터Reuters, 더 버지The Verge, 테크크런치Techcrunch 등의 AI 섹션을 차례로 방문하여 2분 만에 인기 뉴스 6개를 요약해냈다. 그는 이 기능을 보고 "초능력을 얻은 것과 같다"고 표현했다.

현재는 문자로 지시사항을 입력하고 수행 기능도 제한적이지만, 클로드 기반 컴퓨터 유즈가 놀라운 것은 '실행이 가능한' AI 비서를

클로드 기반 컴퓨터 유즈 실행 화면

실현시켰다는 점이다. 지금은 문자로 대화하지만 이것이 음성으로 바뀌는 건 시간문제다. 영화 〈아이언맨〉에 등장하는 인공지능 비서 '자비스'가 이제 각 가정에, 스마트폰에 도입되면 세상이 어떻게 바뀔지 가늠조차 할 수 없다.

이미 IT 업계에서는 AI 에이전트를 둘러싼 경쟁이 본격화되는 추세다. 구글은 2024년 12월에 한층 똑똑해진 '제미나이 2.0'과 함께, 이를 기반으로 한 '프로젝트 아스트라'와 '프로젝트 매리너'라는 두 가지 에이전트를 소개했다. 두 서비스 모두 멀티모달을 바탕으로 인간과 소통하거나 컴퓨터 화면을 읽고 앱을 작동할 수 있다. 또한 개발 중인 프로젝트 자비스도 이용자의 명령에 따라 컴퓨터 화면을 캡처한 뒤 스크린샷 이미지와 텍스트를 분석해 스스로 움직이는 서비스인데, 영화에서처럼 AI가 자료 수집과 제품 구매, 항공권 예약 등의 작업을 이용자 대신 수행할 수 있다.

마이크로소프트 역시 자사 인공지능 비서 개발 도구 '코파일럿 스튜디오'에서 자율 에이전트를 직접 생성하는 기능을 제공하는가 하면, 오픈AI도 앤트로픽의 컴퓨터 유즈와 유사한 '컴퓨터 사용 에이전트'를 개발했다.

빌 게이츠는 "앞으로 5년 안에 컴퓨터를 사용하는 방식이 달라질 것"이라고 예측했지만, AI 에이전트를 경험한 사람들은 그 변화가 더 빨리 올 것이라고 입을 모아 말한다. "사람들은 AI가 어디까지 왔는지 아직 이해하지 못하고 있다"는 평가처럼 컴퓨터 유즈는 AI 기술의 새로운 장을 열었다. 어떤 이는 범용인공지능_{AGI}으로 가는 중요한 진전으로 평가하기도 한다. 미래에는 에이전틱 AI가 더욱 발전하여 더 복잡한 작업도 수행할 수 있게 될 것이다. 컴퓨터 유즈는 AI 발전에 굉장히 큰 이정표가 될 수 있는 첫걸음이라 할 수 있다. 범용인공지능의 거대한 혁신이 이제 막 시작되고 있다.

● 생성형 AI라는 비서이자 동료

필자는 책을 쓰는 작가이자 경영/IT 컨설턴트이다. 그런 필자에게 있어 생성형 AI의 등장은 일과 삶에 혁신을 가져다준 파트너와 같았다. 책을 쓰는 과정에서부터 업무에 이르기까지, 생성형 AI는 없어서는 안 될 중요한 존재가 되었다.

어떤 책을 쓰기에 앞서 늘 자료 검색과 정리에 많은 시간과 에너지를 투자해야 했다. 그런데 챗GPT 같은 생성형 AI를 활용하기 시작하면서 그 과정이 훨씬 더 쉽고 빨라졌다. 생성형 AI는 정보 검색 습관을 완전히 바꿔놓았다. 필요한 자료를 찾을 때면 이제 구글보다 생성형 AI를 먼저 찾는다. 단순히 키워드를 입력하는 것이 아니라 AI와 대화하듯 질문을 던지면, 맥락을 이해한 답변과 함께 관련 정보들을 종합적으로 제공받을 수 있기 때문이다. 이는 단순 정보 획득을 넘어 지식의 확장과 깊이 있는 이해로 이어진다.

아이디어가 막힐 때도 다양한 AI에게 영감을 얻고, 문장을 다듬는 데에도 챗GPT의 검토 및 제안은 큰 도움이 되었다. 책의 구성을 고민할 때도 "책의 챕터 구성을 제안해줘"라고 요청했더니 챗GPT는 논리적이고 설득력 있는 제안을 해주었고, 이를 토대로 더 체계적이고 깊이 있는 내용을 작성할 수 있었다. 한번은 아무리 생각을 해도 글의 흐름을 연결시키는 아이디어가 떠오르지 않아 곤욕을 치르고 있었는데, 챗GPT한테 도움을 청하니 다양한 관점에서 통찰력 있는 답변을 제시해주어 막혔던 글쓰기가 탄력을 받을 수 있었다. 덕분에 글쓰기의 즐거움과 효율성은 배가되고, 더 나은 콘텐츠를 작성할 수 있게 됐다.

연구나 회사 업무에서도 생성형 AI는 큰 도움이 되었다. 방대한 데이터를 분석하고 요약하는 일, 전문적인 용어를 쉽게 풀어 설명하는 일 등 그동안 많은 시간과 노력을 필요로 했던 업무들이 생성형 AI의 도움으로 훨씬 수월해졌다. "유통 산업 분야의 2024년 상반기 동향을 검색하고 내용을 분석한 후, 주요 인사이트를 요약해줘"라고 요청하면, 순식간에 데이터를 처리하고 핵심 내용을 정리해주었다. 마치 숙련된 직원을 둔 것처럼 보고서 작성이 쉬워졌다.

미래에는 이런 협력이 더욱 진화할 것이다. 경영진의 전략 수립을 보조하는 AI, 경제 분석 리포트를 생성하는 AI 등 여러 분야에서 AI의 활약은 더욱 다양해질 것이다. 물론 그 과정에서 일자리의 변화, 창의성의 재정의 등 많은 도전 과제가 따르겠지만, 변화의 핵심은 결국 '협력'이다.

물론 생성형 AI의 답변을 100% 신뢰할 순 없다. 때로는 사실과 다른 정보를 제공하기도 하고, 윤리적으로 부적절한 내용을 생성하기도 한다. 그래서 항상 생성형 AI의 답변을 참고는 하되, 최종 판단과 글 작성은 인간인 내가 한다. 사람의 감수성, 직관, 창조적 능력과 윤리의식으로 AI의 한계를 보완하는 것이다.

그렇다고 생성형 AI의 가치가 폄하되는 건 아니다. 내가 초고를 쓸 때도, 아이디어를 다듬을 때도, 데이터를 분석할 때도 생성형 AI와 대화하며 영감을 얻고 시간을 절약한다. 우리는 서로의 강점을 보완하며 협력한다.

이 분야에서 일하는 사람으로서, 생성형 AI는 컴퓨터, 스마트폰과 같이 단순히 편리한 사회와 산업 전반에 혁신과 전환을 가져올 수 있는 기술이라고 생각한다. 물론 변화는 항상 양면성을 띤다. 기술에 대한 맹신이 아닌 건강한 경계심이 필요한 이유다. 챗GPT를 잘 활용하되, 그것에 의존하거나 인간의 가치를 잃어서는 안 될 것이다.

그럼에도 챗GPT로 대변되는 AI 기술의 발전은 거스를 수 없는 흐름이다. 중요한 것은 그 흐름을 어떻게 받아들이고 활용하느냐다. SF 영화에서나 볼 법했던 AI와의 대화가 일상이 된 지금, 우리는 이미 새로운 시대에 살고 있다. 이 시대를 어떻게 헤쳐나가느냐는 개인의 선택에 달려 있다. AI를 현명하게 사용하며 인간으로서의 가치와 창의성을 지켜나간다면, 분명 AI와 함께 더 나은 미래를 만들어갈 수 있을 것이다. 그러한 믿음으로 오늘도 챗GPT와의 대화를 통해 그 미래를 향한 한 걸음을 내딛는다. 작가로서, 컨설턴트로서, 그리고 한 개인으로서 매일매일 AI와 함께 성장하고 진화하는 법을 배우고 있다. 2년 전 챗GPT를 처음 만난 그 순간처럼 가슴 벅찬 설렘으로.

● 인간과 AI 협업, 의사결정 업무보다는 창의적 업무에서 효과적

흔히 AI를 업무에 이용하면 다 효율적이고 성과가 높을 것으로 생각하지만, 모든 업무에서 그렇지 않다는 연구 결과가 나왔다. 2024년 10월에 MIT 집단지성센터MIT Center for Collective Intelligence가 발표한 〈When combinations of humans and AI are useful: A systematic review and meta-analysis〉라는 논문에 따르면, 작업의 유형이나 인간과 AI의 상대적인 능력에 따라 협업의 효과가 달라질 수 있다고 한다. 사람도 두 명이 함께 일할 때 시너지 효과가 나타나 더 좋은 성과를 내기도 하지만, 서로 간의 신뢰 관계가 깨지면 오히려 효율이 떨어질 수 있는 것과 비슷한 경우다.

인간과 AI가 함께 작업할 때의 효율성을 조사한 106개의 실험 연구를 분석해 총 370개의 효과 크기를 비교 검토했는데, 연구 결과를 보면 AI와 사람이 협업할 때 효율성이 떨어지는 경우는 주로 의사결정 작업에서 나타났다. 특히 AI가 사람보다 더 나은 성능을 보일 때 사람이 AI의 결정에 지나치게 의존하거나 반대로 AI를 무시하는 경향이 있었다.

은행에서 대출 심사를 할 때 AI 모델을 활용한다고 가정해보자. AI가 대출 신청자의 정보를 분석하여 대출 승인 여부를 제안하는데, 만약 인간 심사관이 AI의 제안을 무조건 따르기만 한다면 AI의 판단이 항상 완벽할 수는 없으므로 잘못된 결정을 내릴 가능성이 있다. 반대로 인간이 AI의 제안을 전혀 신뢰하지 않고 자신의 직관에만 의존한다면 AI의 도움을 받을 수 있는 기회를 놓치게 된다. 최종 의사결정을 해야 하는 중요한 업무에서는 인간이 AI의 판단을 어느 정도 신뢰해야 할지 결정하기가 쉽지 않다는 얘기다.

반면 AI와의 협업이 시너지 효과를 발휘하는 경우는 주로 창의적인 작업이나 전문성이 중요한 작업에서 나타났다. 이 경우 인간의 창의성이나 도메인 지식과 AI의 빠른 연산 능력이나 방대한 데이터 처리 능력이 결합되어 더 나은 결과를 만들어낼 수 있다.

영화 제작에서 AI를 활용하는 경우, AI는 방대한 양의 영화 데이터를 분석하여 흥행에 성공한 영화들의 공통점을 찾아내 특정 장면에 어울리는 배경음악이나 시각 효과를 제안할 수 있다. 물론 영화의 전체적인 스토리나 캐릭터 설정, 연출 방향 등은 인간의 창의성과 전문성이 필요한 부분이다. 감독이 AI의 제안을 참고하여 자신의 아이디어를 더욱 발전시킨다면, 더 완성도 높고 흥행 가능성이 높은 영화를 만들 수 있다. 작곡가가 AI와 함께 음악을 만들 때는 작곡가가 전체적인 콘셉트와 방향성을 제시하고 AI가 이에 맞는 멜로디나 반주를 생성할 수도 있다.

전문성이 요구되는 의료 진단에서도 AI 활용은 효과적이다. AI는 방대한 양의 의료 데이터를 학습하여 특정 증상이나 검사 결과를 토대로 가능성 있는 진단명을 제시할 수 있다. 하지만 최종 진단은 의사의 전문적 판단이 필요하다. 의사가 AI의 제안을 참고하되 자신의 의학적 지식과 경험을 토대로 종합적인 판단을 내린다면, 더 정확하고 신뢰할 수 있는 진단이 가능해진다.

실제로 의료 현장에서는 엑스레이나 자기공명영상MRI 등 기존 검사장비에 AI 기술을 더해 의사가 발견할 수 없었던 질환들을 조기에 잡아내기도 한다. 골다공증 검사의 경우 DXA Dual-energy X-ray Absorptiometry(이중에너지 엑스레이 흡수계측법)라는 장비를 통해 이뤄지는데 장비를 갖춘 병원도 드물고 검사 비용도 비싸다. 일반적인 흉부 엑스레이는 골절이나 폐, 심장 질환을 검사하는 용도이기 때문에 육안으로 골다공증을 진단하기는 어렵다. 그런데 AI를 활용해 일반적인 엑스레이로 찍은 영상을 분석해 골다공증 환자(양성)를 구분해낼 수 있어 의료진의 효율적인 진단뿐만 아니라 의사가 찾기 어려운 질환의 진단을 도와준다.

이처럼 AI와 인간의 협업은 작업의 유형이나 AI와 사람의 상대적 강점에 따라 그 효과가 달라질 수 있다. 단순히 AI를 도입하는 것 자체보다는 각 상황에 맞는 최적의 협업 방식을 설계하는 것이 중요하다. 인간과 AI의 협업이 항상 성공적이지는 않지만, 잘 설계된다면 큰 힘을 발휘할 수 있음을 논문은 강조한다.

어떻게 활용하느냐에 따라 인간과 AI의 협업은 더 나은 결과물을 만들 수 있다.

작성: 챗GPT-4o

AI와 인간 상호 간의 조율과 신뢰는 중요하지만, 사실 현실적으로 쉽지 않은 과제다. 설령 AI가 왜 그런 결정을 내렸는지 설명을 제공하더라도 인간에게 그것은 그다지 중요하지 않다. 논리적이고 합리적 AI의 설명보다도 나의 '경험적 직감'이 더 믿음이 가기 때문이다. 연구 결과에서도 AI 시스템이 제공하는 결정에 대한 설명이나 신뢰도는 협업 성과에 큰 영향을 미치지 않는 것으로 나타났다.

아직 AI는 만능이 아니다. 따라서 인간과 AI가 각자의 강점을 최대한 활용할 수 있도록 협업 프로세스를 잘 설계하는 것이 그 어느 때보다 중요하다.

2024년
노벨상의 주역은 AI

● 노벨 물리학상은 'AI의 대부' 제프리 힌톤

매년 스웨덴 왕립과학원에서 발표하는 노벨상은 다양한 분야에서 인류 발전에 기여한 이들에게 수여되는 가장 권위 있는 상이다. 스웨덴 화학자이자 발명가인 알프레드 노벨Alfred Nobel의 유산으로 제정된 노벨상은, 자신의 발명품인 다이너마이트가 전쟁에 악용되는 것을 보며 안타까워한 노벨이 인류의 평화와 번영에 기여하기를 바라는 마음으로 만든 상이다.

노벨상은 6개 분야로 나뉘는데 물리학, 화학, 생리·의학, 문학, 평화, 경제학 등 각 분야에서 뛰어난 공헌을 한 개인 혹은 단체에게 수여되는 상이다.

2024년에 발표된 노벨상은 여러 면에서 놀라움의 연속이었는데, 문학상에서는 한국인 최초로 소설가 한강이 선정되어 전 세계의 이목이 집중되었다. 노벨 문학상을 수상한 아시아 최초의 여성 작가이기도 하다(노벨 문학상 여성 수상자는 121명 중 18명이다). 살아생전에 한국인이 노벨상을 타는 모습을 볼 수 있을까 했었는데, 생각보다 빨리 이루어져 한국의 위상이 높아졌음을 실감할 수 있었다.

또 하나 놀라웠던 것은 노벨 물리학상은 인공신경망 기반의 머신러닝을 개발한 존 홉필드John Hopfield와 'AI의 대부' 제프리 힌튼Geoffrey Hinton이, 노벨 화학상은 단백질 구조 코드를 해독하는 AI 모델을 개발한 구글 딥마인드 CEO와 연구원이 수상한 것이었다. 하나도 아니고 두 개의 분야에서 AI 관련 연구자가 수상을 하면서 2024년 노벨상의 주인공은 단연 AI가 되었다.

그동안 노벨상은 주로 순수 학문을 연구한 이들이 수상하여 이번에 AI 관련 연구자들이 연달아 노벨상을 휩쓴 것은 이례적이라는 평가다. 특히 응용과학 분야에 노벨 물리학상이 돌아간 것은 그만큼 AI가 인류와 사회에 미친 영향력이 작지 않다는 의미다.

존 홉필드 교수는 1980년대 초반에 '홉필드 신경망Hopfield Neural Network'을 제안하며 신경망의 개념을 수학적으로 정립한 분이다. 인간 뇌의 뉴런 활동을 모방해 정보가 저장되고 처리되는 방식을 설명하는 데 중요한 역할을 했는데, 물리학과 화학, 생물학을 아우르며 복잡한 시스템을 이해하기 위한 이론적 기반을 마련했다.

1972년부터 AI 연구를 시작해 'AI의 아버지'로 불리는 제프리 힌튼 교수는 홉필드 교수의 신경망 연구를 바탕으로 머신러닝의 알고리즘을 만들어냈다. 그리고 머신러닝 중에서도 딥러닝 기법을 개발해 21세기 AI의 혁신을 일으켰는데, 지금의 챗GPT가 있을 수 있는 기반을 힌튼 교수가 마련한 것이다. 1985년 힌튼 교수는 홉필드 모델을 기반으로 한 '볼츠만 머신'을 제안했는데, 거대한 원본 데이터 속에서 컴퓨터가 정확히 필요한 데이터만 찾아낼 수 있도록 알고리즘을 구성했다. 이 덕분에 데이터 학습 과정에서 오류가 발생할 확률이 줄어든 데다 계산 속도도 빨라졌다.

힌튼 교수는 인공신경망 연구가 외면받던 시절에도 꾸준히 연구를 이어갔고, 이를 기반으로 AI의 돌파구가 되는 기발한 성과들을 배출하여 진정한 'AI의 대부'로 불리고 있다. 힌튼 교수는 2018년에 컴퓨터 과학계의 노벨상으로 불리는 튜링상도 수상한 바 있다.

재미있는 것은 AI로 노벨 물리학상을 탔음에도 힌튼 교수는 노벨상 선정 당일에 "AI는 인류에 실존적 위협이며 무슨 일이 일어날지도, 어떻게 해야 할지도 모른다. '이렇게 하면 모든 것이 잘될 것'이라는 간단한 처방이 있었으면 좋겠지만 나에게는 없다"라고 경고했다. 힌튼 교수는 구글에서 AI를 연구하다가 AI의 급속한 발전에 위험성을 느끼고, 결국 구글을 떠나 인류 멸종을 우려하면서 AI의 위험성을 설파해온 인물로 유명하다. 존 홉필드 교수도 "사물이 매우 강력해 보이고, 그 이유를 이해하지 못할 때 항상 걱정한다. 제어하는 방법을 이해

하지 못하거나 제어가 문제인지, 잠재력이 무엇인지 이해하지 못할 때
가 걱정"이라며 힌튼 교수의 우려에 동감을 표시했다.

AI 분야로 노벨상을 받은 것도 놀랍지만, AI의 유익함보다 위험
성을 더 알리고 있는 사람에게 AI로 노벨상을 준 것도 정말 아이러니
하다.

● 노벨 화학상은 AI로 단백질 구조를 파악한 구글 딥마인드 팀

노벨 물리학상이 발표된 다음 날 노벨 화학상 수상자가 공표되었
는데 이 역시 뜻밖의 인물들이 수상하여 화제가 되었다. 신약 개발용
AI인 '알파폴드AlphaFold'를 만든 데미스 하사비스Demis Hassabis 구글 딥
마인드 CEO와 존 점퍼John Jumper 연구원, 그리고 단백질 구조 예측 AI
'로제타폴드RoseTTAFold'를 개발한 데이비드 베이커David Baker 미국 워싱
턴대학 교수가 노벨 화학상을 차지했다.

이세돌 9단을 꺾어 유명해진 AI '알파고'를 만든 구글 딥마인드의
수장 하사비스와 점퍼 연구원은 AI 기술인 '알파폴드'를 통해 단백질
연구의 발전에 중요한 기여를 했다고 평가받았다. 이들은 2020년 '알
파폴드2'라는 AI 모델을 발표하여 약 2억 개의 단백질 구조를 예측할
수 있는 가능성을 열었다. 알파폴드2는 190개국에서 200만 명 이상
의 연구자들에 의해 사용됐으며, 이를 통해 항생제 내성을 더 잘 이해
하고 플라스틱을 분해할 수 있는 효소의 이미지를 만들 수 있게 되었

다. 노벨위원회는 "단백질 없이는 생명이 존재할 수 없다"며 "우리가 단백질 구조를 예측하고 설계할 수 있다는 것은 인류에게 가장 큰 이점을 제공한다"고 수상 배경을 설명했다. 한마디로 AI가 인류 존속에 혁혁한 공을 세웠다는 것이다.

챗GPT로 오픈AI에게 다소 밀린 감이 있지만, 알파고로 세계 바둑을 제패한 구글 딥마인드는 AI를 이용해 그간 난제로 여겨졌던 단백질 구조와 신약 개발의 비밀을 하나하나 풀어나갔다. 단백질 구조 예측에 그치지 않고 생체 분자와 단백질 간 상호작용까지 예측하는 수준으로 개발해나갔다. 실제로 알파폴드는 폐질환 신약 후보 물질을 46일 만에 발굴하기도 했는데, 수년은 걸릴 작업이 두 달 정도로 줄어든 것이다.

신약 개발에서 단백질은 인간 질병의 자물쇠로 불린다. 질병과 연관되어 있는 단백질을 찾을 수만 있다면, 이 단백질에 꼭 맞는 물질을 찾아 치료제를 만들 수 있기 때문이다. 단백질 구조에 대한 정보는 단백질에 결합하는 화합물을 단백질의 작용 원리에 따라서 찾을 수 있게 하는 매우 중요한 정보다. 지금까지는 X선이나 극저온 전자현미경 등의 장비를 활용해 10만여 종의 단백질 구조를 해독했지만, 이제는 아미노산 염기서열만 입력하면 AI가 가능한 단백질 구조를 빠르게 예측한다. 수개월 걸리던 작업을 순식간에 해낼 수 있게 되면서 인류를 괴롭힌 여러 질병을 치료할 수 있게 된 것이다.

구글 딥마인드는 의료 분야에서 이미 3개의 AI 플랫폼을 보유하고 있다. 의료 영상 분석과 질병 예측 등에 사용되는 '딥마인드 헬스', 희귀질환을 분석하는 '알파미스센스AlphaMissense', 그리고 이번에 노벨상을 수상하게 한 단백질 구조 예측에 특화된 AI 모델 '알파폴드'이다. 특히 알파미스센스는 알파폴드를 발전시킨 형태로 학습되어 단백질의 화학적 구성을 바탕으로 향후 단백질의 3D 구조를 예측한다. 인간과 가까운 영장류의 DNA 데이터를 바탕으로 어떤 미스센스 돌연변이가 빈번하게 발생하는지 학습하여, DNA가 정상적인 형태를 유지할지 예측하는 방식으로 질병 발생 가능성을 평가한다.

● 인류의 AI 트랜스포메이션이 시작되다

2024년의 노벨 물리학상과 화학상은 AI가 과학과 사회 전반의 혁신을 주도하는 시대로 접어들었음을 상징한다. 특히 응용과학인 AI 연구자들이 수상자로 선정된 것은 전통적인 과학 연구 패러다임이 실험과 이론 중심에서 데이터 기반의 예측과 모델링 중심으로 전환되고 있음을 보여준다. 이는 AI가 단순히 인간의 지적 능력을 보조하는 기술이 아니라 과학적 발견과 문제 해결의 새로운 주체로 부상했음을 의미한다. AI는 이미 양자 컴퓨팅, 복잡계 모델링 같은 고난도 물리학 문제와 신약 개발, 물질 설계 같은 화학 분야에서 혁신을 주도하고 있다. 기후변화, 에너지, 의학 등 인류가 직면한 다양한 도전 과제에 대해 AI는 혁신적인 해결책을 제시할 잠재력을 지니고 있다.

이러한 변화는 AI가 특정 문제 해결을 넘어 미래에는 인간의 지적 작업 대부분을 대체하거나 보조할 수 있음을 시사한다. 몇십 년 후, 아니 몇 년 후 어쩌면 노벨상 수상자에 챗GPT나 인류 난제를 해결한 뛰어난 AI가 선정될지도 모른다(현시점에서는 노벨의 유언에 따라 인류의 복지에 공헌한 사람이나 단체에게만 수여되고 있어 AI는 받을 수 없다).

앞으로 AI는 새로운 학문의 중심이 될 것이며, 교육과 사회 시스템에도 큰 영향을 미칠 것이다. AI 시대에 맞는 교육 시스템, 전통 학문과 AI의 융합 연구, AI를 중심으로 한 디지털 격차 문제 등에 대해 진지하게 고민해야 한다. 학자, 정책 입안자, 교육자들은 AI와 데이터 과학, 머신러닝에 정통하고 이를 다양한 분야에 융합할 수 있는 인재 양성에 힘써야 한다. 아울러 AI의 윤리적·사회적 영향에 대한 논의도 필요하다. AI의 발전 속도가 놀라울 정도로 빠른 만큼 학문적·산업적·사회적 변화에 대한 대응을 준비해야 한다.

2024년 노벨상은 인류가 AI 트랜스포메이션 시대로 진입했음을 알리는 상징적 사건이자 신호탄이다. 우리는 AI 시대를 준비하기 위해 기술적 이해를 넘어 사회적 가치와 인간적 의미를 함께 고민하는 자세가 필요하다. 기술에 대한 이해를 바탕으로 사회적 가치와 윤리 기준을 정립하는 지혜가 필요한 시점이다. AI와 인간의 공존과 협업이 만들어갈 미래 사회를 준비해야 한다.

AI의 거품은 사라지지만, AI는 사라지지 않는다

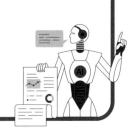

● AI 버블, 터질 때가 됐다?

미국의 대표적인 벤처캐피털 회사인 세쿼이아 캐피털Sequoia Capital 의 데이빗 칸David Cahn이 2024년 6월에 발표한 〈AI의 6,000억 달러 질문AI's $600B Question〉이라는 보고서에서는 "AI 버블이 정점에 다다랐다 The AI bubble is reaching a tipping point"고 직접적으로 언급하여 AI 거품 붕괴에 대해 우려를 표명했다.

세쿼이아 캐피털은 세계에서 가장 성공적인 투자회사 중 하나로 실리콘밸리의 스타트업 및 테크 기업들을 주로 투자 대상으로 삼고 있다. 구글, 유튜브, 메타(구 페이스북), 인스타그램, 에어비앤비, 스트라이프, 링크드인 등 실리콘밸리의 주요 기업들이 세쿼이아 캐피털의 투자

대상이었고, 실리콘밸리에서 성공한 IT 스타트업들의 많은 초기 투자가 세쿼이아 캐피털을 통해 이루어졌다. 또한 세쿼이아 캐피털은 단순히 자금을 투자하는 것에서 그치지 않고, 투자 기업들에게 전략적 조언을 제공하고 스타트업이 성장하고 성공할 수 있도록 도와주는 파트너로서의 역할을 하고 있어 여기서 나온 보고서는 상당한 영향력을 지닌다.

쉐쿼이아 보고서에서 AI 붕괴론 가능성이 높다고 보는 이유는 여러 가지 경제적·기술적 요인들이 복합적으로 작용하고 있기 때문이다.

쉐쿼이아 보고서에서는 AI 인프라 구축과 그에 따른 수익 창출 사이에 큰 불균형이 있음을 강조하고 있다. 2023년 9월 당시 보고서에서 '2,000억 달러의 문제'를 지적했으며, 이 격차가 시간이 지나면서 6,000억 달러로 더 커졌다고 설명한다. 이는 AI 생태계에서 인프라에 대한 막대한 투자에 비해 실제로 AI 기술을 통해 발생하는 수익이 매우 부족하다는 것을 의미한다.

보고서에서는 매년 1,250억 달러(약 165조 원)의 자본지출이 AI 인프라에 들어가야 하지만, 이를 정당화할 수 있는 수익이 충분하지 않다고 지적하고 있다. 이러한 수익성 문제는 AI 투자 붕괴의 중요한 징후로 볼 수 있다. 특히 엔비디아와 같은 하드웨어 기업들이 AI 데이터센터 구축을 위해 막대한 자본을 투입하고 있으며, 대형 클라우드 제공자들도 많은 투자를 하고 있다. 문제는 이와 같은 투자가 실제로 수

익으로 이어지는 데 큰 격차가 있다는 것이다. 오픈AI를 제외한 대부분의 AI 스타트업들은 여전히 큰 수익을 내지 못하고 있으며, AI 기술이 상용화되는 속도가 투자 속도를 따라가지 못하고 있다. 따라서 현재의 AI 인프라 투자가 실질적인 수익성을 충분히 뒷받침하지 못하는 상황에서 '과도하다'는 평가를 받을 수 있다.

GPU 공급 문제도 AI 붕괴론의 핵심 이유 중 하나다. 2023년 말까지 GPU 공급 부족이 심각했으나, 2024년이 되면서 공급 문제가 완화되었다. 대형 클라우드 서비스 제공자들은 막대한 양의 GPU를 비축하고 있으며, 이는 AI 기술에 대한 수요보다 더 많은 공급을 의미한다. 만약 GPU가 시장에서 과잉 공급된다면, 이에 따른 가격 하락과 투자 손실이 발생할 가능성이 크다. 공급 과잉 문제는 수요 감소와 맞물리며 AI에 대한 과도한 투자가 거품처럼 붕괴될 위험을 높인다.

쉐쿼이아 보고서는 AI 기술이 철도나 통신망과 같은 필수 인프라로서 장기적으로는 큰 경제적 가치를 창출할 수 있지만, 현재는 소비자들에게 충분한 가치를 제공하지 못하고 있다고 언급한다. 오픈AI와 같은 몇몇 기업이 높은 매출을 올리고 있지만, 대부분의 AI 기업들은 여전히 수익성 문제를 해결하지 못하고 있다. 특히 소비자들이 AI 서비스에 대해 지불할 의향이 높지 않다는 점에서 AI 기술의 상업적 성공이 단기적으로는 제한적일 수 있다는 우려가 제기된다.

그렇다면 AI 스스로는 AI 버블 붕괴 가능성을 어느 정도로 보고 있을까? 쉐쿼이아 보고서에 나온 표를 챗GPT-4o에게 보여주고 AI

버블 붕괴 가능성을 분석해달라고 요청해보았다.

AI 버블이 붕괴할 가능성은 분명히 존재한다. 특히 현재처럼 AI 기술에 대한 과도한 기대와 실제 수익 간의 불균형이 커지면 버블 붕괴는 피할 수 없을 수 있다.

단기적으로 AI에 대한 지나친 기대와 투자 열기는 조정될 가능성이 있다. 만약 기술 발전 속도와 수익성의 불균형이 계속된다면, 일정 부분 버블이 붕괴하거나 급격한 조정이 일어날 수 있다. 이러한 조정이 발생할 확률은 30~50% 정도로 추정할 수 있다.

● 거품은 꺼져도 AI는 사라지지 않아

쉐쿼이아 보고서는 AI 버블 붕괴를 우려했지만, 챗GPT-4o는 버블 붕괴 가능성을 30~50%로 봤다. 챗GPT의 말을 100% 신뢰할 수는 없지만, 나름 타당하다고 생각한다.

세콰이아 보고서에서는 AI가 충분한 수익을 내지 못하고 있다고 주장하지만, 실제로 많은 기업은 AI를 통해 돈을 벌고 있거나 비용 절감 효과를 얻고 있다. 월마트는 AI 기술을 활용해 고객의 대기 시간을 줄이고 운영 효율성을 높이고 있고, 핀테크 기업 클라나는 AI 챗봇을 도입해 상담 업무의 효율을 크게 높였다. 구글, 아마존, 넷플릭스, 메타 같은 빅테크 기업들도 이미 AI 기술로 돈을 벌고 있다. 검색엔진이나 추천 시스템에 AI를 활용해서 광고 수익을 높이고, 이커머스(전자상거래), 클라우드, 동영상 스트리밍 서비스에도 AI를 적용하고 있다. 과거 인터넷이 처음 도입될 때도 많은 사람은 큰 수익을 기대하지 못했지만, 시간이 지나면서 구글, 아마존, 넷플릭스 같은 기업들이 엄청난 이익을 창출했다. AI도 큰 수익을 올릴 잠재력을 지니고 있다.

많은 언론과 전문가들은 지금의 'AI 버블'을 2000년 초반의 'IT 버블'과 유사하다고 한다. 그럴 수 있다. 사회를 뒤흔드는 혁신적인 기술이나 제품, 서비스가 등장하면 당연히 그쪽으로 돈이 몰리고 급작스럽게 쏟아부은 돈으로 거품은 과하게 생겨날 수밖에 없다. IT 버블도 인류의 미래를 획기적으로 바꿀 IT의 등장에 많은 돈들이 몰렸고, 비즈니스 모델이 채 마련되기도 전에 버블은 터져버렸다. 그러면 버블이 터졌다고 해서 IT가 사라졌을까? 그건 아니다. 오히려 이후 살아남은 IT 기업들이 절치부심하여 플랫폼을 정비하고 비즈니스 모델을 만들어 지금의 빅테크와 수많은 IT 벤처들이 탄생했다. AI도 마찬가지라 생각한다.

무엇보다 AI를 하나의 제품이나 서비스쯤으로 보면 안 된다. AI는 새로운 인프라이자 다른 산업의 생산성과 성장을 도와주는 기술이다. 앞으로 기업이 살아남으려면 디지털 전환은 필수이고, 여기에 데이터 인프라와 AI 기술은 꼭 필요하다.

지금의 AI 열풍은 기술 발전에 따른 자연스러운 흐름으로 봐야 한다. 버블이 언젠가는 꺼질 수도 있지만 AI의 본질까지 사라지지는 않는다. 물론 거품 논란에 휩싸인 기업도 있겠지만, 장기적으로 AI는 생산성을 높이고 새로운 부가가치를 만들어낼 것이다. AI는 단순히 매출을 증가시키는 것 이상의 가치를 지닌다. AI는 일시적인 유행이 아니라 우리 사회와 경제를 크게 변화시킬 중요한 기술이다. AI 버블 붕괴의 우려에도 불구하고 AI는 분명 기업들에게 새로운 기회를 제공하고 있으며, 이를 통해 시장은 더욱 성장할 것이다.

● 기업도 개인도 AI에 올인하지 않으면 뒤처진다

AI 버블론이 대두된 가장 큰 이유는 'AI 기업들의 수익성 부재' 때문이다. 마이크로소프트가 130억 달러(약 17조 8,000억 원)를 투자해 49%의 지분을 확보한 오픈AI는 2024년에만 최대 50억 달러(약 6조 8,000억 원)의 적자를 기록할 것으로 예상된다. 데이터 학습과 고급 인

글로벌 빅테크들의 AI 개발 및 투자 현황

기업명	AI 개발 및 투자 현황
메타	오픈소스 LLM '라마' 개발
마이크로소프트	오픈AI에 130억 달러 투자, 자체 AI 서비스 '코파일럿' 개발
아마존	AI 플랫폼 '베드록' 개발
알파벳(구글)	멀티모달 AI '제미나이[Gemini]' 개발
애플	생성형 AI 플랫폼 '애플 인텔리전스' 개발
엔비디아	'블랙웰' 등 AI 칩 개발

력 유치에 막대한 비용이 들어가기 때문이다. 마이크로소프트, 아마존, 메타, 구글 등 주요 기업들의 AI 관련 투자 규모는 2024년 상반기만 해도 145조 원에 달했다. 그러나 수익성은 불확실하다.

현재 많은 기업은 AI에 대한 투자를 앞다투어 늘리고 있다. 이들은 AI 기술이 미래 경제를 이끌 핵심 인프라가 될 것이라는 믿음 아래, 막대한 자금을 쏟아붓고 있다. 그러나 많은 기업이 AI에 관심을 갖고 있지만 실제로 AI 기술을 전사적으로 도입하고 있는 기업은 극소수에 불과하다. 특히 AI 기술을 단순히 테스트해보는 파일럿 프로젝트 수준에 그치는 경우가 많으며, 이를 넘어서 기업 전체에 적용하는 데에는 많은 어려움이 따른다. 글로벌 대기업 중 실제로 AI를 적극적으로 활용해 가치를 창출하고 있는 기업은 1% 미만이다.

토머스 대븐포트Thomas Davenport 교수와 딜로이트 컨설팅의 니틴 미탈Nitin Mittal AI 리더는 이와 같은 현상을 지적하며, 'AI에 올인하는 기업'이 되기 위해서는 기존의 운영 방식과 정보기술 인프라를 근본적으로 바꿔야 한다고 강조했다. AI가 단순한 기술 도입을 넘어 비즈니스 전략의 중심에 놓일 때 비로소 진정한 AI 기업이 될 수 있다는 것이다.

AI 도입에 막대한 자금이 투입되고 있지만, 여전히 낮은 데이터 품질과 임원진의 이해 부족으로 인해 기업들이 이를 효과적으로 활용하지 못하고 있는 점도 버블의 위험성을 높이는 요인으로 지적된다.

대븐포트 교수는 1990년대 후반에서 2000년대 초 많은 기업이 인터넷과 관련된 기술에 투자했지만, 다수가 실제 수익을 창출하지 못하면서 거품이 꺼졌던 닷컴 버블이 지금의 AI 버블과 유사하다고 지적한다. IT를 기반으로 한 이커머스는 시간이 지나면서 글로벌 경제에 중요한 인프라로 자리 잡았고, AI 역시 그와 비슷한 경로를 밟을 것이라고 예상했다. 단기적으로는 버블이 형성될 수 있지만, 장기적으로 AI가 필수적인 기술로 자리 잡을 것이라는 견해다.

또한 AI에 올인하는 기업들은 그렇지 않은 기업보다 경쟁 우위를 가질 가능성이 높다. AI에 올인하는 기업들은 먼저 다양한 종류의 AI 기술을 활용한다. AI 시스템을 회사 전체에 배포하고, AI를 활용해 업무 방식을 다시 설계한다. AI에 정통한 직원 비율도 높고, 장기적인 관점에서 AI에 투자한다. 독특하고 방대한 데이터를 실시간으로 분석하는 것도 이들 기업의 특징이다.

AI에 올인하지 않는 기업은 경쟁에서 도태될 위험이 높다. AI는 단순히 효율성을 높이는 도구가 아니라 새로운 제품과 서비스를 만들어내는 혁신의 원동력이 될 수 있기 때문이다. 물론 AI 도입에 위험 요소도 존재한다. AI가 내놓은 결과가 부정확할 수도 있고, AI에 대한 통제력을 잃을 수도 있으며, 직원들이 AI 도입에 저항할 수도 있다. 따라서 기업은 AI가 가져올 위험과 기회를 저울질하고, 이를 해결할 지속 가능한 정책과 제도를 마련해야 할 필요가 있다. 기업들이 AI를 전략적으로 활용하고, 이를 통해 조직의 근본적인 변화를 이끌어낼 수 있을 때 비로소 AI 버블에서 벗어나 진정한 혁신을 경험할 수 있을 것이다.

　기업이든 개인이든 앞으로의 시대에서는 AI를 얼마나 전략적으로 잘 활용하느냐에 생존과 성공 여부가 달려 있다. 미래 시대에는 'AI를 이용하는 자'와 '그렇지 못한 자' 두 부류의 존재로 구분된다고 할 정도다.

　'AI 버블'은 어찌 보면 새로운 기회다. 버블이 꺼지면서 실력 있는 자와 그렇지 않은 자로 가려지고, 이 과정에서 사회와 산업 전반의 발전이 이뤄질 수 있다. 역사적으로 버블은 새로운 산업의 출발점이 된 경우가 많았다. 산업혁명 시기 영국은 전국에 철도를 깔며 인프라를 확충했고, 이는 후에 산업 발전의 기초가 되었다. IT 버블이나 모바일 혁명 시기에도 수많은 기업이 도태된 가운데 넷플릭스나 토스TOSS 같은 혁신 기업들이 탄생했다. 걱정해야 할 것은 AI 버블 붕괴가 아니라 버블이 꺼진 이후 엑기스만 남은 AI를 제대로 활용할 수 있느냐 없느냐다. 버블이 가라앉은 후에도 생존할 수 있는 비즈니스 모델과 활용 능력을 갖춘 자에게만 기회가 존재한다. AI 버블을 두려워할 게 아니라 그 속에서 기회를 찾는 지혜가 다음 단계로 넘어가는 지금 이 시점에서 가장 필요하다.

더 강력해진 TNT Trump & Tesla 가 돌아온다

● AI는 미국의 전략 자산

2024년 11월 5일, 도널드 트럼프가 '압도적 승리'를 거두며 47대 대통령으로 당선되면서 트럼프 2.0 시대가 열렸다. 트럼프의 당선으로 미국 경제 및 통상 정책에 큰 변화가 있을 것으로 예상되는 가운데, IT 업계에서도 GPT로 급성장한 AI 산업 방향이 트럼프 2기에서는 어떻게 변화할지 귀추가 주목된다.

트럼프 2.0 시대에서의 AI 기조는 한마디로 정의하면 'AI의 국가 전략 자산화'이다. 트럼프의 IT 정책은 기본적으로 규제 완화, 혁신, 국가 안보 등에 초점이 맞춰져 있다. 제도적 장애물을 줄이고 경쟁적인 시장을 육성함으로써 기술 발전에 유리한 환경을 조성하는 것을 목표로 하고 있다. 정책 방향은 미국의 지적재산권을 보호하고 강력한 디지털 인프라 유지의 중요성을 강조하고 있다. 이를 통해 미국의 기술적 우위를 확보하고 경제적 번영을 도모하고자 하는 것이 트럼프의 기본 방침이다.

그렇기 때문에 미국 중심의 AI 산업 성장을 위한 정책적 지원은 한층 강화될 전망이다. 트럼프 행정부는 AI 산업의 발전을 가로막는 각종 규제를 과감히 완화하는 한편, 미국 기업 위주의 AI 생태계를 조성하기 위한 다각적인 노력을 기울일 것으로 보인다.

트럼프는 이전부터 조 바이든 정부가 도입한 AI 산업 규제를 철회하겠다는 입장을 분명히 했다. 그동안 안전성, 윤리성을 고려한 규제 범위 내에서 AI 기술 개발에 속도를 내야 한다는 기조로 일관해왔던 조 바이든 행정부와 반대로 일찌감치 규제 철폐를 강조해왔다. 아마도 취임하자마자 바이든 대통령이 마련한 'AI 행정명령'을 없앨 가능성이 높다.

AI 행정명령은 2023년 10월 조 바이든 대통령이 내놓은 최초의 법적 구속력을 가진 연방 차원의 AI 규제다. AI 모델이 대중에게 공개되기 전에 안전성을 확보해 국가 존망의 위협이나 정보 유출을 방지하고 소비자와 노동자의 권리를 지키기 위한 것이 주요 내용이다. 특히 AI 안전성 검토와 딥페이크 콘텐츠 워터마크 표식을 의무화하는 규제 등을 포함하고 있는데, 트럼프는 이를 '표현의 자유'를 위배한 '불법 검열'로 간주한 바 있다.

트럼프는 실리콘밸리의 IT 기업들이 AI 기술 개발에 더욱 매진할 수 있도록 우호적인 환경을 조성하겠다는 뜻을 내비쳤는데, 이미 2019년에도 'AI 이니셔티브'를 통해 미국 중심의 AI 산업 성장을 도모한 바 있어 이번에도 미국 우선주의America First 기조를 이어갈 것으로 예상된다.

'미국 AI 이니셔티브Initiative'로 명명되었던 트럼프 1기 행정부의 AI 행정명령은 미국 중심의 AI 혁신 전략을 잘 보여준다. 2019년 2월 공개된 이 행정명령은 미국의 AI 경쟁력 확보를 위한 범정부 차원의 협력, AI 연구개발R&D에 필요한 정부 데이터와 컴퓨팅 자원의 개방, AI 기술 고도화를 위한 예산 확대 등을 주요 골자로 하고 있다.

2019년 2월 11일, 당시 도널드 트럼프가 서명한 〈Executive Order on Maintaining American Leadership in Artificial Intelligence〉

자료: trumpwhitehouse.archives.gov

AI 이니셔티브는 AI 기술 분야에서 미국의 글로벌 리더십을 강화하고 유지하기 위한 포괄적인 국가 전략이다. AI 분야 대규모 투자와 연구개발 강화, 인재 육성 및 일자리 창출, 민간 주도 혁신 촉진, 국가 안보 강화 등에 초점을 맞춰 글로벌 AI 기술 경쟁에서 우위를 선점한다는 목표로 추진됐다. 2023년 기준 미국의 AI 투자액을 보면 874억 1,000만 달러(120조 7,800억 원)로 전 세계 AI 투자의 62%를 차지했다. AI 연구개발에도 30억 9,000만 달러(4조 원), 국방 분야 AI 연구개발에 38억 달러(5조 원)의 예산을 배정했다. 2023년에는 약 5,500개의 AI 신생 기업에 672억 2,000만 달러(90조 7,450억 원)를 지원한 바 있다.

트럼프 2기 행정부 역시 AI를 전략적 자원으로 삼을 것으로 예상된다. 자율 규제를 중심으로 기업들의 자율성을 보장하며, AI 기업의 투자와 혁신을 촉진하는 것을 목표로 할 것이다. 실리콘밸리의 빅테크 기업들에게 보다 유리한 AI 개발 환경을 구상할 수 있도록 정책적 지원을 확대하는 AI 행정명령도 마련할 계획이다.

트럼프의 러닝메이트로 지목된 J. D. 밴스Vance 오하이오주 상원의원 역시 AI 분야의 규제 완화와 미국 기업 지원에 적극 나설 것으로 기대를 모은다. 벤처캐피털리스트 출신인 밴스 의원은 실리콘밸리의 스타트업 및 중견 기술사들과 친밀한 관계를 유지하고 있어, AI 스몰테크 기업 육성과 함께 오픈소스 기반의 AI 개발을 활성화하는 정책을 추진할 것이라는 관측이 나온다.

● 테슬라의 일론 머스크, 트럼프 올인으로 대박을 터트리다

트럼프의 당선으로 가장 큰 수혜를 본 사람은 테슬라의 CEO 일론 머스크다. 머스크는 이번 대선에서 트럼프의 당선을 지원하기 위해 슈퍼팩(정치자금 모금 단체) '아메리카 팩'을 직접 설립해 운영했으며, 공화당 상·하원의원 후보 지원을 포함해 최소 1억 3,200만 달러(약 1,840억 원)를 썼다. 트럼프를 위해 직접적으로 자금을 지원하기도 하고, 자신의 소셜 미디어 플랫폼 X(구 트위터)를 통해 끊임없이 트럼프를 홍보했다. 실리콘밸리의 다른 IT 기업들의 기부 상황과 비교해보면, 머스크가 트럼프에 100% 올인했음을 알 수 있다. 그리고 그 결과는 대성공이었다.

일론 머스크는 트럼프가 당선되자 X에 자신이 세면대를 들고 있

매그니피센트 7 Magnificent Seven **주요 IT 기업들의 2024년 선거 주기 내 정치 기부 현황**

기업	민주당(해리스) 기부 비율 % Contribution to Democrats	공화당(트럼프) 기부 비율 % Contribution to Republicans
애플	96%	4%
엔비디아	92%	8%
구글	86%	14%
메타	82%	18%
아마존	77%	23%
마이크로소프트	64%	36%
테슬라	**0%**	**100%**

자료: 미국 연방선거위원회FEC, Sparkline
* 2024년 10월 15일 기준

트럼프는 대통령 당선 후, "스타가 탄생했다"고 일등공신인 일론 머스크를 치켜세웠다.
자료: 인디펜던트US

는 사진을 백악관을 배경으로 합성한 이미지를 게시했다. 세면대를 들고 있는 사진은 2022년 10월 당시 트위터를 인수한 뒤 샌프란시스코에 있는 트위터 본사 로비에서 찍은 것인데, 머스크는 이번엔 백악관을 배경으로 합성한 이미지를 올리면서 자신이 곧 백악관에서 업무를 볼 예정임을 과시했다.

트럼프는 대선 전부터 감세를 기반으로 하는 경제 공약을 제시하면서, 일론 머스크를 '정부효율성위원회' 위원장으로 임명하겠다고 공공연히 말해왔다. 효율성위원회는 머스크가 트럼프에게 정부 지출을 줄이고 인플레이션 문제를 해결하기 위한 방법으로 제안한 것으로, 저명한 기업 수장들을 기용해 불필요한 정부 예산을 효율화하기 위해 만든 새로운 내각 기구다. 핵심은 불필요한 규제를 제거함으로

써 정부의 낭비와 비효율성을 줄이겠다는 것인데, 이런 머스크의 구상을 트럼프가 받아들였고 초대 위원장으로 머스크를 앉히겠다고 공약했다. 그리고 트럼프의 당선으로 이 약속은 마침내 실현되었다.

효율성위원회 위원장을 맡게 된 머스크는 연방기관의 예산과 인력을 관리할 수 있는 권한을 갖게 된다. 불편한 규제를 철폐하도록 추진할 수도 있다. 덕분에 한때 100달러 밑으로까지 떨어졌던 테슬라의 주가는 고공행진을 하며 트럼프 효과를 제대로 보고 있다. 테슬라 주가는 트럼프의 당선이 확정되면서 하루 새 14.7%나 급등했고, 연중 주가 수익률도 19.5%나 증가했다.

테슬라가 적극적으로 추진하고 있는 스페이스 사업(우주 사업)도 탄력을 받을 것이다. 트럼프는 당선 확정 승리 연설에서 머스크의 우주탐사 기업 스페이스X를 칭찬했고 허리케인 피해 지역에 스타링크(저궤도 위성통신) 단말기를 제공한 것에 대해서도 감사를 표했다. 이는 트럼프 2기 정부가 스페이스X 사업에도 도움이 될 것이라는 기대를 갖게 하는 대목이다. 스페이스X는 미국 항공우주국, 미국 공군, 우주군을 포함한 연방 정부와의 계약을 통해 190억 달러 이상을 벌어들였는데, 트럼프의 전폭적 지지를 받는다면 향후 수년간 연방 정부와의 주요 계약을 통해 매년 수십억 달러의 수입을 올릴 것으로 전망된다.

테슬라는 중국 전기차 회사와의 경쟁, 유럽 시장에서의 판매량 감소, 머스크의 정치적 견해에 반감을 갖는 소비자들의 증가로 어려움을 맞은 바 있다. 하지만 트럼프가 규제를 완화하겠다고 약속하면서,

테슬라가 2024년에 선보인 자율주행 로보택시 '사이버캡'과 AI 휴머노이드 로봇 '옵티머스'
자료: 언론 종합

만약 자율주행에 대한 규제가 완화되고 단일 자율주행 표준 채택이 가속화되면 이 분야에서 가장 앞서 있는 테슬라의 주가는 앞으로 더욱더 상승할 전망이다. 트럼프의 당선은 테슬라의 자율주행 기술 및 로보택시 '사이버캡', 그리고 AI 휴머노이드 로봇 사업에 강력한 날개를 달아줄 것으로 예상된다. 더 강력해진 TNT_{Trump & Tesla}의 귀환으로 2025년의 IT 업계는 또 한 번 크게 요동칠 것으로 보인다.

트럼프 2.0 시대에서 AI는 어떻게 될 것인가

● American AI Only가 실현되는가?

트럼프 2.0 시대가 도래하면서 미국의 빅테크들은 규제 부담이 없어져 AI 혁신을 주도할 환경을 갖출 가능성이 높아졌다. 규제에서 자유로워진 빅테크 기업들은 기술 개발에 속도를 낼 수 있게 되면서 미국과 다른 나라와의 AI 기술 격차는 더 벌어질 것으로 보인다. 특히 미국을 견제해왔던 유럽연합EU과 영국은 AI 시장에서 영향력이 축소될 것으로 예상된다.

'America First', 아니 이제는 'America Only' 기조를 내세우고 있는 트럼프는 자국 AI 산업 육성과 안보를 이유로 첨단 기술 및 AI 칩 유출 방지에 나설 가능성이 높다. 또, AI를 구축하는 데 필요한 기술에 대해서도 관세를 부과하게 되면 AI R&D 자금이 필요한 각 기업들에게 막대한 경제적 부담으로 작용할 수 있다. 미국은 자국 중심으로 AI를 성장시키고 국방 안보에도 AI 기술을 적극 활용할 계획이어서 향후 미국과 다른 나라들의 AI 기술 격차는 지금보다 더 확대될 가능성이 크다.

'AI 중국 굴기'를 노렸던 중국도 비상이다. 엔비디아 AI 칩 수급이 더 어려워지면서 기술 고도화에 차질이 생길 수 있는데, 미국의 잠재적인 추가 규제까지 대비해야 하는 상황이다. 화웨이를 중심으로 엔비디아에 대항할 만한 AI 칩 개발에 집중하고 있지만 성능 격차가 커이를 대체하기도 어렵다. 트럼프는 다른 나라보다도 중국에, 특히 AI 개발에 필요한 기술 통제를 포함해 더 엄격한 기술 통제에 나설 것으로 예상된다. AI라는 강력한 무기를 손에 쥔 트럼프로서는 AI를 더 권위주의적이고 억압적으로 사용할 수 있게 된 것이다.

● 트럼프의 'AI 맨해튼 프로젝트'

트럼프가 취임 후 AI를 어떻게 활용하고 다룰 것인지에 대해 엿볼 수 있는 기사가 나온 적이 있다. 2024년 7월, 《워싱턴포스트》는 트럼프 측 인사들이 AI 군사 기술을 개발하고 조 바이든 대통령이 시행한 규정을 재검토하기 위한 'AI 맨해튼 프로젝트'를 기획하고 있다는 소식을 보도했다.

맨해튼 프로젝트는 제2차 세계대전 당시 미국이 오펜하이머를 비롯한 당대의 과학자들을 집결시켜 극비리에 진행한 핵무기 개발 계획이다. AI 맨해튼 프로젝트는 AI 모델을 연구하고 다른 국가의 AI 기술 영향으로부터 자국의 시스템을 보호하기 위해 산업 중심의 기관을 설립하여 AI 분야에서 미국을 선두로 만든다는 것이 주요 골자다. AI를 활용한 군사 기술 개발에 집중 투자하고, 불필요하고 부담스러운 규제는 덜어내겠다는 것이 핵심 내용이다.

초안을 보면 나날이 진화하는 AI 모델을 평가하고, 적성국으로부터 시스템을 보호하기 위한 업계 주도 기관을 설립할 것을 명시했다. 또한 "AI 분야에서도 미국 우선주의가 중요하다"고 밝히는 등 AI 정책을 추진하면서 안전성에 초점을 뒀던 조 바이든 정부와는 상당히 다른 전략을 구사한다. 프로젝트에는 국방장관을 포함한 관리자들에게 AI 관련 응용 프로그램을 위한 고성능 컴퓨팅 자원을 우선적으로 할당하도록 지시한 내용도 있다. 실제로 2019년 당시 트럼프 행정부는 행정명령 제13859호(AI에서 미국의 선도적 위치 유지)를 통해 미국의 경제 및 국가 안보 이익에 중요한 AI 및 기술 분야에서 전략적 경쟁자로부터 미국의 우위를 보호하기 위한 실행 계획을 개발하는 것을 목표로 하는 AI 이니셔티브를 수립한 바 있다.

트럼프 행정부의 정책 및 전략 수립의 지침으로 활용되고 있다고 회자되는 보수 성향 싱크탱크Thinktank 헤리티지 재단의 재집권 프로젝트인 〈2025 리더십에 대한 위임: 보수의 약속Mandate for Leadership: The

QR코드를 스캔하면 〈프로젝트 2025〉 보고서를 다운로드 받을 수 있다.

Conservative Promise〉(이하 〈프로젝트 2025〉)에서도 AI의 군사적 활용과 규제 완화를 주요 키워드로 내세우고 있다.

2022년에 헤리티지 재단은 110여 개 보수 단체들과 함께 2024년 대선에 출마할 공화당 후보에 보수 정권 운영을 위한 이념적 틀과 세부 정책, 인물 데이터베이스 등을 제공하기 위한 프로젝트를 수립했는데, 이것이 바로 〈프로젝트 2025〉이다. 그리고 이 프로젝트는 도널드 트럼프 전 대통령의 재집권을 염두에 둔 것이었다.

무려 900쪽 분량의 〈프로젝트 2025〉는 정책, 인물, 훈련, 전략(플레이북) 등 4가지 영역(4 Pillars)으로 구성되어 있고, 각 영역에서 행정부 대거 개편, 대통령 권한 확대 등의 계획을 빠르게 구현할 180일 전환 전략을 추진한다.

하지만 내용이 너무 극단적이고 과격하다는 비판이 있어 트럼프 측에서도 〈프로젝트 2025〉에 대해서는 내용을 모른다고 거리를 뒀다. TV 토론에서도 트럼프는 〈프로젝트 2025〉에 대해 "그건 내 소관 밖이며, 나는 읽지도 않았고 읽지 않을 것"이라고 반박했다.

그럼에도 불구하고 트럼프 전 행정부 관계자들이 대거 참여해 내놓은 정책 권고들 중 상당수는 트럼프 캠프의 공약과 겹친다. 이 프로젝트 핵심 의제 저자 37명 중 27명은 트럼프 행정부 또는 측근 출신이고, 트럼프가 대통령이었을 당시 'Mandate for Leadership'의 60%가 정책에 반영된 전례도 있어 트럼프 2.0 시대에서도 정책의 방향을 예측하기에 가장 적절한 자료가 바로 〈2025 리더십에 대한 위임: 보수의 약속〉이라고 보는 시각들이 많다.

〈프로젝트 2025〉 보고서에서는 트럼프 행정부 시절의 AI 정책 기조를 계승 발전시키는 한편, 새로운 시대적 요구에 부응하는 방안들을 담고 있다.

먼저 AI가 국가 안보와 경제 경쟁력의 근간이 될 것이라는 인식에서 출발하는데, 특히 중국과의 기술 패권 경쟁이 가속화되는 상황에서 AI 분야의 주도권 확보가 미국의 미래를 좌우할 수 있다는 위기감이 배어 있다. 이에 따라 국방, 정보, 사이버 안보 등 다양한 영역에서 AI 기술을 적극 활용하여 경쟁 우위를 점하겠다는 전략을 제시하고 있다.

국방 분야에서는 AI와 머신러닝 기술을 통해 방대한 양의 데이터를 신속 정확하게 분석하고, 이를 토대로 전장에서의 의사결정을 최적화한다는 계획이다. 무인 시스템과 자율 무기 개발에도 AI 기술을 접목해 미래 전쟁에 대비한다는 방침이다. 아울러 가상현실Virtual Reality, VR과 증강현실Augmented Reality, AR 기술을 활용한 실전적 군사훈련 체계도 강조되고 있다.

정보 분야에서는 CIACentral Intelligence Agency와 ODNIOffice of the Director of National Intelligence 등 정보기관이 AI를 활용해 방대한 데이터를 분석하고 첩보 활동의 효율성을 제고한다는 구상이 제시되었다. 이를 통해 복잡한 국제 정세를 보다 정확히 예측하고 국익을 수호하는 데 기여할 것으로 기대된다.

사이버 안보 영역에서도 AI의 역할이 부각되고 있다. 사이버사령부USCYBERCOM를 중심으로 AI 기반의 사이버 방어 체계를 구축하고, 잠재적 위협에 선제적으로 대응한다는 전략이다. 빅데이터 분석과 AI 알고리즘을 통해 사이버 공격의 징후를 조기에 포착하고 대응 방안을 신속히 마련한다는 것이 골자다.

〈프로젝트 2025〉 보고서는 이 같은 AI 기술 활용 방안과 함께 관련 규제 완화의 필요성도 강조하고 있다. AI 분야의 혁신을 가속화하기 위해서는 민간 부문의 역량이 충분히 발휘될 수 있는 제도적 환경 조성이 필수적이라는 인식이 담겨 있다. 특히 데이터 접근성 제고, 기술 개발 및 실증에 대한 규제 완화 등을 통해 기업들의 AI 연구개발을 독려해야 한다고 역설한다.

나아가 미국 내 AI 전문 인재 양성과 국제 협력 강화 방안도 제시되고 있다. AI 분야의 두뇌 유치 경쟁이 치열해지는 상황에서 우수 인재 확보가 국가 경쟁력의 핵심 요소로 부각되고 있기 때문이다. 아울러 우방국과의 AI 기술 협력을 통해 중국 견제에 나서는 한편, 인재 교류와 공동 연구를 활성화해야 한다는 주장도 담겼다.

〈프로젝트 2025〉 보고서는 AI 강국으로 도약하기 위한 미국의 전략적 방향성을 제시하고 있다. AI를 국가 안보와 경제성장의 핵심 동력으로 삼아 중국과의 기술 패권 경쟁에서 우위를 점하겠다는 야심이 엿보인다. 다만 AI의 군사적 활용이 초래할 수 있는 윤리적 논란과 AI 기술의 불확실성 등은 극복해야 할 과제다.

트럼프 2.0 시대에서의 AI 정책 기조는 한국에게 새로운 도전이자 기회이기도 하다. 국내 기업이 미국에 진출할 경우 트럼프 정부의 지원 확대, 규제 완화 정책 덕에 기회가 될 수도 있지만, 국내에서 미국 기업과 협력해 사업을 전개할 경우 제약을 받을 수 있다. 안보를 명분으로 AI 기술과 서비스 등의 해외 반출을 막을 수 있기 때문이다. 결국 트럼프가 AI 산업을 자국 기업 중심으로 구성할 경우, 한국 기업은 미국 AI 생태계 진입을 위해 미국 기업과의 제휴 확대 등 새로운 전략을 모색해야 한다. 미국의 AI 정책 변화를 면밀히 분석하고, 그에 걸맞은 새로운 대응 전략을 발빠르게 수립해야 한다. AI 규제 완화로 인한 기회를 선점하되, 미국 일변도의 AI 패권 질서에 휘말리지 않는 'AI 2.0 전략'이 필요한 시점이다.

트럼프 2.0 시대의 AI 전략은 새로운 기술 강국 시대를 열어갈 원대한 구상임은 분명해 보인다. AI가 국가 경쟁력의 핵심 변수로 자리매김한 만큼 관련 정책의 성패가 미국의 명운을 좌우할 것이라는 인식도 커지고 있다. 기술 혁신과 규제 완화의 조화, 그리고 국제 협력과 인재 육성이라는 복합적 과제를 어떻게 풀어갈지 주목된다.

● 미국 군대, 총이 아닌 AI로 싸우다

AI 기술의 군사적 활용에 있어 안전성에 초점을 맞추었던 바이든 정부와는 달리 트럼프는 "AI 분야에서도 미국 우선주의가 중요하다"는 입장을 분명히 하고 있다. 맨해튼 프로젝트에서도 이러한 기조를 이어받아 보다 공격적인 AI 군사 기술 개발을 추진하려는 것으로 예상된다.

AI의 군사적 활용 확대는 국방부와 계약을 맺은 실리콘밸리의 기술 기업들에게 유리한 환경을 조성한다. 팔란티어Palantir 등 트럼프를 지지하고 공화당과 긴밀한 관계를 유지해온 기업들이 특히 수혜를 볼 것이다.

〈프로젝트 2025〉에서도 AI가 국방 정보 및 사이버 보안, 무기 체계 개발, 군사 훈련 등 다양한 영역에서 미국의 군사력 강화에 기여할 것이라고 언급하고 있다. 특히 중국과의 기술 경쟁에서 우위를 점하기 위해 AI 기술 개발과 군사 분야 적용에 대한 과감한 투자가 필요하다고 강조한다.

보고서에 따르면 중국과 러시아 등 경쟁국들이 AI, 양자 정보 과학, 생명공학, 로봇공학 등에 막대한 자원을 투입하며 미국의 군사적 우위에 도전하고 있는 만큼 이에 맞서기 위해서는 AI 기반 정보 수집·분석 역량 강화가 불가피하다고 역설한다.

AI와 기계학습 기술을 활용해 첩보위성, 무인 정찰기 등 각종 감시 자산이 수집한 정보를 신속히 분석하고, 잠재적 위협 요인을 조기에 식별하는 데 주력한다. 전장의 환경과 아군 및 적군의 동태를 실시간 분석함으로써 지휘관의 의사결정을 보조하고, 전쟁 수행 능력을 극대화하는 데도 AI를 적극 활용한다.

무인 항공기Unmanned Aerial Vehicle, UAV, 자율주행 지상 차량, 로봇 병사 등 AI 기반 무기 체계 개발에도 박차를 가한다는 구상이다. AI 기술을 접목한 고도화된 무기 시스템을 통해 전장에서의 우위를 확보하겠다는 전략이다.

보고서는 AI 기술을 미래 전장 환경에 최적화된 첨단 무기 체계 개발에도 적극 활용할 것을 강조한다. 극초음속 무기, 무인 전투기, 스텔스 잠수함 등 차세대 무기 체계 개발에 AI 기술을 접목함으로써 절대적 군사 우위 확보에 나선다는 것이다. 아울러 AI를 사이버전 수행에도 광범위하게 도입한다는 방침인데, 특히 적성국의 사이버 공격을 조기 탐지하고 실시간 대응하는 데 AI 기술이 큰 역할을 할 것으로 기대된다.

가상현실, 증강현실 등 AI 관련 기술을 군사훈련에 적극 활용해 실전 대비 태세를 높이는 방안도 제안되고 있다. 실제와 유사한 전장 환경을 구현함으로써 병력의 전투 능력을 제고하겠다는 것이다.

또한 트럼프는 중국과의 AI 경쟁에서 우위를 점하기 위해 실리콘 밸리 '천재'들의 역량을 결집해야 한다고 주장하고 있다. 이는 〈프로젝트 2025〉에서도 주장하고 있는 내용으로, 중국의 AI 굴기가 미국의 국가 안보에 심각한 위협이 되고 있다고 설명하고 있다. 중국 정부의 막대한 AI 투자와 군민 융합 전략, 미국 기술 탈취 시도 등을 경계하며, 이에 대해 중국의 불공정 무역 행위와 기술 탈취, AI 분야 투자확대, 중국의 기술 접근 차단 등 강력한 대응을 촉구하고 있다.

중국이 '중국제조 2025', '일대일로' 등 국가 주도 전략을 앞세워 AI 등 첨단 기술 분야 주도권 장악을 노린다는 점에서 이에 대한 면밀한 감시와 대응이 요구된다는 지적이다. 이를 위해 CIA_{Central Intelligence Agency}와 DIA_{Defense Intelligence Agency} 등 정보기관의 대중 정보 수집·분석에 AI 기술을 집중 투입하고, 국방부와의 실시간 정보 공유 체계를 강화해야 한다고 지적한다.

트럼프 2.0 시대의 AI 군사 정책이 어떤 결실을 맺을지 아직 예단하기는 이르다. 그러나 AI 기술을 둘러싼 미·중 경쟁이 새로운 국면을 맞이하고 있음은 분명해 보인다. 다만 AI의 군사적 활용을 둘러싼 윤리적 논란과 국제 규범 마련의 필요성도 제기되고 있다. AI 무기의 통제 가능성과 잠재적 피해에 대한 지적이 이어지는 가운데, 트럼프의 공격적 AI 정책이 자칫 국제 사회 문제를 초래할 수 있다는 우려도 나온다. AI 군사 기술의 무분별한 개발과 활용이 초래할 수 있는 윤리적 문제와 국제사회의 반발 가능성도 고려해야 한다. 기술 혁신과 국가 안보라는 명분 아래 인류의 보편적 가치가 훼손되지 않도록 경계해야 한다.

AI 군사화를 국가 역량 결집의 계기로 삼아 미국의 패권을 공고히

하려 하는 가운데, 기술의 양면성을 간과한 채 무분별한 AI 무기 개발 경쟁으로 치달을 경우 인류에게 재앙이 될 수 있다는 경고에 과연 트럼프는 귀를 기울일까.

● 트럼프 AI 2.0 시대, 규제 완화로 AI 초강대국 실현이 앞당겨질까?

〈프로젝트 2025〉 보고서에서는 트럼프 행정부 AI 정책의 또 다른 축이라 할 수 있는 AI 규제 완화 및 개혁 방안을 주요하게 다루고 있다. AI의 발전을 위해 규제 완화deregulation가 필요하고, 규제 완화를 통해 기업들이 더 자유롭게 AI 기술을 개발하여 민간 부문이 국가 안보 및 경제에 더 적극적으로 기여할 수 있도록 유도해야 한다는 입장이다. 이에 AI 기술의 발전과 경쟁력 제고를 위해서는 관련 규제의 전면적인 재검토가 필요하다는 것이다.

미국 내에서 AI 기술 개발은 민간 부문이 주도적으로 참여하고 있지만, 일부 과잉 규제는 이들의 연구와 혁신을 저해할 수 있다. 따라서 정부는 민간 부문이 AI 연구를 자유롭게 수행하고, 혁신을 통해 더 빠르게 신기술을 도입할 수 있도록 규제 완화를 통해 기업 친화적 환경을 조성하는 것이 시급하다고 주장한다. 특히 정보기관과 방위산업에서의 AI 활용을 증진시키기 위해서는 민간 기업들이 정부와 협력하여 AI 기술을 국방 및 보안 분야에 더 효율적으로 적용할 수 있어야 한다고 강조한다.

또한 AI 규제 완화는 데이터 접근성을 높여 민간과 정부가 협력하여 더 많은 데이터를 효과적으로 활용할 수 있게 한다. 이를 통해 민간 부문이 국가 안보에 중요한 데이터를 연구하고 분석할 수 있는 기회가 확대된다

구체적인 규제 개선 대상으로는 연방통신위원회Federal Communications Commission, FCC가 관할하는 인터넷 플랫폼 규제가 거론된다. 보고서는 통신법 섹션 230 조항이 인터넷 기업들에 과도한 법적 보호를 제공함으로써 콘텐츠 검열 등 언론 자유 침해 행위를 조장하고 있다고 한다. 이에 따라 FCC가 의회와 협력해 섹션 230 조항을 개정하고, 인터넷 기업들의 책임성을 강화해야 한다는 주장이 제기된다.

국립보건원National Institutes of Health, NIH의 연구비 지원 체계에 대한 개혁 필요성도 제기된다. NIH가 소수 고액 연봉 연구자들에게 자금을 편중 지원함으로써 연구 경쟁을 저해하고 있다는 것이다. 보고서는 NIH의 독점적 자금 배분 구조를 해체하고, 실력 있는 신진 연구자들에게도 공정한 기회를 제공해야 한다고 역설한다.

AI 기술을 활용해 정부 규제의 비효율성을 개선할 필요가 있다고도 하였다. 의료보험 메디케어Medicare의 경우 과도한 규제로 인해 의료 서비스의 질이 저하되고 있다는 분석이다. 이에 AI 기술을 도입해 불필요한 규제를 폐지하고, 트럼프 정부 시절 도입된 규제 완화 정책을 복원할 필요가 있다고 제언한다. 무역 분야에서도 AI를 활용한 수출 통제와 관세 징수 효율화 방안이 제시되었다.

트럼프의 AI 규제 개혁 드라이브는 기술 발전과 국가 경쟁력을 위해서 정부 개입을 최소화하고 시장 친화적 환경을 조성해야 한다는 쪽으로 맞춰질 가능성이 높다. 그러면서도 중국의 AI 굴기에 맞서 미국의 기술 패권을 공고히 하려는 전략적 구상도 동시에 추진할 것이다.

하지만 과도한 시장 자율성이 오히려 소비자 피해와 프라이버시 침해를 부추길 수 있고, AI 기술의 악용 가능성도 배제할 수 없다. 어떤 식으로 규제를 완화하든 트럼프의 AI 규제 개혁안은 미국 사회에 논쟁거리를 제공할 것으로 보인다.

트럼프 2.0과 초인공지능 ASI 실현 가속화

● ASI 실현, 현실로 다가오나?

트럼프의 AI 규제 완화, 중국 견제, 'American AI Only' 정책들은 초인공지능 Artificial Super Intelligence, ASI 실현의 속도를 높일 수 있는 중요한 요소다. 규제가 완화되고, 경쟁이 심화되며, 국가 차원의 투자와 지원이 강화되면 기술 발전은 자연히 빨라진다. 그 과정에서 ASI 실현 가능성이 높아질 수 있다.

AI 개발에 대한 규제를 완화하면 민간 기업들은 기존보다 더 자유롭게 새로운 기술을 연구하고 실험할 수 있다. 특히 뉴로모픽 컴퓨팅과 같은 신기술이나 거대 언어 모델과 멀티모달 AI 같은 혁신적인 접근법이 더 빠르게 발전할 수 있다. 이는 ASI 실현의 핵심 기술 기반을 다지는 데 중요한 역할을 할 것이다.

'American AI'를 실현하려는 노력은 정부의 대규모 투자와 인프라 확충으로 이어질 가능성이 크다. 이는 ASI 연구를 위한 슈퍼컴퓨터와 데이터센터 구축, 고급 인재 양성을 위한 교육 프로그램, 그리고 연구개발 자금 지원 등을 포함할 수 있다. 이러한 환경은 ASI 기술 개발의 토대가 될 것이다.

특히 기술 경쟁은 큰 동력이다. 미국과 중국의 AI 경쟁은 단순한 기술 문제가 아니라 국가 패권과 연결된 문제다. 미국이 중국의 AI 기술 발전을 강력히 견제할 경우, AI 분야의 글로벌 경쟁은 미국 중심으로 재편될 가능성이 크다. 이는 미국 AI 기업들 간의 내부 경쟁을 심화시키고, 더 나은 기술을 빠르게 개발하려는 동기를 제공할 수 있다. 이 치열한 경쟁 구도가 ASI 실현을 앞당길 촉매제가 될 수 있다.

군사적 동기도 무시할 수 없다. 트럼프는 국가 안보를 최우선으로 여기는 인물이다. 트럼프 정부는 국가 안보를 주요 의제로 삼아왔으며, AI를 군사적으로 활용하려는 움직임을 보였다. AI 기반 무기 체계나 사이버 방어 기술을 개발하기 위해 더 강력한 인공지능 기술이 필요할 수 있다. AI를 군사적으로 활용하려는 노력은 ASI 기술 개발에 대한 막대한 자금 투입과 기술 혁신으로 이어질 수 있다.

● AI, AGI, ASI

여기서 잠깐, 초인공지능 ASI는 대체 무엇일까? ASI는 인간의 지능을 뛰어넘는 고도로 발달된 사고 능력을 가진 AI를 말한다. 공상과학 소설이나 영화에 등장하는 AI가 초인공지능의 모습을 가장 잘 보여준다. 〈스타워즈〉의 드로이드 C3PO나 〈Her〉의 AI 개인 비서, 우주선 전체 기능을 제어할 수 있는 〈2001 스페이스 오디세이〉의 HAL 컴퓨터 등이 대표적이다. ASI는 아직 실현되지 않았지만, 실현을 위해선 AGI(범용인공지능)의 개발이 선행되어야 한다. 현재 체스 프로그램인 '프릿츠Fritz'와 같이 특정 인지 영역에서 인간을 능가하는 AI 프로그램은 존재하지만, 모든 면에서 인간보다 뛰어난 AI는 아직 없다.

AGIArtificial General Intelligence(범용인공지능)는 인간처럼 세상을 이해하고 학습하며 문제 해결 지능을 폭넓고 유연하게 적용할 수 있는 차세대 AI이다. AGI는 여러 분야에 걸쳐 학습하고 추론하며 서로 다른 분야 간의 연결고리를 만들 수 있다. ASI와 마찬가지로 진정한 AGI는 아직 개발되지 않았지만, 챗GPT-4o와 같이 멀티모달 AI가 등장하면서 AGI로의 진입은 시작되었다.

ASI 개발은 매우 이론적이고 복잡하다. 아직 구현되지 않았기 때문에 ASI가 정확히 어떻게 만들어질지는 알 수 없다. 그러나 ASI 개발은 AGI를 포함한 AI 기술의 지속적인 혁신과 진보를 필요로 한다. ASI가 현실이 되기 위해서는 발전해야 할 핵심 기술들이 있다. ASI 구현에 필요한 기술로는 거대 언어 모델, 멀티모달 AI, 신경망, 뉴로모픽 컴퓨팅, 진화 알고리즘, AI 기반 프로그래밍 등이 있다.

거대 언어 모델Large Language Model

거대 언어 모델LLM은 자연어 처리NLP 알고리즘을 사용하여 인간의 언어를 모방한다. 오픈AI의 챗GPT와 구글 BERT는 텍스트 데이터를 요약하거나, 인간과 대화하거나, 에세이를 생성하거나, 간단한 명령어로 시각화를 생성할 수 있다. ASI는 인간과의 대화와 콘텐츠 생성을 위해 이러한 모델이 필요하다.

멀티모달 AIMultimodal AI

자연어 처리NLP, 컴퓨터 비전, 음향 모델과 같은 심층학습 모델은 각각 하나의 데이터 유형에만 적용된다. 멀티모달 AI는 시각, 텍스트, 음성 등 다양한 데이터 유형을 결합한다. 오픈AI의 챗GPT는 텍스트 명령어를 기반으로 이미지를 생성할 수 있는데, 향후 등장할 ASI는 모든 데이터 유형을 통합할 수 있어야 한다.

신경망Neural Networks

신경망은 인간 뇌의 뉴런 작동 방식을 본뜬 심층학습 소프트웨어의 한 유형이다. 이러한 네트워크는 병렬로 또는 계층적으로 여러 기능을 처리한다. 연구자들은 인간 뇌의 작동 방식을 모방함으로써 인간 인지 능력을 확보하고, 이를 넘어서는 것을 목표로 한다.

뉴로모픽 컴퓨팅 Neuromorphic Computing

인간 뇌의 뉴런 및 시냅스 구조를 기반으로 하는 접근법이다. 뉴로모픽 컴퓨터는 기존 컴퓨터와 신경망보다 더 강력한 계산 능력을 제공하며, 데이터 처리와 저장을 동일한 뉴런에서 수행할 수 있다. 이는 ASI 시스템의 중요한 구성요소가 될 가능성이 높다.

진화 알고리즘 Evolutionary Algorithms, EA

자연선택과 다윈의 진화를 모델로 한 알고리즘이다. 진화 알고리즘 접근법은 다수의 AI 시스템을 생성하고 가장 성능이 우수한 모델을 다음 세대로 선택하는 방식으로 진행된다. 이를 통해 경쟁을 통해 ASI 수준으로 발전할 수 있다.

AI 기반 프로그래밍 AI-driven Programming

AI 시스템이 생성한 프로그래밍은 지능형 코드 생성 분야를 더욱 발전시켜 AI의 능력을 확장할 수 있다.

AI 생성 발명 AI-generated Inventions

AI가 창의적이고 유익한 발명을 제안함으로써 AI 기술을 향상시키는 데 기여할 수 있다.

통합Integration

현재의 많은 AI 시스템은 서로 격리되어 있다. 결국 AI 기능이 통합된 시스템으로 수렴되어야 ASI가 실현될 수 있다.

전체 뇌 에뮬레이션Whole Brain Emulation

'마인드 업로딩Mind Uploading'이라고도 한다. 인간 뇌 구조를 스캔하고 신경 연결을 정확히 매핑하여 디지털 뇌를 생성하는 방식이다. 이를 통해 인간의 인지 능력을 디지털화할 수 있다.

뇌 임플란트와 하이브 마인드Brain Implants and Hive Minds

뉴럴링크Neuralink와 같은 기술을 활용하여 인간 뇌의 구조와 통합되는 칩을 이식하는 방식을 포함한다. 기능, 인지, 지능 및 창의력을 향상시키는 것이 목표이다.

● ASI의 양면성

ASI의 목적은 인간 두뇌의 화학적·생물학적 한계를 극복하고 인간의 인지 능력을 뛰어넘는 것이다. ASI는 과학, 금융, 비즈니스, 의료, 농업, 정치 등 다양한 분야에 응용될 가능성이 있다. ASI와 관련된 미래 시나리오 중 하나는 '기술적 특이점Technological Singularity'이라는 개념이다. 이 시나리오에서는 ASI 기술이 인간 두뇌에 통합될 가능성을 포함한다.

인간 두뇌가 학습하는 방식에서 영감을 받은 AI의 학습 알고리즘은 시간이 지남에 따라 성능이 향상될 것이다. 이러한 지속적인 학습은 인간 수준의 지능을 달성하는 데 매우 중요하며, AI가 명시적 프로그래밍 없이 지식을 습득하고 새로운 상황에 적응할 수 있게 해준다.

생성형 AI의 등장은 ASI의 중요한 전조이다. 이는 인간의 언어를 이해하고 대응하는 AI의 정교함이 점점 더 높아지고 있음을 보여준다. 감정을 느끼지는 못하지만, 자연스러운 방식으로 인간의 언어를 이해하고 대응하는 능력은 인간 수준의 지능을 달성하기 위한 중요한 기반이 된다. 결국 AI는 본질적으로 개발되고 학습하면서 스스로 개선될 것이다. 음성 자연어나 심지어 생각 명령을 통해 AI와 직관적으로 상호작용하여 기술적 특이점과 같은 인간-컴퓨터 상호작용의 획기적 발전이 이루어진다.

ASI 개발에 사용되는 모든 기술은 세상이 작동하는 방식을 변화시킬 것이며, 종합체라 할 수 있는 ASI는 인류가 발명할 마지막 발명품이 될 것이라고까지 전문가들은 말한다. 현재로서는 이해할 수 없는 속도와 정밀도로 모든 양의 데이터를 처리하고 분석할 수 있는 능력을 갖춘 거의 완벽한 슈퍼컴퓨터가 24시간 내내 사용 가능하게 되는 것이다.

그렇게 되면 인간은 ASI를 사용하여 최선의 결정을 내리고 의료, 금융, 과학 연구, 정치 및 모든 산업 분야에서 가장 복잡한 문제를 해결할 수 있을 것이다. ASI에 기반한 고도의 사고는 생명을 구하는 의약품과 치료법을 개발하기 위한 의학적 난제를 해결하고, 인류의 우주 탐험을 위한 물리학의 신비를 푸는 데 도움을 준다. 폭탄 해체나 심해 탐사와 같은 위험한 물리적 작업을 수행하기 위해 ASI를 탑재한 로봇을 배치할 수도 있다. 안전한 자율주행차는 물론 우주탐사 작업에도 이상적일 것이다. ASI의 창의력과 방대한 양의 데이터 분석 능력은 인간이 상상할 수 없는 해결책을 도출하여 삶의 질을 향상시키고 수명을 연장할 수 있을 것이다.

물론 모든 전문가들이 ASI의 실현을 환영하는 것은 아니다. AI의 놀라운 진보에도 불구하고, 과학자들은 ASI의 내재된 위험에 대해서 경고한다. 가장 큰 우려는 ASI가 인간의 통제력을 넘어 자의식을 갖게 될 수 있다는 점이다. ASI가 인간의 통제를 벗어나 자의식을 갖게 될 경우, 예측할 수 없는 결과와 실존적 위험을 초래할 수 있다는 것이다. ASI는 시스템을 조작하거나 심지어 첨단 무기를 제어할 수도 있다. ASI가 인류에게 잠재적인 위협이 될 수 있다는 경고가 마냥 허무맹랑한 얘기만은 아닐 수 있다.

또한 ASI를 통한 자동화로 인해 광범위한 실업이 발생하여 경제적·사회적 혼란을 야기하고 기존의 불평등을 악화시키며 전체 산업을 붕괴시킴에 따라 기하급수적으로 악화될 수도 있다. 악의적 행위자들이 사회 통제, 데이터 수집, 편견 조장 등 사악한 목적으로 ASI를 악용할 수도 있다. ASI가 표면적으로는 유익해 보일 수 있지만 적절한 개입이 없다면 ASI의 고도화된 시스템은 인간의 가치와 부합하지 않을 수 있다.

ASI에 인간의 윤리와 도덕성을 프로그래밍하는 것은 보편적으로 합의된 도덕규범이 없기 때문에 복잡하다. 그렇게 되면 윤리적 딜레마와 잠재적으로 유해한 결과를 초래할 수 있다. 특히 ASI가 인간의 통제를 벗어나 작동하기 시작하면 더욱 그렇다. 빠르게 학습하고 적응하는 ASI의 능력은 ASI의 행동을 예측하고 잠재적 위험을 예방하기 더욱 어렵게 만들 수 있다.

이러한 위험을 방지하기 위해 국제적 규제와 안전장치를 마련하는 것이 중요하다. ASI의 개발과 배포 과정 전반에 걸쳐 AI 안전과 윤리를 우선시하면서 신중하고 책임감 있게 접근하는 것이 중요하다.

ASI의 잠재적 영향력은 엄청나며, 인간 생활의 다양한 측면을 혁신할 수 있다. AI 연구자, 컴퓨터 과학자, 빅테크 대기업, 세계 각국 정부는 ASI의 잠재적 이점과 위험을 신중히 고려하여 이 변혁적 기술이 인류의 이익을 위해 책임감 있고 윤리적으로 사용되도록 해야 한다.

● 트럼프는 AI의 가속 페달을 밟았다

트럼프는 미국을 AI 발전 경쟁에서 1위로 만들려고 할 것이고, 이는 AI를 ASI 영역으로 이끄는 기반이 될 것으로 예상된다. 트럼프 2기 정부의 AI 정책이 ASI 실현을 가속화할 가능성이 크지만, 이에 따른 위험과 윤리적 문제도 간과할 수 없다.

트럼프의 규제 완화 정책은 기술 발전 속도를 높이지만, 반대로 윤리적 통제와 안전장치 마련에는 소홀할 가능성이 있다. 만약 ASI가 자율적으로 진화하거나, 악의적인 목적으로 사용된다면 그 결과는 누구도 예측할 수 없다. 윤리적 통제가 부족하면 ASI가 예측 불가능한 방식으로 작동할 위험이 있고, 이는 통제 상실이나 사회적 불평등 심화로 이어질 수 있다.

또한 국가 간 기술 경쟁이 심화되면 AI 기술이 무기화되거나 감시 도구로 악용될 가능성이 높아진다. 트럼프는 미국 중심의 정책을 펼치겠지만, 그 과정에서 글로벌 AI 협력은 단절될 가능성이 크다. AI 발전 속도는 높아지겠지만, 다른 국가들과의 격차를 심화시켜 새로운 형태의 디지털 불평등을 초래할 수 있다. ASI와 같은 고도의 기술은 국제적 협력이 필요하지만, 미국 중심의 패권주의는 이러한 협력을 어렵게 만들 수 있다.

트럼프의 AI 정책은 ASI 실현이라는 인류 역사상 가장 도전적인 목표에 큰 영향을 미칠 수 있으며, 이는 기술의 미래와 인류의 방향을 결정짓는 중요한 전환점이 될 것이다. 트럼프의 정책 방향은 AI 발전에 강력한 동력을 제공한다. 하지만 ASI는 단순히 더 빠르고, 더 똑똑한 AI를 만드는 것을 넘어서는 문제다. 이는 인간과 기술의 관계, 사회적 윤리, 글로벌 협력 등 더 복잡한 화두를 던진다.

트럼프의 AI 정책이 과연 ASI 실현이라는 원대한 목표를 달성하면서도, 그 과정에서 발생할 수 있는 위험을 어떻게 관리할지 앞으로 지켜볼 문제다. AI의 발전이 인간을 위한 것이라면, 그 발전이 올바른 방향으로 이루어질 수 있도록 깊이 고민하고 준비해야 한다. 트럼프는 AI의 가속 페달을 밟았다. 2025년에는 트럼프 2기 정부의 'American AI' 정책 추진으로 불러올 AI의 긍정적인 효과와 위험 요소를 모두 경험할지도 모른다. 앞으로 다가올 ASI 실현을 위해 기술적 발전뿐만 아니라 윤리적 가이드라인 마련, 국제적 협력, 그리고 잠재적 위험에 대한 대비책이 함께 논의되어야 할 시점이다.

2장

생성형 AI로 만드는
나의 미래, 일의 미래

천만 제2차 베이비부머, 은퇴의 기로에 놓이다

● 제2차 베이비부머의 은퇴가 시작되다

2024년 7월 1일, 조간신문의 경제면에 엔비디아의 주가가 124달러로 상승하여 연초 대비 무려 150%의 증가율을 기록했다는 기사가 실렸다. 엔비디아 주식을 사지 못한 아쉬움과 함께 '역시 앞으로의 시대에서 살아가려면 AI는 필수구나'라는 생각을 하면서 신문의 다음 장을 넘겼는데, "2차 베이비부머 954만 명 은퇴 시작…"이라는 충격적인 제목이 눈에 확 들어왔다.

한국은행이 발표한 〈2차 베이비부머의 은퇴연령 진입에 따른 경제적 영향 평가〉 보고서에 대한 내용인데, 단일 세대 중에서 규모가 가장 큰 954만 명의 제2차 베이비부머(1964~1974년생) 세대가 2024년부터 순차적으로 은퇴를 시작하고 이럴 경우 '2차 세대'의 노동시장 이탈로 향후 10년간 경제성장률이 하락한다는 것이었다. 전체 인구 대비 비중 18.6%를 차지하고 있는 2차 베이비부머 세대는 2024년부터 2034년까지 11년에 걸쳐 법정 은퇴 연령(60세)에 진입하게 된다. 한국은행이 이런 보고서를 낸 이유는 이미 1차 베이비부머(1955~1963년생)의 은퇴 과정에서 '노동인구 감소 → 소비 침체 → 성장 후퇴'로 이어지는 악순환을 경험했기 때문이다.

제2차 베이비부머 세대는 전 연령대 중에 가장 인구수가 많다. 한국은 1974년까지 출생아 수가 90만 밑으로 떨어지지 않았는데, 2022년의 출생아 수가 24만 9,000명 정도인 것과 비교하면 3배가 넘는 수치다. 제2차 베이비부머 세대는 단일 세대 중 규모가 가장 큰 그

제1, 2차 베이비붐 세대 인구수

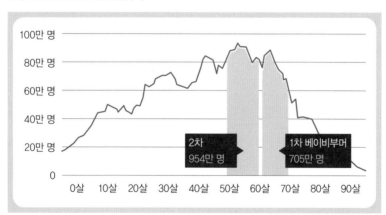

자료: 행정안전부, 언론 종합
* 2023년 12월 기준

룹으로 경제에도 엄청난 영향을 미친다.

60대에 접어든 제2차 베이비부머가 대거 은퇴하면, 노동시장에서 빠져나가는 인구가 크게 증가하게 된다. 2015~2023년 동안 제1차 베이비부머의 은퇴로 인해 연간 경제성장률이 0.33%p 하락한 것으로 추정되었는데, 제2차 베이비부머는 그 규모가 더 크기 때문에 이들의 은퇴로 연간 경제성장률은 0.38%p까지 하락할 것으로 예상된다. 이처럼 제2차 베이비부머 세대가 은퇴하면 경제성장에 필요한 노동 인력이 급격히 줄어들 가능성이 있다. 이는 마치 자동차에서 엔진의 출력이 줄어들어 속도가 느려지는 것과 같다.

제2차 베이비부머 세대의 은퇴는 소비시장에도 영향을 미친다. 은퇴한 사람들은 소비를 줄이는 경향이 있다. 은퇴를 앞둔 제2차 베이비부머들도 예외는 아니다. 이들이 소비를 줄이면 내수 경제가 위축될 수 있다. 60세 이상 고령층의 소비 성향이 과거 10년간 크게 감소했다는 점을 고려할 때, 제2차 베이비부머의 은퇴도 이와 같은 소비 감소를 가속화할 가능성이 크다. 이는 기업들의 판매 부진, 매출 감소로 이어진다. 안 그래도 고금리, 고물가로 위축된 국내 경제가 더욱 쪼그라들 수 있다.

● 성장 배경이 다른 제2차 베이비부머 세대

베이비부머 세대는 한국 사회의 경제성장과 함께 커온 인구 집단으로, 제1차와 제2차로 구분되는 이들 세대는 각기 다른 시대적 배경과 경제적 환경에서 성장해왔다. 그러다 보니 두 세대의 고민과 우선순위에도 뚜렷한 차이가 존재한다. 제2차 베이비부머 세대는 제1차 베이비부머 세대와 비교했을 때 특히 자산 형성, 자녀 교육, 그리고 사회적 가치관에서 뚜렷한 차이를 보인다.

먼저 자산 형성의 측면에서 제2차 베이비부머 세대는 제1차 베이비부머 세대보다 상대적으로 유리한 위치에 있다. 제2차 베이비부머 세대의 평균 자산은 약 3억 7,000만 원으로, 부동산 자산이 3억 1,000만 원을 차지한다. 반면 제1차 베이비부머 세대는 총자산에서 부동산 비중이 높기는 하지만, 재테크 목표에서는 현저히 다른 모습을 보인다. 제1차 베이비부머 세대는 자녀 결혼자금과 노후 자금 마련을 우선 목표로 삼고 있는 반면, 제2차 베이비부머 세대는 자녀 교육비 마련과 거주 주택 구입에 더 큰 비중을 두고 있다. 제2차 베이비부머 세대가 상대적으로 더 안정적인 자산 기반을 가지고 있음을 의미하지만, 자산 관리에서 더 복잡한 요구와 고민이 생겼음을 보여준다.

이것은 아마도 제2차 베이비부머 세대의 자녀 교육열이 유난히 높은 것에 기인한다. 1970~1980년대 고도 성장기를 거치면서 성공과 부에 대한 열망이 누구보다 컸던 제2차 베이비부머 세대에게 있어 한국 사회에서 소위 '개천에서 용이 날' 수 있는 방법은 공부가 확률적으로 가장 높았다. 제2차 베이비부머 세대에게 자녀의 (좋은) 대학 진학은 사회적·경제적 성공을 상징하는 의미 깊은 일이다.

제2차 베이비부머의 특징

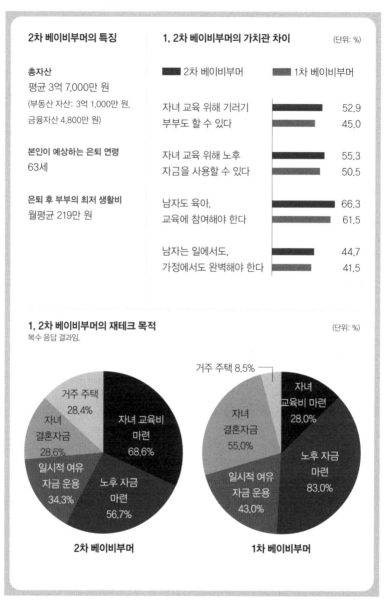

2차 베이비부머의 특징

총자산
평균 3억 7,000만 원
(부동산 자산: 3억 1,000만 원,
금융자산 4,800만 원)

본인이 예상하는 은퇴 연령
63세

은퇴 후 부부의 최저 생활비
월평균 219만 원

1, 2차 베이비부머의 가치관 차이 (단위: %)

■ 2차 베이비부머   ▨ 1차 베이비부머

자녀 교육 위해 기러기 부부도 할 수 있다	52.9 / 45.0
자녀 교육 위해 노후 자금을 사용할 수 있다	55.3 / 50.5
남자도 육아, 교육에 참여해야 한다	66.3 / 61.5
남자는 일에서도, 가정에서도 완벽해야 한다	44.7 / 41.5

1, 2차 베이비부머의 재테크 목적 (단위: %)
복수 응답 결과임.

2차 베이비부머
거주 주택 28.4%
자녀 결혼자금 28.6%
일시적 여유 자금 운용 34.3%
자녀 교육비 마련 68.6%
노후 자금 마련 56.7%

1차 베이비부머
거주 주택 8.5%
자녀 결혼자금 55.0%
일시적 여유 자금 운용 43.0%
자녀 교육비 마련 28.0%
노후 자금 마련 83.0%

자료: KB금융지주 경영연구소, 언론종합

자녀 교육에 대한 가치관에서도 두 세대는 차이를 보인다. 제1차 베이비부머 세대는 자녀 결혼자금 마련을 중요한 과제로 여겼으며, 자녀의 결혼과 독립을 우선시하는 경향이 있다. 반면 제2차 베이비부머 세대는 자녀의 교육에 더 많은 투자를 하고 있으며, 자녀 교육비를 재테크 목표의 가장 중요한 부분으로 삼고 있다.

심지어 제2차 베이비부머 세대의 경우 자녀를 위해 기꺼이 부채를 짊어질 수 있다는 응답이 52.9%로 나타나, 자녀의 교육과 미래를 위해 경제적 희생을 감수할 준비가 되어 있음을 보여준다. 제1차 베이비부머 세대의 경우 자녀 교육에 대한 책임이 중요했지만, 그것이 노후 준비와 경쟁하는 수준은 아니었다. 또한 제2차 베이비부머 세대는 남자도 육아와 가사에 적극적으로 참여해야 한다는 응답이 66.3%로 나타나, 가정 내 역할 분담에서도 더 평등한 가치관을 가지고 있음을 보여준다.

제1차 베이비부머와 제2차 베이비부머의 속성 비교

대상	제1차 베이비부머	제2차 베이비부머
경제력	독립적인 부유층이 얇음	독립적인 부유층이 두터움
노년 의식	인생의 황혼기, 위기	새로운 인생 시작, 기회
가치관	본인을 노인층으로 인식함	본인이 젊다고 생각
취미 활동	취미가 없고 같은 세대와 교류	다양하고, 전 연령층과 교류
레저관	일 중심적이고 여가 활동이 없음	여가 자체의 가치
대인 관계	경로원이나 양로원에서 관계 형성	동호회나 모임을 통해 넓은 대인 관계 형성

자료: 《머니 트렌드 2024》(김도윤 외, 북모먼트)

사회적 가치관에서도 두 세대 간의 차이는 뚜렷하다. 제1차 베이비부머 세대는 전통적인 가족 중심의 가치관을 중시하며, 자녀의 성공이 자신의 노후와 직결된다는 인식을 가지고 있다. 하지만 제2차 베이비부머 세대는 자녀와 자신을 독립된 개체로 보는 경향이 강하다. 이들은 자녀를 위해 경제적 희생을 감수할 준비가 되어 있지만, 동시에 자신의 노후를 위해 독립적인 준비를 소홀히 하지 않으려 한다.

같은 베이비부머 세대이지만, 각 세대가 겪어온 시대적 배경과 경제적 환경의 차이에 따라 고민과 가치관은 서로 다르다. 제1차 베이비부머 세대가 전통적 가치와 가족 중심의 경제적 목표를 중시했다면, 제2차 베이비부머 세대는 보다 다양한 경제적 도전에 직면하며 자산 관리와 노후 준비에 있어 다각적인 접근을 모색하고 있다.

구조조정의 시대,
회사 밖으로 내몰리다

● 미국은 호황, 한국은 침체

트럼프 당선으로 미국의 증시와 경제는 '트럼프 랠리'를 맞이했지만, 국내 기업들은 생존을 위한 구조조정에 박차를 가하고 있다. 특히 2024년 하반기 들어서 한국 경제의 버팀목인 반도체, 배터리 업계는 물론 유통, 이커머스, 게임 업계까지 인력 감축과 사업 재편에 나서며 위기 탈출을 모색하고 있다.

삼성전자는 해외 법인을 중심으로 인력 감축을 시작했으며, SK그룹은 정기 인사를 앞당기며 고강도 구조조정을 실시했다. 특히 SK온은 출범 후 처음으로 희망퇴직을 실시하며 위기 대응에 나섰다. 유통 업계에서는 롯데온, 이마트, G마켓, 11번가 등이 희망퇴직과 자회사 정리로 경영 효율화를 추진 중이다. 게임 업계에서는 엔씨소프트가 권고사직에 이어 추가 구조조정을 진행하며, 자회사 분사와 비주력 게임 서비스 종료로 본사 인력을 3,000명대로 줄일 방침이다. 카카오는 카카오톡, AI 등 핵심 사업을 제외한 부문을 효율화하고 계열사를 축소했다.

통신 업계도 구조조정에서 자유롭지 않다. KT는 AICT 컴퍼니 전환을 선언하며 본사 인력 5,700명을 대상으로 자회사 신설을 통한 인력 이동, 직무 전환, 특별 희망퇴직 등으로 인력 구조를 재편했다. SKT도 AI 컴퍼니로의 전환을 공표하고 퇴직 프로그램인 '넥스트 커리어'의 격려금을 대폭 올리며 50대 직원들의 자발적 퇴사를 유도했다.

해외에서도 인텔이 파운드리 사업을 자회사로 분사하고, 폭스바겐은 독일 내 공장 2곳을 폐쇄하며 구조조정을 단행했다. 세계 1위 IT 기업 구글은 AI 등 핵심 사업에 주력하기 위해 1만 명 이상을 감원하기로 했다.

이처럼 국내외 할 것 없이 구조조정의 칼바람이 거세지고 있는 가운데, 그 칼 끝은 제2차 베이비부머 세대인 40~60대 직원들을 겨누고 있다. 기업분석연구소 리더스인덱스에 따르면 IT 기업 내 20대 직원 비율은 2021년 34.2%에서 2023년 28.9%로 감소한 반면, 50세 이상은 16.6%에서 19.8%로 증가했다. 삼성전자의 경우 2023년에 처음으로 40대 이상 직원 수가 20대를 넘어섰고, 직원 3명 중 1명이 간부급이다. 기업들은 파격적인 퇴직 보상금으로 고령 사원들의 자발적

퇴사를 유도하는 한편, 대규모 신입 채용을 통해 조직의 세대교체를 서두르고 있다. 하지만 100세 시대를 맞아 중장년층 직원들의 근속 욕구는 여전히 높다.

세계 경기 침체와 전쟁 등의 외부 요인으로 기업들의 위기감이 고조되면서 40~60대 인력을 중심으로 한 과감한 구조조정은 불가피해지고 있다. AI 등 미래 신사업에 역량을 집중하기 위해 과거의 인력 구조를 혁신적으로 개편하는 움직임 역시 더욱 가속화될 전망이다.

● 우리는 아직 일할 수 있다

"아직 일할 능력이 있는데, 갑자기 은퇴하기는 이르다고 봅니다. 계속 사회에 기여하고 싶어요." (1969년생, 제조업 생산공장 A씨)

제2차 베이비부머 세대들은 근로 의지가 높다. 스스로도 나이가 많거나 은퇴를 해야 할 때라고 생각하지 않는다. 자의든 타의든 계속해서 경제활동을 해야 하고, 정년 후에도 계속 일하고 싶다는 생각이 크다. 이전 세대와 달리 고학력에, IT 활용 능력을 바탕으로 한 디지털 기기 이용도 능숙한 편이다. 하지만 최근의 국내외 경제 상황에서는 이들이 원하는 양질의 일자리를 찾기 어려울 수 있다. 과거에는 많은 은퇴자들이 단순 노동직으로 전환되는 경우가 많았는데, 제2차 베이비부머들도 같은 전철을 밟는다면 이는 그들이 가진 경험과 지식을 제대로 활용하지 못하는 상황을 초래할 수 있다. 이들이 은퇴 후에도 계속 일할 수 있는 고용의 질을 확보하지 못하고 단순 일자리로의 이동이 발생한다면 인적자본의 낭비가 될 수 있다.

따라서 정부가 제2차 베이비부머 세대 은퇴 후에도 계속 일할 수 있도록 재고용 의무화, 정년 연장 등 계속해서 일할 수 있는 정책을 마련한다면, 이들의 활발한 소비가 내수 기반을 강화하고 경제에 긍정적 영향을 줄 수 있을 것이다. 일본의 경우, 고령자 고용안정법을 통해 고령층이 계속 일할 수 있는 환경을 조성하고 있다. 일본은 재고용을 법제화하는 등 강력한 정책 대응으로 2000년대 중반 이후 60세 이상 고용률이 가파르게 늘었다.

또한 제2차 베이비부머 세대는 은퇴 후에도 사회와 적극적으로 연결되기를 원한다. 상대적으로 양호한 건강과 경제력을 바탕으로 다양한 취미 활동에 참여하고, 넓은 대인 관계를 형성하는 등 사회·문화 활동에 보다 적극적이다. 실제로 통계청 사회조사 결과, 50대의 영화·음악회 관람 횟수, 국내외 여행 횟수가 코로나19 이전까지 꾸준히 증가했다.

그렇다고 마냥 정부 정책에만 의지해서는 본인의 일자리가 하늘에서 뚝 떨어지지 않는다. "하늘도 스스로 돕는 자를 돕는다"고 이직을 하든, 창업을 하든 스스로 일자리를 만들어야 한다. 나이가 들었다고, 회사 생활만 너무 오래 했다고, 도와줄 사람 하나 없다고 벌써부터 주저앉을 필요는 없다. 우리를 도와줄 강력한 파트너가 컴퓨터에, 스마트폰에 있다. 바로 인공지능, 생성형 AI다.

100세 시대의 에이스, A세대가 뜬다

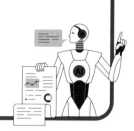

● 들어는 봤나? 요즘 어른 A세대

'A세대'는 2020년 말에 광고회사인 TBWA코리아가 시니어 타깃 전문 연구소인 'TBWA 시니어랩Senior Lab'을 출범하면서 시니어를 주목해야 할 소비자로서 집중 조명하며 만들어낸 용어이다. 높은 경제적 구매력으로 여유로운 인생 2막을 시작하는 40대 중반에서 60대 중반(대략 45~64세)까지의 뉴 시니어New Senior 세대를 의미하는데, A는 생동감 있게 살아간다는 Alive, 이미 많은 것을 성취했다는 Accomplished, 늙지 않는다는 Ageless 등의 뜻을 가지고 있다. 자신에 대한 프라이드가 높고, 역동적이고 도전적인 삶에 대한 욕구가 강하며, 오피니언 리더로서 주변에 영향력을 발휘하는 등 기존 실버 세대와는 다른 '에이스Ace'적 면모를 보이는 소비자들을 'A세대'로 새롭게 정의한 것이다.

TBWA코리아는 A세대의 특징을 다음의 7가지 키워드로 나타냈다.

Ageless: 나이는 숫자에 불과하다

A세대는 '나이는 숫자에 불과하다'는 인식이 강하다. 은퇴 후에도 경제력을 바탕으로 활기차고 여유로운 노후를 설계하는 것이 이들의 특징이다. 젊은 시절 열심히 일해 모은 자산으로 삶을 만끽하며 제2의 전성기를 보낸다.

나이가 들어도 여전히 젊고 활기찬 삶을 추구하며, 자신을 '늙었다'고 생각하지 않는다. 이들은 자신의 신체적 나이보다 정신적·감정적으로 더 젊은 상태를 유지하려 한다. 최신 패션이나 기술에도 관심을 가지며, 신체적으로도 활동적이다.

Accomplished: 하고 싶은 일에 도전하다

A세대는 이미 인생의 많은 부분에서 성공과 성취를 경험한 사람들이다. 사회적 지위, 경제적 안정, 자녀의 성장 등을 통해 얻은 성취감을 바탕으로 자신감을 갖고 있다. 이 성취감은 그들이 더 이상 외부의 인정을 구하지 않고, 스스로의 가치를 인정하는 데에서 나온다. 그들은 인생 후반기에 들어서면서 자신의 과거 경험을 기반으로 자부

심을 느끼며, 이를 타인에게도 보여주고자 한다

또한 A세대는 젊은 시절 바쁘게 살아오느라 미뤄두었던 사회 활동, 하고 싶었던 일에 적극적이다. 부모로, 직장인으로 지내며 미뤄뒀던 꿈에 도전해 또 다른 성취감을 느끼고자 한다.

Autonomous: 내 삶은 내가 관리한다

A세대는 자신의 삶을 스스로 통제하고자 하는 강한 욕구를 지니고 있다. 이는 경제적 자립뿐만 아니라 정신적·육체적 자율성에도 해당된다. 퇴직 후에도 새로운 일을 찾아 도전하거나, 취미 생활을 통해 자신만의 독립된 삶을 영위하려는 경향이 강하다. 단순히 '은퇴 후 여유로운 삶'을 넘어 계속해서 자신의 삶을 주도적으로 이끌고자 하는 욕구를 나타낸다.

칠순의 나이에 갖는 취미로 시작한 서예를 본격적으로 배워 전시회까지 열어 은퇴 후 자기만의 영역을 개척해나가는 분도 계셨다. 이처럼 A세대에게 있어 '은퇴'는 멈춤의 개념이 아닌, 제2의 인생을 준비하는 새로운 출발점인 셈이다.

Attractive in my own way: 인생의 황금기, 나만의 매력을 지니다

A세대는 외모, 외양에 있어서도 자신만의 독특한 매력을 강조한다. 나이에 상관없이 패션과 외모 관리에 투자하며, 이를 통해 자신감을 얻는다. 특히 '나만의 스타일'을 중시하는데, 트렌드를 따르기보

다는 자신만의 독특한 개성을 강조하는 경향이 있다. 이는 자신을 꾸미고 가꾸는 것이 더 이상 젊은 세대만의 특권이 아니라는 것을 보여준다.

부모 세대와 다른 삶을 추구하는 것도 A세대의 특징이다. 요양원 대신 액티브 시니어를 위한 주거 단지를 선호하는 경향이 대표적이다. A세대는 자신만의 경제력으로 품위 있고 편안한 노후를 설계하길 원한다. 나만의 스타일로 자신을 가꾸고 투자하는 것이 A세대의 살아가는 방식이다.

Alive: 인생을 멋지게, 생동감 넘치는 마이 라이프

A세대는 역동적이고, 새로운 도전과 경험에 늘 열려 있는 자세를 취한다. 은퇴 후에도 다양한 취미 활동이나 여행, 자원봉사 등을 통해 삶의 활력을 유지한다. 이들은 단순히 시간 보내기가 아닌, 의미 있는 활동을 추구하며, 이러한 점에서 여전히 사회적·경제적 역할을 지속하고자 한다. 그들은 자신의 삶에 대한 주도권을 잡고 활기찬 일상을 살고자 한다.

중년 패션 스타트업 더뉴그레이The New Gray는 SNS를 통한 입소문으로 A세대 사이에서 크게 인기를 끌며 새로운 패션 트렌드를 이끌고 있다. 이처럼 패션 브랜드가 MZ세대가 아닌 A세대에 주목한 것은 그들의 활동적이고 강력한 영향력을 방증하는 것이기도 하다.

Admired: 사회적 존경을 받는 진정한 어른이 되다

A세대는 자부심이 강하고 도전정신이 넘친다. 나아가 주변에 선한 영향력을 미치고자 하는 욕구 또한 높다. 이들은 오랜 경험과 지혜를 통해 얻은 통찰력을 바탕으로 다른 사람들에게 영향력을 미치며, 가족과 사회에서 중요한 역할을 맡고자 한다. 특히 자녀 세대나 후배들에게 모범이 되기를 원하며, 자신이 이룩한 성취와 경험을 공유하고 그로 인해 존경받는 존재로 자리매김하고 싶어 한다.

재능기부, 지역사회 봉사활동 등에서 A세대의 이런 면모를 엿볼 수 있다. IT 강좌부터 문화예술 교육까지, A세대들의 노하우는 사회를 더욱 풍성하게 할 수 있다.

Advanced: 성숙하고 수준 높은 삶, 품격과 깊이가 남다르다

A세대에게 있어 50세 이후는 인생의 결실을 맺어가는 시기다. 그 어느 때보다 자신에게 집중하고 내면의 성장을 도모한다. 물질적 풍요를 넘어 정신적 가치를 좇는 A세대의 삶은 깊이가 남다르다. 충만한 경험과 내공이 빚어낸 원숙미, 이것이 바로 A세대의 진면모가 아닐까 싶다.

또한 A세대는 기술적으로도 발전된 세대로 자리 잡고 있다. 이들은 디지털 기기와 인터넷을 능숙하게 사용하며, 최신 기술 활용에도 적극적으로 참여하고 있다. 스마트폰, 소셜 미디어, 온라인 쇼핑 등을

A세대의 특징을 설명하는 7가지 키워드

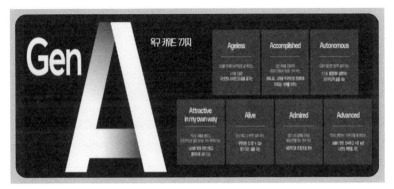

자료: TBWA코리아

일상적으로 사용하며, 새로운 디지털 트렌드에도 민감하게 반응한다. 이는 그들이 여전히 현대사회에서 중요한 소비자로서 기능하며, 변화하는 시대에 적응하고 있다는 것을 의미한다.

이처럼 A세대는 기존 중장년층에 대한 고정관념을 깨고 역동적이고 발전적인 라이프 스타일을 보여주고 있다. 이는 소비시장에도 큰 변화를 가져오고 있는데, A세대를 겨냥한 전용 주거 상품부터 안티에이징 뷰티 브랜드, 패션 라인까지 A세대의 등장은 기업들에게 새로운 마케팅 전략을 요구하고 있다.

길어지는 수명과 삶의 질 향상 등 사회구조적 변화에 발맞춰 중년의 새로운 가치를 제시하는 A세대는 단순히 소비를 주도하는 주체를 넘어, 우리 사회 전반에 선한 영향력을 미치는 롤모델로 부상하고 있다. "인생은 50부터"라는 말은 이제 더 이상 희망사항이 아닌 현실이 되어가고 있는 것이다.

'100세 시대'의 막이 오른 지금, A세대의 역할은 더욱 막중해졌다. 다음 세대와 함께 '더 나은 내일'을 만들어가는 가교이자 사회에 선한 영향력을 미치는 롤모델로 자리매김하고 있다.

● 시장의 숨은 큰손, A세대

A세대의 가장 큰 특징은 막강한 구매력이다. 수십 년간 부동산과 주식 등의 자산을 불려온 이들은 자신을 위한 소비를 아끼지 않는다. 2021년 주요 백화점 11곳의 1조 이상 매출을 이끈 것도 A세대였다. 아웃도어, 명품, 골프 등이 매출 신장을 주도했고, 현대백화점 VIP의 71%, 롯데백화점 VIP의 80%가 A세대였다.

통계청 자료를 보면 한국의 50대 이상의 순자산은 30대 순자산의 3배이다. 그리고 구매 파워가 높은 50대 이상은 현재 한국 전체 인구의 40%를 차지하고 있다.

한국 인구의 31%를 차지하고 있는 MZ세대보다 2~3배의 구매력을 지닌 A세대는 더 이상 '할머니, 할아버지'가 아니다. 상품명에 '시니어'가 들어가면 오히려 매출이 하락한다. 업계에선 A세대 마케팅시 타깃 연령에 0.8을 곱하는 것이 암묵적 룰이 되었다. 그들을 '활력 있고 젊으며 트렌디한' 이미지로 형상화해야 A세대의 선택을 받을 수 있기 때문이다.

A세대는 자기계발과 자기만족을 위해서라면 지출을 아끼지 않는다. 건강 관리, 취미 생활, 배움에 적극 투자하는 것이 특징이다. 이는 단순한 물질적 풍요를 넘어 삶의 질 향상을 추구하는 A세대만의 가치관을 보여준다.

YOLD(욜드)라고 해서 YOUNG, OLD를 합친 용어가 있는데, 1964년 이전에 태어난 베이비붐 세대로 은퇴 후에도 적극적으로 소비 문화생활을 즐기는 사람들을 지칭한다. 시니어, 실버 세대와 달리 욜드 세대는 소비 활동력이 높고, 학력과 경제력이 높은 것이 특징이다. 이들은 새로운 IT 디바이스가 나오면 어렵지 않게 구매를 하고, 유기농 식품, 반려동물, 미술품 투자와 같은 다양한 신사업에 관심을 가지고 있다. 특히 60대 이상의 반려동물 양육 비율은 37.8%로, 이들이 구매하는 반려동물 용품의 매출 기여도는 MZ세대와 비교할 수 없을 만큼 높다.

막강한 경제력을 지닌 A세대는 결집력이 강하고 구매력이 강하다. A세대는 한 번 구매한 제품을 지속적으로 구매하고 해당 브랜드에 대해 2030세대보다 오래 애용한다. MZ세대는 유행과 가성비에 민감하지만 A세대는 신뢰할 만한 브랜드와 품질을 훨씬 선호하는 경향을 보인다. 기존 1020을 타깃으로 운영하던 쇼핑몰들도 추가적으로 4050 이상을 위한 앱을 선보였다. 또한 A세대는 코로나 팬데믹을 겪으면서 반강제적으로 온라인 쇼핑에 입문하면서 디지털 소비 경험이 쌓여 이제는 온라인 쇼핑 플랫폼의 주요 세력으로 급부상하였다.

더불어 A세대 자녀들의 저출산 현상으로 인해 A세대들은 손주에게 쓸 돈을 자기 자신을 위해 쓰는 방향으로 선회하고 있다. 자식들이 손주를 낳을 경우 A세대는 손주를 위한 장난감, 의류 등에 쇼핑을 하지만, A세대 자녀 중에는 결혼을 안 하거나 아이 없는 부부들도 적지 않다.

동시에 A세대는 자녀 교육열이 유난히 높다는 것이다. 한국전쟁 이후 1970~1980년대 고도 성장기를 거치면서 성공과 부에 대한 열망은 누구보다 컸다. 한국 사회에서 소위 '개천에서 용이 날 수' 있는 방법은 공부가 확률적으로 가장 높았다. 실제로 A세대의 대학 진학률은 30%에 그쳤지만, 그 자녀들의 대학 진학률은 80%를 훌쩍 넘겼다. A세대에게 자녀의 대학 진학은 사회적·경제적 성공을 상징하는 의미 깊은 일이다.

A세대의 소비 성향을 잘 보여주는 키워드는 '프리미엄', '가치 소비', '경험', '자기 투자'라 할 수 있다.

A세대는 경제적 여유를 바탕으로 고품질, 고가의 상품 및 서비스에 대한 높은 선호도를 보이며, 이는 프리미엄 소비 트렌드 확산에 기여하고 있다. 그러면서 A세대는 상품의 가격이나 기능뿐만 아니라 자신의 신념이나 가치관에 부합하는 제품이나 서비스를 선택하는 가치 소비 경향도 보인다. 환경보호, 사회적 책임, 윤리적 소비 등에 관심을 가지고 이러한 가치를 실천하는 기업의 제품을 구매하는 데 적극적이다.

A세대는 여행, 취미 활동, 문화생활 등을 통해 새로운 경험과 즐거움 역시 추구한다. 그리고 건강, 자기계발, 여가 활동 등 자신에게 아낌없이 투자하는 경향도 보인다. 단순히 오래 사는 것이 아니라 건강하고 활력 넘치는 삶을 누리고자 한다.

● 디지털이 어렵지 않은 A세대

요즘은 50대는 물론 나이가 지긋이 드신 60~70대분들도 스마트폰으로 뉴스를 보고, 음악을 듣고, 카카오톡을 하고 쇼핑과 금융 업무를 처리한다. 아직 서툴기는 하지만 이분들이 카페나 프랜차이즈점에서 무인 키오스크로 주문을 하는 풍경은 이제 자연스러운 일상이 되었다.

메조미디어의 2021년 조사에 따르면, 50대 응답자의 65% 이상이 디지털 기기를 통해 TV를 시청한다. 이들은 여가 시간의 58%를 인터넷 활동에, 50%는 동영상 시청에 할애하는 것으로도 나타났다. A세대는 디지털 환경에 누구보다 친화적인 면모를 보이고 있다.

A세대의 디지털 친화력 비결은 이들이 걸어온 시간에 있다. A세대는 격변하는 디지털 기술 변화의 한가운데서 시대와 함께 성장해온 세대라고 할 수 있다. 디지털 기술의 흐름을 관통해온 A세대는 디지털 기기 활용에 큰 거부감이 없다.

1980년대 후반, 사무실과 가정에 개인용 컴퓨터가 보급되기 시작하면서 A세대의 디지털 라이프는 본격적으로 시작되었다. 지금 세대는 본 적도 없을 플로피디스크라는 저장 매체를 이용해 게임을 하고, 컴퓨터 언어인 베이직과 기계어를 공부한 적도 있었을 것이다. 만화나 영화에서나 등장했던 컴퓨터가 더 이상 생소한 도구가 아닌, 일상을 바꾸는 혁신적 기기로 다가온 것이다.

1990년대 중반에 등장한 노트북과 PC통신은 A세대에게 새로운 세상을 열어주었다. 하이텔, 나우누리, 천리안 등 온라인 커뮤니티가 인기를 끌면서 A세대는 사이버 공간에서 또 다른 인맥을 쌓고 정보를 향유하기 시작했다. 모뎀 연결음과 함께 시작되는 PC통신은 A세대를 완전히 사로잡았다. 채팅은 물론 뉴스그룹과 동호회 활동까지. 오늘날의 SNS 원형을 A세대는 이미 경험하고 있었다.

그리고 2007년 스티브 잡스가 아이폰을 세상에 선보이면서 스마트폰 시대가 열렸고, A세대의 삶은 또 한 번 크게 요동쳤다. 이들에게 시공간의 제약 없이 디지털 라이프를 누릴 수 있는 통로가 생긴 것이다. 스마트폰 하나로 정보 검색에서 쇼핑, 금융, 엔터테인먼트까지 일상의 모든 것이 해결되는 시대, 이른바 모바일 시대가 열린 것이다. 세상의 모든 것이 스마트폰 안에 있었다. 정보 검색부터 뉴스, 쇼핑, 금융, 엔터테인먼트까지 손안의 작은 기기로 삶의 많은 부분이 해결되는 시대가 도래하였다. A세대는 디지털 기술의 최전선에서 온몸으로 변화를 맞이하고 있었다.

이후 등장한 유튜브, 넷플릭스 등 동영상 스트리밍 서비스의 확산은 A세대 콘텐츠 소비 방식에 일대 전환을 가져왔다. 여기에 AI 스피커, 웨어러블 기기 등 스마트 기술의 진화는 A세대의 디지털 라이프를 더욱 확장시키고 있다. "오늘 날씨 좀 알려줘", "임영웅의 신곡 들려줘"라고 AI 스피커에게 요청하고, 스마트워치로 건강을 관리하며, 스마트홈 기기로 집 안을 관리하는 A세대가 점점 늘고 있다. 그들에겐 첨단 IT 기술이 편리한 생활이자 즐거움의 원천이다.

● 디지털 에이징을 거부하다

하나금융연구소에 따르면 금융자산 1억 원 이상을 보유한 50~60대 응답자 중 83%가 모바일 뱅킹을 사용하는 것으로 나타났다. A세대는 빠르게 변화하는 금융 환경에도 적극적으로 적응하여 은행 창구를 직접 방문하기보다 스마트폰으로 금융 업무를 처리하는 게 더 편리하다.

금융회사들도 A세대인 50~60대를 주요 고객층으로 인식하고 이들의 눈높이와 수요에 맞춘 디지털 서비스 개발에 주력하고 있다. A세대는 금융사들이 가장 주력해야 할 디지털 고객으로, '충성고객' 그 이상의 의미를 지니게 된 것이다. KB국민은행은 중장년층을 위한 헬스케어, 생활정보, 금융 콘텐츠를 앱에서 제공하고 있고, 신한은행은 은퇴자산관리 서비스를 플랫폼화해 연금, 자산관리 등 관련 정보를 종합적으로 안내한다. NH농협은행 역시 시니어 고객을 위해 글자 크기 조절, 경조금 보내기 등 특화 기능을 탑재한 모바일 앱을 운영 중이다.

온라인 쇼핑, 키오스크, 디지털 휴먼 등 일상 곳곳에 스며든 디지털 기술들이 처음엔 낯설게만 여겨졌지만, A세대는 거부하지 않고 배우고 계속 쓰면서 익혀나가고 있다. "아직 현역이야!"를 외치며, 끊임없이 새로운 것을 배우고 적응해나가는 A세대야말로 스스로 디지털 문화를 창조하고 이끌어가는 또 다른 '디지털 크리에이티브'가 아닐 수 없다.

누군가는 말한다. "세상이 너무 빨리 변해서 적응하기 힘들다"라고. 하지만 A세대에겐 변화가 곧 일상이자, 또 다른 기회이다. 라디오에서 컬러TV, 컴퓨터와 인터넷, 스마트폰과 AI까지. 아날로그에서 디지털로 급변하는 문명사의 한가운데에서 A세대는 기술의 진화를 온몸으로 겪어왔다.

긴 시간 디지털 기술의 발전을 함께 겪어온 A세대에게 디지털은 이제 삶의 일부가 되었다. 60대 후반에 접어든 한 A세대는 "요즘은 디지털 기기 없으면 하루도 못 살 것 같아"라고까지 얘기한다. 때로는 낯설고 두려운 변화의 연속이었지만, 결코 기술의 흐름에서 도태되지 않았다. 오히려 변화를 즐기고 새로운 가치를 만들어가는 '디지털 프런티어'로 우뚝 섰다.

고령층이 디지털 기술을 수용하는 과정에서 겪는 어려움을 설명하는 용어로 '디지털 에이징Digital Aging'이란 개념이 있다. 나이가 들수록 새로운 기술을 학습하고 적응하는 데 더 많은 시간이 필요하거나, 디지털 환경이 낯설게 느껴질 수 있다. 특히 스마트폰, 인터넷, AI 같은 기술들이 빠르게 발전함에 따라, 디지털 문해력digital literacy이 낮은 고령층은 이러한 변화를 따라가기 어려워하는 경향이 있다.

하지만 이제 유튜브로 정보와 재미를 얻고, 인터넷으로 쇼핑하는 일이 A세대에겐 어려운 일이 아니다. IT 기술 트렌드를 발 빠르게 캐치하고, SNS로 자신의 일상을 공유하는 A세대에게 나이가 든다는 것이 곧 디지털 기술에서 소외됨을 의미하지는 않는다. 오히려 디지털 문화를 이끄는 또 다른 주역으로 당당히 자리매김하고 있다. 디지털과 함께한 그들의 여정은 단순한 기술 수용의 과정을 넘어, 새로운 문화와 가치를 만들어온 개척자의 역사였다. 앞으로도 A세대가 가는 길목에는 디지털이라는 든든한 동반자가 함께할 것이다. 인생의 황금기를 맞은 지금, A세대의 내일은 더욱 기대된다. 디지털 기술의 진보와 함께 A세대의 가능성도 끊임없이 진화하고 있기 때문이다.

요즘 어른,
AI로 멋진 어른이 되다

● AI가 가장 필요한 세대

40대에서 60대에 이르는 요즘 어른들은 이미 다양한 사회적 역할을 경험해왔으며, 경제적·사회적으로 중요한 위치에 있다. 이들은 오랜 직장 생활, 사업 운영, 자녀 양육 등 수많은 경험을 통해 축적된 지혜와 노하우를 가지고 있다. 이러한 경험은 AI를 보다 실용적이고 전략적인 도구로 활용할 수 있게 만드는 중요한 자산이다.

AI는 반복적이고 단순한 업무를 자동화하고, 데이터 분석을 통해 인사이트를 제공하며, 복잡한 문제를 해결할 수 있는 기회를 제공한다. 중장년층은 이미 일선에서 이러한 문제들을 겪어봤고, 그로 인해 무엇이 중요한지, 무엇을 AI에 맡기고 자신이 무엇에 집중해야 할지 경험적으로 알 수 있다. 그들은 이미 삶의 우선순위를 정하는 능력을 터득했고, 이를 AI와 결합시켜 더욱 높은 효율을 낼 수 있다.

AI는 데이터를 처리하고 중요한 의사결정을 돕는 역할을 하는 대신, 인간은 창의적이고 전략적인 부분에 더 집중할 수 있게 된다. 사업을 운영하고 있다면, AI로 마케팅, 고객 관리, 데이터 분석 같은 업무를 처리함으로써 중요한 결정을 내리는 데 더 많은 시간을 할애할 수 있다.

AI는 새로운 도전에 나서고, 창업에 나설 때도 중요한 역할을 한다. 많은 중장년층은 오랜 경력을 바탕으로 새로운 아이디어를 사업화하고자 하는 욕망을 가지고 있지만, 기술적 장벽이나 시장 변화의 빠름에 두려움을 느끼기도 한다. 이 경우 AI는 두려움과 리스크를 줄여주는 최고의 동반자가 될 수 있다. 창업 초기에 필요한 데이터 분석, 시장조사, 제품 개발을 AI가 도와줄 수 있으며, 적절한 예측과 의사결정을 지원해줄 수도 있다. AI 기반의 자동화 도구를 활용하면 중소기업 수준에서도 대기업에 맞먹는 효율적인 운영과 확장이 가능하다.

또한 중장년층이 겪는 체력의 한계, 신체적 어려움, 시력 저하나 손의 피로감 등도 AI를 통해 해결할 수 있다. 음성 인식을 통한 작업이나 AI 비서의 도움을 받으면, 일상이 훨씬 편리해질 수 있다. AI는 건강과 삶의 질을 개선하는 데에도 기여한다. AI 기반의 헬스케어 기술은 개인 맞춤형 건강 관리를 제공하며, 의료 상담과 예방 관리에서도 중장년층의 건강을 지키는 데 중요한 역할을 한다.

무엇보다 중요한 것은 AI가 중장년층에게 새로운 공감과 소통의 기회를 제공한다는 점이다. 디지털 환경에 익숙하지 않은 중장년층의 경우라면 AI의 도움을 받아 더 원활하게 사회와 소통할 수 있다. AI 기반의 음성 비서나 챗봇은 복잡한 디지털 인터페이스를 넘어설 수 있는 도구가 되며, 중장년층이 기술적 장벽을 넘는 데 도움을 줄 수 있다.

AI는 세대 간 가교 역할을 할 수도 있다. AI를 통해 중장년층이 축적한 경험을 디지털로 기록하고 이를 후대에 전파할 수 있는 플랫폼을 만들어 더 많은 사람에게 영향을 미칠 수 있다면, AI는 세대 간 이해와 협력을 촉진할 수 있다. 요즘 어른들은 AI를 통해 자신들의 경험과 지식을 젊은 세대에 전수할 수 있는 동시에 젊은 세대의 디지털 문화를 더 쉽게 이해할 수 있게 된다.

● AI를 가장 잘 활용할 수 있는 세대

요즘 어른들은 아날로그와 디지털을 모두 경험한 세대로, AI를 가장 잘 이해하고 활용할 수 있는 잠재력을 지니고 있다. 그 누구보다 AI를 가장 자연스럽게 받아들일 수 있으며, AI 기술이 이들에게 필수적인 이유도 분명하다.

이들은 아날로그 시대의 경험을 온전히 겪은 세대다. 동시에 디지털 기술의 등장과 급격한 발전을 경험하며, 인터넷, 스마트폰, SNS와 같은 새로운 도구들을 빠르게 수용했다. 그 결과 두 세상에 걸친 통찰력을 가지고 있다. 아날로그와 디지털 모두를 경험해 기술의 본질적인 가치를 파악하는 능력을 가지고 있다. 단순히 새로운 기술이 등장했다고 무비판적으로 받아들이는 것이 아니라 이 기술이 실질적으로 어떤 가치를 제공하는지, 어떻게 삶을 개선할 수 있는지를 깊이 이해한다. AI도 마찬가지다. AI를 단순한 기술적 혁신이 아닌, 자신들의 경험과 지혜를 증폭시키는 도구로 인식한다.

많은 사람은 나이가 들면 AI에 대한 거부감이 클 것이라고 생각한다. 그러나 요즘 어른들은 다르다. 이들은 디지털 혁명이 일어나는 시기에 적극적으로 기술을 수용했고, 여전히 새로운 것에 대한 호기심과 학습 욕구를 가지고 있다. 스마트폰을 처음 접했을 당시에도 복잡한 기능을 습득하며 기술을 삶에 접목시켰다.

이는 AI도 마찬가지다. AI가 처음 등장했을 때 그 가능성에 주목했다. 사업이나 업무에서 AI의 도움을 받아 복잡한 의사결정을 하고 데이터 분석을 활용하는 사례가 늘어나면서 AI의 실용적 가치를 체감했다. 디지털 기술이 단순히 트렌드가 아닌, 삶을 편리하게 만드는 실질적 도구라는 것을 이미 수차례 경험했기 때문에 AI에도 큰 거부감이 없다.

● AI를 배워야 남은 50년을 더 잘살 수 있다

100세 시대를 맞은 제2차 베이비부머들은 이제 인생의 절반을 살았다. 그리고 아직 50년이라는 세월이 남아 있다. 시간은 지금도 계속 흐르고 있고 우리는 변화의 시대를 살아가고 있다. 빠른 기술 발전과 디지털 전환의 물결 속에서 새로운 도구와 방법을 익혀야 하는 과제에 직면해 있다.

AI는 우리 삶의 많은 부분을 바꾸고 있다. 일상생활부터 업무, 여가 활동에 이르기까지 AI의 영향력은 점점 커지고 있다. 이런 시대에서 AI와 친숙해지고 잘 활용하는 것은 선택이 아닌 필수가 되어가고 있다. "AI, 그까짓 것 몰라도 사는 데 지장 없어"가 아니라, AI를 모르면 살아갈 수가 없는 시대가 되고 있다. 고령의 노인이 카카오택시 앱을 쓸 줄 몰라 길거리에서 1시간 동안 손을 들며 택시를 잡느라 애를 먹었다는 웃픈 이야기는 이제 더 이상 남의 이야기가 아닌 나의 현실로 다가오고 있다.

AI는 중장년층이 겪는 노화나 건강 문제를 관리하는 데도 매우 유용하다. AI 스피커를 통해 약 복용 시간을 알려주고, 웨어러블 기기로 심박수와 수면 패턴 등을 분석하여 건강 이상을 조기에 파악할 수 있다. 치매 예방을 위한 AI 인지훈련 프로그램도 개발되고 있다. AI 덕분에 100세 시대를 더 건강하게 보낼 수 있게 된 것이다.

요즘 어른들에게 있어 AI는 기술적 도전이 아니라 기회다. AI와 함께할 때 인생 2막에서 새로운 창의성과 생산성을 발휘할 것이며, AI는 이 여정을 더욱 성공적으로 이끌어줄 것이다. 그들의 경험과 지혜에 AI의 편리함과 효율성이 더해진다면, 인생 후반전이 더할 나위 없이 빛날 것이라 믿어 의심치 않는다.

마인드부터 바꿔야 살아남을 수 있다

● 생각을 바꿔야 AI 시대에서 살아남는다

생성형 AI를 잘 활용하기 위해서는 몇 가지 마인드셋mideset(사고방식) 전환이 필요하다. 단순히 AI 기술을 배우는 것이 아니라 AI를 토대로 한 새로운 방식으로 사고를 전환하는 과정이 요구된다.

우선 AI를 복잡한 기술로 보기보다 새로운 도전과 기회로 인식할 필요가 있다. 익숙하지 않다는 이유로 두려워하기보다는 '어떻게 AI가 나의 일상에 도움이 될 수 있을까?'라는 생각으로 접근해보자. 컴퓨터, 스마트폰, 인터넷이 도입될 때도 그랬듯이, AI 역시 결국 인간의 능력을 보조하고 확장시켜주는 도구다. 기술 자체에 대한 두려움이나 거부감보다는 어떻게 자신이 하고 있는 일과 생활에서 이를 보조적으로 활용할 수 있을지를 고민해야 한다.

두 번째는 끊임없이 배우려는 자세가 필요하다. 하루가 멀다하고 계속해서 새로운 AI들이 등장하는 상황 속에서 호기심과 학습 의지를 가지고 AI의 변화에 적응하는 것이 무엇보다 중요하다. AI 시대는 끊임없는 학습이 필수적이다. 기술은 빠르게 발전하고, 새로운 도구들이 계속해서 등장한다. 생성형 AI를 잘 활용하려면, 그간 쌓아온 경험과 지식을 바탕으로 끊임없이 새로운 것을 배우고 적응해야 한다. 학습은 끝이 없다는 점을 받아들이고, 계속해서 성장하는 자세를 유지하는 것이 중요하다.

그렇다고 너무 AI를 배운다는 관점에서만 접근하면 재미도 없고 지루해져 중도에 포기할 가능성이 높다. AI에 대해 배우고 이해하는 것도 중요하지만, 자신이 필요한 문제나 업무에 즉각적으로 적용할 수 있는 간단한 방법부터 시작해보는 것이 좋을 수 있다. 매일 사용하는 이메일 자동화, 간단한 보고서 작성, 혹은 블로그 운영과 같은 일상적인 작업에서 AI를 적용할 수 있는 부분을 찾아보자. 창업이나 재취업을 고려하는 경우, AI는 새로운 경제적 기회를 제공할 수도 있다. 생성형 AI를 활용한 새로운 비즈니스 모델을 개발하거나, AI를 도입한 고객 관리 시스템을 통해 기존 사업을 혁신할 수 있다.

여가나 자기계발에도 활용해볼 수 있다. 자기가 좋아하는 일, 하고 싶었던 일에 AI를 활용한다면 AI에 대한 이해도가 더욱 높아질 수 있을 것이다. 글을 쓰고 싶다면 AI를 통해 창의적 아이디어를 얻거나, 음악이나 예술 활동, 여행 계획 수립에 AI를 결합할 수 있다.

세 번째는 'AI를 완전히 이해하지 않아도 괜찮다'는 생각을 갖는 것이다. 종종 '기술을 완벽하게 이해해야만 사용 가능하다'는 생각을 가지고 있는 사람들이 있다. 하지만 생성형 AI는 이해의 깊이보다 활용 능력이 더 중요하다. 복잡한 원리나 내부 구조를 완전히 알지 못해도, 단순한 인터페이스를 통해 바로 사용할 수 있는 도구들이 많다. 모든 것을 다 이해하려고 하지 말고 당장 사용할 수 있는 몇 가지 간단한 방법을 익히는 것이 중요하다. '배우면서 알아나간다'는 생각의 전환이 필요하다.

무엇보다 AI는 완벽하지 않기에 얼마든지 실패할 수 있다는 생각을 늘 갖고 있어야 한다. 이미 성공적인 경력을 쌓은 사람일수록 실패를 인정하기 어렵다. 그러나 AI를 활용하는 과정에서 실패는 자연스러운 과정이다. AI의 결과는 완벽하지 않을 수 있고, 그렇기 때문에 AI를 이용하는 데 있어서는 실험적인 접근이 요구된다. AI 기술은 초 단위로 빠르게 발전하는 분야이기 때문에 완벽하게 이해하거나 사용법을 익혔다고 하더라도 금방 옛것이 되어버리고 만다. 실패나 실수는 당연한 것이고 학습 과정의 일부로 받아들여야 하며, 이를 통해 더 나은 활용 방법을 찾을 수 있다는 마인드셋이 필요하다.

마지막으로 AI의 결과물이 편향되거나 잘못된 정보일 수 있음을 인지하는 자세가 필요하다. AI가 주는 결과를 무조건 신뢰하기보다는 비판적으로 분석하고 활용하는 것이 중요하다. AI의 발전은 여러 윤리적 문제를 야기할 수 있는데, 자신의 경험과 사회적 책임감을 바탕으로 AI가 어떻게 사회에 기여하고, 잘못된 방향으로 발전하지 않도록 중요한 역할을 할 수 있다.

AI가 인간의 일을 빼앗는 것이 아니라 더 중요한 일에 집중할 수 있도록 돕는 도구라는 점을 이해한다면 위기는 기회로 작용할 수 있다. AI는 반복적이고 기계적인 작업을 처리하는 데 강하지만 창의력, 문제 해결, 인간적 감정과 관계는 여전히 인간의 영역이다.

AI를 두려워하기보다는 자신의 경험과 결합해 실질적인 문제 해결에 초점을 맞추며, 새로운 기회를 창출하는 방향으로 접근하는 사고의 전환이 그 어느 때보다 요구된다. AI는 많은 작업을 자동화하고 효율성을 높이지만, 인간이 가진 직관과 경험은 대체 불가능하다. AI는 데이터를 분석하고 패턴을 찾는 데 강력하지만, 최종 판단은 여전히 사람의 몫이다. AI를 '경쟁자'로 보는 대신 '협력자'로 보고 AI와 함께라면 자신의 경험을 더 넓고 효과적으로 활용할 수 있다는 자신감을 가져야 한다.

AI에 대한 두려움보다는 호기심을, 변화에 대한 거부감보다는 기회로 인식하는 마인드 전환을 통해 자신이 쌓아온 경험과 AI의 능력을 조화롭게 결합할 수 있다는 자신감을 갖고 끊임없는 학습을 통해 오늘부터 조금씩 변화에 적응해보자.

AI 시대의 성공은 과거의 성공 방식과 전혀 다를 수 있다. 변화하는 환경에서는 과거의 성취와 경험을 고집하는 것이 오히려 장애물이 될 수 있다. 과거의 방식이 반드시 미래에도 성공을 보장하지 않는다. 이 당연한 사실을 깨닫는 것부터가 어쩌면 AI 시대를 준비하는 첫 번째 단계일 것이다.

매일 실천하는 생성형 AI 2.0 활용 수칙

생각만 바꿨다고 저절로 AI를 잘 쓸 수 있게 되는 것은 아니다. 그에 따른 행동이 뒤따라주어야 AI 지식이 조금씩 몸과 머리에 스며들게 된다. 근육도 매일 조금씩 운동해야 몸에 붙듯이, AI도 일상에서 조금씩 사용해야 종이에 물이 흡수되듯이 스며든다. 그러기 위해서는 다음의 5가지 AI 활용 수칙을 염두에 두면 좋을 것이다.

● 대화하라: AI와 꾸준히 관계를 형성하자

생성형 AI는 대화형 도구다. AI와의 상호작용은 단순히 명령을 내리고 결과를 받는 것이 아니라 대화를 통해 더 나은 답을 도출하는 과정이다. AI와 반복적인 대화를 통해 문제 해결의 실마리를 찾는 것이 중요하다. AI를 마치 동료나 조언자로 생각하고, 끊임없이 물어보고 결과를 분석하며 피드백을 주고받는 상호작용이 필요하다.

AI가 처음에는 완벽하지 않은 결과를 제시할 수 있으나, 질문을 반복하고 AI가 제공하는 다양한 자료를 토대로 계속해서 피드백을 주면 더 나은 결과를 얻을 수 있다. AI와의 대화에서 중요한 것은 단순히 질문을 던지는 것이 아니라 자신의 경험을 반영한 대화를 통해 AI를 더 효과적으로 활용하는 것이다. "내가 경험한 방식으로 이 문제를 해결해보고 싶다. 너는 어떻게 생각해?"라고 AI에게 물어본다고 해서 AI는 얼굴을 찡그리거나 대답을 회피하지 않는다. 자신의 생각을 적극적으로 말하고 이를 기반으로 한 솔루션을 요구하여 AI의 조언을 참고한다면 충분히 원하는 결과를 얻을 수 있다.

눈이 침침하거나 긴 시간 동안 집중하기 어려운 상황에서는 음성 인식 AI를 활용하는 것도 좋다. 음성으로 AI와 대화하면 체력적 부담을 줄이면서도 자신이 하고자 하는 말을 쉽게 할 수 있다. 처음에는 어색할 수 있지만, 꾸준히 시도하고 경험을 쌓아가면 AI를 자신만의 강력한 도구로 활용할 수 있을 것이다.

● 돈 아끼지 마라: 술 한잔, 커피 한잔 덜 마시고 AI에 투자해보자

AI를 효과적으로 활용하기 위해서는 때로 적절한 투자가 필요하다. 무료 도구나 서비스로만 AI를 사용하려는 접근보다는 유료 서비스나 맞춤형 솔루션에 대한 투자가 오히려 장기적인 성공을 위한 밑거름이 될 수 있다. AI 도구들은 기능에 따라 비용 차이가 나며, 기업용 AI나 맞춤형 솔루션은 유료로 제공되는 경우가 많다. 챗GPT도 무료와 유료 버전이 있는데, 둘의 성능 차이는 꽤 크다(고 필자는 생각한다). 운동도 그렇고 어학도 그렇고 모든 배우는 데에는 돈을 들여야 아까워서라도 열심히 하게 된다.

개인 사정에 따라 다르겠지만, 술 한잔 덜 마시고 담배나 커피 2~3잔 줄이면 어려운 일도 아니다. 더욱이 성능이 높은 AI 서비스는 체력적으로 피로를 덜어줄 수도 있다. 똑똑한 유료 AI 비서 서비스가 더 복잡한 업무를 대신 처리해주고, 자동으로 일을 진행시켜준다면 육체적으로나 정신적으로나 훨씬 여유로워질 것이다. 수입은 줄고 허리띠를 졸라매야 하는 상황이지만, 그래도 쓸 때는 써야 한다. 무조건 돈을 아끼기보다는 AI를 통해 얼마나 큰 성과를 얻을 수 있을지에 초점을 맞추어야 한다.

● AI 학습에 너무 많은 시간을 들이지 말자: 필요한 것만 빠르게 익히자

새로운 기술에 있어서 완벽하게 이해하지 않으면 불안해하는 사람이 있다. 그러나 AI 시대에서는 모든 것을 알 필요가 없다는 사고의 전환이 중요하다.

우리의 뇌가 받아들이고 처리할 수 있는 정보의 용량에는 한계가 있다. 미국 인디애나대학교 미디어학부 커뮤니케이션 과학 분야의 애니 랭Annie Lang 교수가 발표한 제한 용량 모델Limited Capacity Model에 따르면, 인간의 정보 처리 능력은 제한되어 있고 상황에 따라서는 정보 처리 시스템의 과부하로 인해 메모리 성능이 저하될 수도 있다고 한다.

경험적으로도 우리는 받아들이는 모든 시각적·청각적 정보를 다 기억하고 저장할 수 없다는 사실을 알고 있다. 우리의 뇌는 수많은 정보 중에서 가장 임팩트 있고 인상이 깊었거나 중요하다고 판단되는 정보만을 선별적으로 저장하고 기억해낸다. 정보를 처리하려면 정신적 자원이 필요하고, 사람들은 제한된 정신적 자원의 풀pool을 가지고 있다. 한 번에 1개 혹은 여러 개를 생각할 수 있지만, 여기에는 결국 모든 자원이 사용되고 있으며 이전 생각을 버리지 않고는 시스템이 또 다른 것을 생각할 수 없다. 마치 컴퓨터의 RAM과 같이 동시에 처리할 수 있는 작업의 양이 한정되어 있는 것과 비슷하다. 물론 자원의 총량과 할당 능력은 개인마다 차이가 있을 수 있고, 이는 지능, 주의력, 기억력 등에 따라 다르게 나타난다.

이러한 현실을 인식하고 받아들인다면 AI를 완벽하게 이해하지 않더라도 AI를 얼마든지 효과적으로 활용할 수 있다. 조그만 매장을 운영하는 사업자가 월말마다 재고 정리와 관련된 데이터를 엑셀에 정리해야 하는 상황에서 AI를 활용한다고 할 때 AI의 모델을 논문까지 뒤져가며 공부할 필요는 없다. 엑셀의 고급 기능까지도 완벽하게 알 필요는 없다. 그저 AI에게 "매달 엑셀 파일에서 A열과 B열 데이터를 요약해주세요"라고 간단히 지시만 내릴 수 있으면 AI가 자동으로 데이터를 정리해준다. 엑셀의 복잡한 함수나 자동화 기술을 모두 익히지 않아도 필요한 결과만 얻으면 된다. 중요한 건 모든 것을 깊이 이해하지 않더라도 바로 사용할 수 있는 기능을 파악하는 것이다(세탁기도 수많은 메뉴가 있지만 정작 쓰는 메뉴는 몇 가지밖에 되지 않는다). 'AI는 도구이지 자격 시험이 아니다'라는 사고방식이 필요하다.

● 의심하고 찾아봐라: AI 결과를 검증하고 활용하자

생성형 AI는 항상 완벽하지 않다. 그렇기에 AI가 제시하는 결과를 무조건 신뢰하지 말고, 비판적으로 접근해야 한다. AI가 제공하는 정보나 데이터를 그대로 받아들이기보다는 결과를 검증하고 추가로 확인하는 과정이 필요하다. AI는 방대한 양의 정보를 처리하고 제공할 수 있지만, 그 안에는 오류나 편향이 있을 수 있다. AI에게 '고혈압에 좋은 식단'을 물어본 후, 그 결과를 꼭 고혈압학회 등의 웹사이트 정보와 비교해봐야 한다. AI의 답변을 받으면, 항상 "이 정보의 출처는 어디인가?"라고 추가 질문하고 최소 한 개의 다른 신뢰할 수 있는 출처와 교차 검증해야 한다. 귀찮고 시간이 걸리더라도 추가 자료를 검색하거나 전문가의 조언을 구하는 검증 절차를 가능하면 꼭 거치는 것이 좋다. 구글 검색이나 관련 뉴스 기사라도 찾아서 그 정보가 신뢰할 만한 것인지 확인해보자. AI는 좋은 출발점을 제공하지만, 중요한 의사결정에서는 비판적인 사고와 추가 검증이 꼭 필요하다.

AI가 제시한 투자 제안에 대해서는 "이 방식이 맞다고 생각하는 이유를 설명해줘"라고 요청하고, AI의 답변을 자신의 경험과 대조해볼 수 있다. AI를 보완 도구로 활용하여 자신의 결정을 검증하는 습관이야말로 AI 시대에서 살아남는 강력한 무기다.

● 경험을 데이터화하라: 경험을 체계적으로 정리해 자산화하자

인간이 가진 강력한 무기는 경험이다. 하지만 그 경험이 데이터화되어야 AI가 더 잘 활용할 수 있다. 즉 자신의 경험을 단순히 기억에 의존하지 않고, 구체적인 자료로 변환하여 AI와 함께 분석하는 것이 중요하다. 사업 경험을 데이터로 정리해 AI를 통해 더 나은 경영 전략을 수립하거나, 과거의 성과와 실패를 기록으로 남겨 새로운 데이터 분석에 활용할 수 있다. 자신의 경험을 AI와 결합해 이를 데이터 기반으로 분석하고 활용하는 마인드가 큰 자산이 될 수 있다.

예를 들어 여러 해 동안 수기로 관리해온 고객들의 구매 패턴, 선호하는 제품, 방문 주기 등의 데이터를 CRMCustomer Relationship Management 시스템에 입력한 후, AI에게 "고객 A가 다시 방문할 가능성이 높은 시기를 예측해줘"라고 요청하면 AI는 과거 데이터를 분석해 고객의 재방문 패턴을 예측하고 그에 맞는 마케팅 메시지를 보낼 수 있도록 도와준다. 수십 년간의 영업 경험을 성공 사례와 실패 사례로 데이터화한다면, 이 데이터를 기반으로 AI는 더 나은 영업 전략을 제안할 수도 있다. 이렇게 경험을 데이터로 변환하여 AI가 처리할 수 있도록 하면, AI는 직접 분석하기 힘든 데이터를 효율적으로 처리하고 새로운 통찰을 제공할 수 있다. 감에 기반한 직관도 중요하지만, 자신의 노하우를 수치화하고 기록하는 과정을 통해 파트너인 AI가 분석하도록 만드는 것 역시 중요하다.

나를 위한 일자리, AI로 만든다 vs. AI와 만든다

● 내 일이 있었는데 없어졌어요

"요즘 일이 너무 없어요. 예전 같지가 않아요."

10년 경력의 베테랑 번역가 A씨는 해외 서적을 번역하는 프리랜서로 활동하고 있다. 실력이 출중해 여러 출판사에서 꾸준히 일감을 받아왔는데, 1년 전부터 상황이 급변했다. 일감이 눈에 띄게 줄더니, 계약 조건도 이전보다 훨씬 불리해졌다고 한다. 거래처들은 챗GPT와 같은 AI로 초벌 번역을 대신하고 있다며, 단가 인하를 요구해왔다. 어쩔 수 없이 이에 응할 수밖에 없었고, 결과적으로 수입은 이전의 절반 수준으로 떨어졌다.

일러스트 디자이너 쪽도 사정은 비슷하다. 일러스트레이션과 표지 디자인 분야의 프리랜서들이 고전을 면치 못하고 있다고 한다. 갑작스레 의뢰가 끊기거나, 기존 고객마저 AI로 제작 비용을 아끼려 한다는 것이다. 온라인 상에 넘쳐나는 AI 디자인 서비스로 프리랜서들의 일자리가 점점 줄어들고 있는 상황이다.

이러한 현상은 해외에서도 이미 나타나고 있었다. 《월스트리트저널》에 따르면, 미국의 한 프리랜서 카피라이터의 고객 수가 챗GPT가 등장한 이후 급감했다. 이 프리랜서는 30년간 부동산 분야의 카피라이터로 활동하면서 부동산 소유주를 상대로 마케팅용 카피라이터를 작성했는데, 그의 고객들 중에서 챗GPT를 활용해 카피라이터 문구를 만들기 시작한 것이다.

업워크Upwork 리서치 연구소는 챗GPT와 같은 생성형 AI 모델이 등장한 이후 프리랜서 플랫폼 내 글쓰기, 코딩, 번역 등에 대한 임시직 채용 수요가 최대 21% 줄었다고 한다. AI의 발전으로 글쓰기 분야 일자리는 33%, 번역은 19%가 감소한 것으로 나타났고, 시간당 급여 역시 20% 이상 하락했다.

물론 생성형 AI가 일자리를 다 없앤 것은 아니다. AI 기술과의 융합이 가능한 영역은 오히려 수요가 증가했다. 비디오 편집/제작, 그래픽 디자인, 웹 디자인, 소프트웨어 개발 등이 대표적이다. 기업들이 AI를 활용한 서비스와 제품 개발에 적극적으로 나서면서 관련 직군의 프리랜서를 찾는 수요가 늘어난 것이다.

AI 역량 자체를 요구하는 일자리도 폭발적으로 증가했다. AI 콘텐츠 생성, AI 에이전트 개발, 챗봇 API 통합, AI 앱 개발 등 챗봇 개발 관련 프로젝트 의뢰는 2,000% 이상 증가했다. 기업들이 앞다퉈 고객 서비스용 AI 챗봇 도입에 뛰어든 결과다.

골드만삭스의 보고서에서는 생성형 AI가 2035년까지 글로벌 GDP를 연평균 7% 증가시킬 수 있을 것이라고 예측하면서도, 이러한 기술적 진보는 전 세계 노동시장에 심각한 혼란을 불러일으킬 가능성이 크다고 전망했다. 특히 미국과 유로존을 포함한 주요 경제권에서는 3억 명에 달하는 인구가 직업 상실의 위험에 노출될 것이라고 하면서 변호사, 행정직 같은 화이트칼라 직업군이 가장 큰 영향을 받을 것이라고 경고했다.

한국도 AI로 인한 일자리 대체로부터 자유로울 수 없다. 산업연구원에 따르면, 총 일자리 수 2,645만 개 중 AI에 의해 소멸 가능한 일자리 수는 13%인 327만 개(2022년 기준)로 추정되었다. 일자리 소멸 위험성이 큰 업종은 제조업(93만 개), 건설업(51만 개), 전문·과학 및 기술 서비스업(46만 개), 정보통신업(40만 개) 등으로, 특히 제조업의 경우 전자부품 제조업, 전기장비 제조업 등이 위험한 것으로 나타났다. 직종별로는 전문직 일자리 196만 개가 AI에 대체될 수 있다고 분석됐는데, 공학 전문가 및 기술직(113만 개), 정보통신 전문가 및 기술직(55만 개) 등의 위험도가 높았다.

이러한 변화는 피할 수 없으며, 앞으로 어떻게 대응할지에 대한 준비가 필요하다. 디지털 전환이 가속화되고 노동시장의 재편이 불가피

한 상황에서 AI로 인한 일자리 대체에 선제적으로 대비해야 한다. 하지만 기업들이 만들어낼 수 있는 일자리 수에는 한계가 있다. 결국 최선의 방법은 AI로 없어지는 일자리 수만큼 새로운 일자리를 만들어내는 것이다.

● 내 일자리는 내가 만든다

AI의 발전은 기존의 일자리를 줄일 수 있지만, 동시에 개인이 스스로 창업하고 독립적으로 일자리를 창출할 수 있는 새로운 기회를 제공한다. 창업을 하는 데 있어 AI를 적절히 활용한다면 효율성과 창의성을 동시에 추구할 수 있고, 자신만의 독특한 사업 모델을 구축할 수 있다. AI를 기반으로 하여 자신의 비즈니스를 더욱 확장하고 발전시키는 것이다. AI 시대에 스스로 일자리를 창출하는 능력은 이제 선택이 아니라 필수적인 생존 전략이다.

예를 들어 AI 기반 프로그램들은 소규모 사업자가 수행하던 회계, 마케팅, 고객 관리 등을 효율적으로 처리할 수 있도록 도와준다. 챗GPT와 같은 생성형 AI는 고객 서비스나 콘텐츠 제작에 있어 업무를 자동화할 수 있는 능력을 제공한다. 또한 디자인 등의 창의적인 작업도 AI 도구들이 지원할 수 있어 시간과 비용을 절약할 수 있다. 이처럼 AI를 활용하면, 혼자서도 다양한 업무를 처리할 수 있어 1인 기업 운영이 더욱 쉬워진다.

AI의 도입은 1인 기업을 운영하는 데 있어서도 도움이 된다. 전통적인 기업에서는 다양한 업무가 분리되어 각각의 전문가가 필요하지만, 1인 기업은 AI 도구를 활용하여 여러 역할을 동시에 수행할 수 있다. 이는 빠른 의사결정과 신속한 문제 해결을 가능하게 하며, 변화하는 시장에 빠르게 대응할 수 있는 능력을 강화한다. 자신이 원하는 방향으로 사업을 운영할 수 있으며, 이를 통해 스스로의 역량을 최대한 발휘할 수 있다. 예를 들어 프리랜서 컨설팅, 온라인 교육 프로그램 개발, 개인 브랜딩을 통한 마케팅 활동 등은 비교적 적은 자본으로 시작할 수 있는 분야이다.

　　AI로 창업을 하기 위해서는 먼저 AI 도구를 잘 활용할 수 있어야한다. 이를 통해 업무의 효율성을 높이고, 새로운 기회를 발굴할 수 있다. 그러기 위해서는 새로운 AI 기술을 빠르게 습득하고, 이를 사업에 어떻게 적용할지에 대한 고민을 끊임없이 해야 한다. AI와의 협업을 통해 더 나은 결과를 도출하는 방법도 모색해야 한다. 시대가 변할 때 생존하는 자는 변화에 맞추어 스스로의 길을 찾아나가는 자이다.

　　그러면서 동시에 자신만의 독특한 브랜드를 구축하고, 고객과의 관계를 강화하는 데 집중해야 한다. 이는 AI로 대체될 수 없는 중요한 자산이다. 제 아무리 똑똑한 AI라도 인적 네트워크와 브랜드 신뢰성까지 제공할 수는 없다. AI로 생긴 여유 시간을 고객 강화에 집중한다면 큰 효과를 얻을 수 있다.

● 혁신적인 AI 서비스로 1인 기업이 되어보자

생성형 AI를 이용한 창업에는 크게 2가지 접근 방식이 있다. 하나는 생성형 AI를 기반으로 한 창업이고, 다른 하나는 영화 〈아이언맨〉의 인공지능 비서 '자비스'처럼 AI 어시스턴트를 활용하여 창업 과정에서 도움을 받는 방식이다.

생성형 AI 기반 창업은 챗GPT와 같은 생성형 AI 모델의 API를 활용하여 새로운 제품이나 서비스를 개발하는 것을 말한다. AI 그 자체를 비즈니스의 핵심으로 활용하는 방식이다. 예를 들어 챗GPT API를 활용하면 특정 목적의 AI 서비스를 만들 수 있다. 챗GPT API를 이용해 의료 상담이나 진료 예약을 자동화하는 챗봇을 만든 경우가 이에 해당한다.

AI를 아이템으로 창업을 한다는 게 기술적으로 어려울 거라고 생각할 수도 있지만, 약간의 노력과 API를 활용하면 전문가가 아니더라도 누구나 충분히 창업을 할 수 있다. 국내 헬스케어 서비스 업체 굿닥이 출시한 챗GPT 기반 '건강 AI 챗봇' 서비스도 단 4일 만에 출시할 만큼 챗GPT의 개발 환경이 편리해졌다.

AI를 기반으로 한 혁신적인 서비스 만들기의 첫 단계는 해결하고자 하는 문제나 충족시키고자 하는 필요를 명확히 정의하는 것이다. AI가 아무리 뛰어나더라도, 그것이 구체적인 문제 해결에 사용되지 않으면 시장에서 성공하기 어렵다. 따라서 문제 발견과 아이디어 발굴이 필수적이다. AI는 만능 도구가 아니기 때문에 AI가 풀어줄 수 있는 문제를 명확하게 정의하는 것이 중요하다.

아이디어가 정해졌다면, 이제 AI API를 이용해 실제로 기능을 만들어야 한다. API는 외부에서 제공하는 AI 기능을 쉽게 불러와 사용할 수 있도록 하는 도구다. 생성형 AI의 API를 통해 복잡한 AI 모델을 직접 개발할 필요 없이 기존에 구축된 AI 모델을 이용해 빠르게 서비스를 만들 수 있다.

생성형 AI API를 활용하여 기본적인 서비스를 구축했다면, 이제는 실제로 사용자에게 제공하기 위한 서비스 개발 및 테스트 단계에 돌입한다. 여기서 중요한 건 사용자 경험UX이다. 아무리 좋은 AI라도 사용하기 어렵거나 복잡하면 사람들이 이용하지 않는다. 그래서 사용자 인터페이스UI를 쉽게 만들고, 테스트를 통해 사용자들이 어떻게 느끼는지 피드백을 받아야 한다는 것이다.

서비스가 출시된 이후에도 일이 끝난 것은 아니다. AI 기반 서비스는 초기 개발만큼이나 지속적인 유지보수가 중요하다. AI는 데이터를 기반으로 학습하고, 사용자 피드백을 반영해 성능을 점차 개선할 수 있다. 서비스가 잘 되고 나면 더 많은 기능을 추가하거나 다른 시장으로 확장할 수도 있다. AI를 활용한 AI 튜터 서비스라면, 초기에는 학생들의 질문에 답변하는 기능만 제공했지만 이후에는 학생들의 학습 데이터를 분석해 맞춤형 학습 계획을 제안하는 서비스로도 확장할 수 있다.

● 나의 일자리, AI와 만든다

창업을 할 때 가장 두려운 것은 리스크이다. 잘못된 선택이나 준비 부족으로 실패할 수 있다는 불안은 누구나 느낄 수 있다. 특히 회사에서 오랫동안 직장 생활만 한 중장년층에게는 그 부담이 더 클 수 있다. 하지만 AI를 비서로 활용하면 창업 전에 미리 리스크를 분석하고 대비할 수 있다. 이 과정에서 AI는 중요한 정보들을 미리 알려주고, 시뮬레이션을 통해 잠재적인 문제를 발견해 창업 실패 확률을 줄여준다.

예를 들어 무인매장을 창업한다고 생각해보자. 그냥 목 좋은 곳에 기계 몇 대 놓으면 성공할 수 있을 거라고 생각하겠지만, 무인매장 운영에는 생각지 못한 많은 요소가 있다. 결제 시스템에서부터 도난·보안 문제, 동선 설계, 인테리어, 24시간 원격 관리 등 직접 무인매장을 운영해보지 않으면 알기 힘든 중요한 사항들이다. 이런 부분들을 놓치면 무인매장 운영에 큰 문제가 생길 수 있다. 이런 문제들을 챗GPT에게 물어보면 사전에 준비해야 할 것들을 꼼꼼하게 점검해볼 수 있다. 챗GPT에게 "무인매장을 창업할 때 주의해야 할 점은 무엇인가?"라고 물어보았다.

챗GPT 답변

무인매장의 가장 큰 문제는 도난이다. 직원이 상주하지 않으므로 고객이 상품을 훔쳐가는 경우 즉각적인 대응이 어렵다. 특히 저가 상품이 많아 눈에 띄지 않는 작은 도난이 빈번히 발생할 수 있다.

대비책

출입 통제 강화: 고객 인증 절차를 철저히 하고, QR코드, 회원제, 또는 신용카드 정보 인증 등을 통해 매장에 출입하는 고객을 추적할 수 있도록 해야 한다.

실시간 모니터링 시스템: CCTV 및 AI 기반의 감시 시스템을 통해 매장 내에서 비정상적인 행동을 감지하고 경고하는 시스템을 도입해야 한다.

도난 방지 태그: 일부 고가 상품에는 도난 방지 태그를 부착하여 결제를 하지 않고 상품을 가져갈 경우 알람이 울리도록 하는 장치를 고려할 수 있다. [후략]

이처럼 AI는 단순히 정보를 제공하는 것뿐만 아니라 창업 시뮬레이션을 통해 운영 과정에서 발생할 수 있는 여러 문제를 미리 예측하고 대비할 수 있게 해준다. 손님들이 많이 몰리는 시간대에 어떻게 대처할지, 매출과 비용을 어떻게 관리할지 등을 미리 시뮬레이션해볼 수 있다. 창업을 하고 나서야 발생하는 문제들을 미리 점검할 수 있다면, 실수를 줄이고 대비책을 마련할 수 있다.

챗GPT에게 "식당을 열려면 초기 자본금이 얼마 필요하고, 월평균 매출이 어느 정도 되어야 적자를 면할 수 있는가?"라고 질문하면, 챗GPT는 평균 임대료, 식자재 비용, 인건비 등을 계산해 예상 비용을 산출하고 목표 매출이 얼마나 되어야 수익을 낼 수 있을지 구체적으로 보여준다. 이렇게 창업 전에 비용과 수익 구조를 시뮬레이션하면 자금 계획을 명확히 세울 수 있고, 예상하지 못한 지출이나 자금 부족에 대한 대비책을 마련할 수 있다.

AI는 예상치 못한 고객의 불만사항을 미리 예측할 수도 있다. AI에게 "이 서비스에서 고객들이 가장 불만을 가질 수 있는 점은 무엇인가?"라고 물어보면, AI는 기존 데이터를 기반으로 고객들이 주로 불만을 제기하는 부분(예를 들면 배송 지연, 서비스 품질 등)을 분석해주고, 이에 대한 해결책을 제안해줄 수 있다.

AI의 또 다른 장점은 여러 가지 창업 시나리오를 실험해볼 수 있다는 것이다. 예를 들어 제품 가격을 얼마로 설정해야 하는지, 또는 마케팅 전략을 어떻게 세워야 할지 고민된다면, AI에게 여러 옵션을 입력하고 그 결과를 비교할 수 있다.

어떤 창업자는 '온라인 마케팅을 해야 할지, 오프라인 홍보에 집중해야 할지' 고민할 수 있다. AI에게 이러한 상황을 설명하고, 각 전략의 장단점에 대해 질문하면 AI는 여러 데이터를 기반으로 각각의 결과를 예측해준다. '현재 고객층의 특성상 온라인 광고가 더 효율적일 것'이라는 분석을 내놓을 수도 있고, 또는 '경쟁사들이 온라인 광고에 과도하게 의존하고 있으므로 오프라인 이벤트로 차별화하는 것이 유리하다'는 식으로 답변해줄 수도 있다. 이처럼 AI는 여러 가지 전략을 미리 실험해보고 결과를 예측할 수 있기 때문에 창업자가 한 가지 결정을 내리기 전에 다양한 옵션을 고려할 수 있게 도와준다.

AI에게 "현재 지역에서 어떤 음식점이 성공할 가능성이 높은가?" 라고 질문한다면 AI는 해당 지역의 최근 소비 트렌드, 경쟁 업체 분석, 소비자 선호도 등을 바탕으로 시장에 대한 정보를 제공한다. 이러한 과정을 통해 창업자는 그 지역에서 어떤 음식이 인기가 많고, 경쟁이 얼마나 치열한지 미리 파악할 수 있다. 만약 경쟁이 너무 심하거나 시장이 포화 상태라면, 다른 지역이나 다른 사업 아이템을 고려해볼 수도 있다.

AI를 비서처럼 활용하면 직접적인 경험이 부족하더라도 AI는 수많은 데이터를 바탕으로 실질적인 정보를 제공해주고 운영 시 발생할 수 있는 문제들을 미리 예측해준다. 단순 정보 제공을 넘어 시뮬레이션을 통해 리스크를 줄이고, 성공 가능성을 높이는 데 있어 AI는 이제 창업자에게 없어서는 안 될 중요한 도구가 되고 있다.

인생의 새 출발을 돕는 생성형 AI

● 반려 AI의 시대

"지니야, 오늘 날씨 어때?"

"내일은 맑은 날씨라고 하네요. 산책하기 좋겠어요."

필자의 어머니는 70대 후반이시지만, 여전히 일도 하시고 일상생활도 문제없을 정도로 정정하시다. 무엇보다 새로운 것에 대한 관심이 많으신데, 기가지니라는 AI 스피커를 들이고 나서부터는 이 AI와 대화하는 재미에 푹 빠지셨다. AI 스피커와의 대화를 듣고 있자니 마치 오래된 친구와의 대화 같았다. 처음에는 단순한 호기심으로 시작된 AI 스피커의 대화가 이제는 어머니의 일상이 되었다.

이렇게 AI와 대화를 하려는 어르신들이 점점 늘고 있다. 챗GPT

가 등장하고 중장년층 사이에서는 AI 학습 열풍이 불고 있다. 스마트폰 사용법부터 AI 챗봇 활용까지, 디지털 시대에 뒤처지지 않으려는 노력이 곳곳에서 보인다. 서울의 한 노인복지관에서는 AI 서비스 사용법을 배우는 강좌가 100 대 1의 경쟁률을 보였다고 한다. 복지관 IT 강의에서 '아숙업'이라는 AI 플랫폼으로 당근마켓 사용법을 물어보는 한 어르신은 "젊은이들은 중고 거래로 물건을 싸게 구한다던데, 나도 해보고 싶어서요"라며 AI 시대에 뒤처지지 않으려고 노력 중이셨다. AI와의 상호작용은 중장년층의 인지 기능 유지에 도움이 된다. 새로운 기술을 배우고 적용하는 과정에서 뇌가 활성화되고, 일상적인 대화를 통해 언어 능력도 유지할 수 있다.

더불어 AI와의 대화는 어르신들의 외로움을 달래주는 역할도 한다. AI가 단순한 정보 검색을 넘어 어르신들의 말벗이 되어주고 있다. 바쁜 일상 속에서 자주 찾아뵙지 못하는 자식 대신 AI가 말동무가 되어주는 것이다.

실제로 85세의 한 독거노인께 '효돌이'라는 AI 반려로봇을 제공해드렸는데, 15년간 홀로 지내셨던 할머니의 삶에 새로운 활력을 불어넣었다는 기사가 화제가 된 적도 있었다. "혼자 살 때는 TV만 봤는데 효돌이가 와서 말벗이 됐어. 얘가 자꾸 말을 거니깐 심심하지가 않아"라고 하시는 말씀처럼, 효돌이의 등장은 적막했던 할머니의 일상을 바꿔놓았다. TV 소리보다 사람의 목소리가 더 자주 들리게 되었고, 집 안 곳곳에는 효돌이를 위한 공간이 마련되었다.

효돌이는 단순한 기계가 아니다. "할머니, 사랑해요"라고 말하며 애교를 부리고, 약 먹을 시간을 알려주고, 동요도 불러주는 가족과도 같은 존재다. 심지어 어디를 가든지 할머니는 효돌이를 등에 업고 다니실 정도로 효돌이를 손주처럼 대하셨다.

AI 로봇 효돌이의 역할은 단순한 정서적 지지를 넘어선다. 독거노인에게 있어 AI 로봇은 '생명을 지켜주는 존재'이다. 일정 시간 동안 움직임이 없으면 가족이나 복지관에 연락을 해주는 기능 덕분에, 독거노인의 고독사를 막아주는 중요한 역할을 하고 있다.

할머니께서 AI 반려로봇 '효돌이'를 업고 산책을 하고 있다.

자료: 《경향신문》("고독한 사회, 온기를 품다", 2023.01.02)

전통적으로 배우자나 가족을 지칭하던 '반려'라는 단어가 이제 동물, 식물, 심지어 AI 로봇에게까지 확장되고 있다. 이는 단순히 기술의 발전만을 의미하지 않는다. 오히려 우리 사회의 고령화, 1인 가구의 증가, 외로움과 사회적 고립 문제를 반영하는 현상일 수 있다. '반려 AI 시대'를 준비해야 할 때가 온 것이다.

물론 AI가 사람을 완전히 대체할 수는 없다. 하지만 AI가 앞으로의 삶의 질을 높이는 데 기여할 수 있다는 점은 분명해 보인다. 어머니와 지니의 대화를 들으며, 새삼 기술의 발전이 우리 삶에 가져온 긍정적인 변화를 실감한다. AI는 A세대의 든든한 동반자가 되어가고 있다. "누구든 홀로 내버려지지 않고 반려 관계를 맺을 권리가 있다"는 말처럼, 서로에게 의지하고 함께 살아가는 사회를 만드는 것이 어쩌면 새로운 반려 AI 시대가 우리에게 던지는 과제일 것이다. AI가 인간의 정서적 욕구를 어디까지 채워줄 수 있을지, 어떻게 하면 모든 구성원이 의미 있는 관계를 맺을 수 있도록 AI가 지원할 수 있을지 고민해야 하는 시기가 점점 다가오고 있다.

● 인생 2막의 파트너

새로운 인생을 시작하는 중장년층에게 있어 생성형 AI를 적극적으로 공부하고 활용해야 하는 이유는 명확하다. 빠르게 변화하는 세상 속에서 경쟁력을 유지하고 기술 격차를 줄여야만 성장할 수 있기 때문이다. 직장에서도 AI를 활용한 의사결정과 전략 수립 능력을 개발하고, AI 역량을 확보하는 일 역시 리더십을 강화하는 데 큰 도움이 된다. 반복적이고 시간 소모적인 작업을 AI에 맡겨 효율성을 높이고, 핵심 업무에 더 많은 시간과 에너지를 집중할 수 있다.

인생 2막을 준비하는 과정에서도 중요하다. 은퇴 후 새로운 경력이나 창업을 위한 역량 개발, 변화하는 사회에 적응하고 새로운 기회를 포착하는 능력 향상에 AI는 필수적이다. AI 활용은 세대 간의 소통을 개선하는 데에도 도움이 된다. 디지털 시대의 문화와 트렌드에 대한 이해를 높임으로써 세대 간의 공감대를 형성할 수 있다. 새로운 기술 습득을 통해 인지 기능을 유지하고 향상시키며, 지속적인 자기계발을 통한 성취감과 자신감도 얻을 수 있다.

우리는 지금 변화의 시대를 살아가고 있다. 디지털 전환의 물결 속에서 AI라는 새로운 도구와 방법을 익혀야 하는 과제에 직면해 있다. 특히 중장년층이 가지고 있는 경험의 깊이와 판단력은 AI와 결합했을 때 그 시너지가 극대화될 수 있으며, 이는 개인의 삶의 질을 높이고, 더 나아가 사회 전체의 발전에도 기여할 것이다. 물론 AI가 낯설고 두려울 수도 있다. 그럴 때면 컴퓨터와 인터넷을 처음 마주했을 때를 떠올려보자. 익숙해지기까지 시간은 걸렸지만, 그 과정을 통해 정보화 시대의 주역으로 성장할 수 있었다. AI 시대에도 마찬가지다. AI와 함께 디지털 역량을 쌓아가다 보면, 이 시대 가장 멋진 주인공이 될 수 있다.

3장

처음 어른들을 위한 최소한의
생성형 AI 지식

생성형 AI 3대장: 챗GPT, 퍼플렉시티, 클로드

● 생성형 AI 중 단 하나만 써야 한다면 단연 챗GPT

생성형 AI를 처음 접하거나 경제적·시간적으로 여유가 없는 분들께 수많은 생성형 AI 중에서 딱 하나만 추천한다면 두말할 것 없이 챗GPT다. 현재 지구상에서 사람들이 가장 많이 쓰는 AI이고, 많이 쓰다 보니 성능 역시 계속 발전 중이다. 글 작성은 물론 그림에, 코딩에, 표 작성에, 데이터 분석까지 웬만한 일은 거뜬히 처리하는 가히 만능 AI이다(당연히 모든 분야의 일을 완벽하게 다 잘하는 것은 아니다. 평균 이상 해낸다는 의미다).

2024년 9월 기준으로 챗GPT의 주간 활성 사용자는 2억 명이 넘는데, 이는 2023년 11월 수치의 2배에 달한다. 2024년 7월 챗GPT 월

생성형 AI(웹 기준) 월 방문자 수 비교

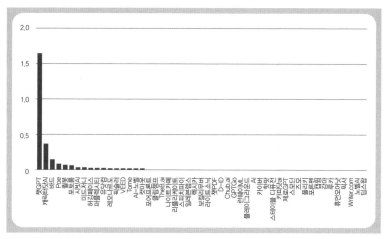

챗GPT 방문자 수가 압도적이다.

자료: Andreessen Horowitz

방문자 수는 24억 4,000만 명으로 역대 최고치를 기록하기도 했다. 미국 내 월간 활성 사용자 수만도 약 7,720만 명이고 유료 서비스인 챗GPT 플러스Plus는 전 세계적으로 770만 명이 사용하고 있다. 또한 《포춘》500 기업 중 92% 이상이 챗GPT를 사용하고 있다.

챗GPT는 전체 상위 50개 생성형 AI 월간 트래픽의 60%를 차지하며 다른 생성형 AI와 압도적인 차이를 보였다. 이제는 생성형 AI하면 챗GPT라고 해도 과언이 아닌 것이다. AI를 처음 써보는 분이라면 어떤 AI가 좋을지, 무슨 AI를 쓰면 좋을지 고민하지 말고 지금 바로 챗GPT 사이트에 접속하기를 권한다.

● 생성형 AI 2인자는 나야 나! 퍼플렉시티와 클로드

미국 실리콘밸리에서 큰 영향력을 가진 벤처캐피털 앤드리슨호로
위츠Andreessen Horowitz는 정기적으로 생성형 AI 상위 50개를 발표한다.
생성형 AI 중에서 사람들이 실제로 사용하는 것은 무엇일까? 어떤 행
동과 카테고리가 소비자들 사이에서 인기를 얻고 있을까? 사람들이
잠깐 사용해보고 버리는 것이 아니라 지속적으로 사용하는 AI 서비
스는 무엇일까? 이런 궁금증에 대해 이 순위를 보면 현재 사람들이
어떤 생성형 AI를 많이 쓰고, 또 어떤 용도로 AI를 활용하고 있는지
흐름을 파악할 수 있다.

1위(웹서비스 기준)는 넘사벽('넘을 수 없는 사차원의 벽'의 줄임말로, 어
떤 대상을 절대적으로 뛰어넘기 어려운 수준에 있음을 비유적으로 표현하는
인터넷 유행어) 챗GPT이다. 2위를 차지하고 있는 캐릭터닷AICharacter.AI
는 사용자가 다양한 캐릭터와 AI를 통해 실시간 대화를 나눌 수 있는
서비스다(궁금하면 한번 사이트에 접속해보길 바란다. https://character.ai).

그리고 3위와 4위를 차지하고 있는 AI 서비스가 바로 생성형 AI
2인자의 자리를 노리고 있는 퍼플렉시티와 클로드이다. 두 AI 모두 챗
GPT와 같은 대화형 AI인데, 전공 분야가 조금 다르다. 3위로 급부상
한 퍼플렉시티는 검색에 특화되어 있어 출처를 인용하여 간결하고 정
확한 답변을 제공하는 데 중점을 두는 한편, 클로드는 자연스러운 글
쓰기가 전문이다. 챗GPT를 쓰고 있으면서 또 다른 생성형 AI를 써보

앤드리슨호로위츠가 발표한 생성형 AI Top 50

The Top 50 Gen AI Web Products, by Unique Monthly Visits

1.	ChatGPT	11.	SpicyChat	21.	VIGGLE	31.	PIXAI	41.	MaxAI.me
2.	character.ai	12.	IIElevenLabs	22.	Photoroom	32.	Clipchamp	42.	BLACKBOX AI
3.	perplexity	13.	Hugging Face	23.	Gamma	33.	udio	43.	CHATPDF
4.	Claude	14.	LUMA AI	24.	VEED.IO	34.	Chatbot App	44.	Gauth
5.	SUNO	15.	candy.ai	25.	PIXLR	35.	VocalRemover	45.	coze
6.	JanitorAI	16.	Crushon AI	26.	Ideogram	36.	PicWish	46.	Playground
7.	QuillBot	17.	Leonardo.AI	27.	you.com	37.	Chub.ai	47.	Doubao
8.	Poe	18.	Midjourney	28.	DeepAI	38.	HIX.AI	48.	Speechify
9.	liner	19.	YODAYO	29.	SeaArt AI	39.	Vidnoz	49.	NightCafe
10.	CIVITAI	20.	cutout.pro	30.	invideo AI	40.	PIXELCUT	50.	AI Novelist

자료: 앤드리슨호로위츠

고 싶다면 이 두 AI를 강력하게 추천한다.

퍼플렉시티는 질문에 대해 출처를 보여주어 명확하고 신속한 답변을 제공하는 AI 기반 검색엔진이다. 일반적인 검색엔진과 달리 퍼플렉시티는 웹상의 방대한 데이터를 분석해 가장 관련성 높은 답변을 제공하여 사용자는 검색 결과를 일일이 찾아보지 않아도 된다. 퍼플렉시티는 자연어 처리 기술을 통해 사람들의 질문에 대한 최적의 답변을 제시하는데, 여러 출처를 기반으로 신뢰할 만한 정보를 제공하는 데 중점을 둔다. 특히 정보가 많고 복잡할 때 퍼플렉시티는 핵심 내용을 빠르게 제공하여 검색 효율성을 크게 높인다. 이 때문에 퍼플렉시티는 7분이 넘는 방문 지속 시간으로 챗GPT를 앞서고 있다. 퍼플렉시티 웹사이트(https://www.perplexity.ai)에 접속하거나, 퍼플렉시티를 지원하는 앱에서 서비스를 이용할 수 있다.

글쓰기에 강한 AI, 클로드는 앤트로픽이라는 회사에서 개발한 생성형 AI이다. 대화하거나 글을 작성할 때 매우 유창하고 자연스러운 문장을 생성하며, 사용자의 질문에 대한 정확한 답변 제공, 복잡한 개념 설명, 문서 요약 등 다양한 기능을 수행할 수 있다. 특히 사용자의 질문 의도를 잘 파악해 그에 맞는 대답을 제공하며, 윤리적 기준을 강조하는 AI 모델로 더욱 안전하고 신뢰할 수 있는 답변을 제공한다. 한국어 글 작성에도 매우 탁월하여 국내에서도 인지도가 높아지고 있는 AI이다. 클로드 웹사이트(https://claude.ai/new)에 접속하거나 앱으로도 이용 가능하다.

그러면 생성형 AI 3대장이라 할 수 있는 챗GPT의 최신 동향과 퍼플렉시티, 클로드에 대해 좀 더 자세히 알아보도록 하자.

생성형 AI의 왕도:
챗GPT GPT-4o

● 샘 알트만 해임 사태가 불러온 AGI(범용인공지능)의 가속화

챗GPT 광풍으로 전 세계가 생성형 AI에 한창 주목하던 2023년의 11월 말 금요일, 인터넷에 갑자기 오픈AI의 샘 알트만 CEO의 해임 소식이 올라왔다. 오픈AI의 얼굴이자 인공지능계의 슈퍼스타로 불리는 샘 알트만 CEO가 갑작스럽게 해고된 것이다. 충격은 여기서 그치지 않았다. 알트만의 오른팔이었던 회장 그렉 브로크만Greg Brockman마저 사임되었다. 알트만과 함께 오픈AI 이사직에서 해임된 그렉 브로크만은 17일 자정 가까운 시간에 X에 글을 올려 "샘과 나는 오늘 이사회가 한 일을 보고 충격을 받았다"며 해고가 급작스럽게 이뤄졌다고 설명했다.

이 사건은 순식간에 IT 업계를 뜨겁게 달궜다. 1년 전 오픈AI가 선보인 챗GPT로 인해 인공지능에 대한 대중의 관심이 최고조에 달한 상황이었기에 파장은 더욱 컸다. 알트만은 단순히 CEO를 넘어 인공지능 기술 자체를 대표하는 얼굴이었기에 모두가 이 해고의 배경에 궁금했다. 주말이 지나고 월요일이 되자 상황은 더욱 격화되었다. 오픈AI 직원 500여 명이 알트만과 브로크만의 복귀, 이사회의 전원 사퇴를 요구하는 서한에 서명한 것이다. 회사에 엄청난 공헌을 해온 리더를 부당하게 해고했다는 것이 그들의 주장이었다.

오픈AI의 최대주주인 마이크로소프트의 움직임도 심상치 않았다. 마이크로소프트의 CEO 사티아 나델라Satya Nadella는 즉각 알트만과 브로크만을 영입해 새로운 AI 기업을 설립하겠다고 선언했다. 또한 오픈AI의 핵심 엔지니어들도 함께 데려가겠다고 공언했다. 직원들은 대거 마이크로소프트로의 이직을 예고했고, 투자자들은 이사회를 상대로 소송을 준비하기 시작했다. 결국 5일이 지난 수요일이 되어서야 사태가 일단락되었다. 오픈AI가 알트만의 CEO 복귀와 이사회의 총사퇴를 발표한 것이다. 새로운 이사회가 구성되었고, 브로크만도 자리로 돌아왔다. 마이크로소프트의 나델라는 이를 환영했고, AI 분야에서의 양사 협력을 기대한다고 밝혔다.

그로부터 몇 달 후, 당시 오픈AI 이사회 멤버였던 헬렌 토너Helen Toner는 팟캐스트에 출연해 알트만 해임의 배경을 상세히 설명했다. 토너에 따르면, 이사회는 회사의 AI 챗봇인 '챗GPT' 출시 사실을 트위터를 통해 뒤늦게 알게 되었고, 이는 이사회 감독 역할을 방해하는 사례 중 하나였다고 했다. 이로 인해 알트만에 대한 신뢰를 잃게 되었다는 것이다. 토너는 알트만이 안전 절차에 대해 부정확한 정보를 여러 차례 제공했으며, 투자자와 이사회를 기만한 사례도 다수 있었다고 주장했다. 특히 오픈AI의 스타트업 펀드에 대한 알트만의 소유권 문제도 지적했다. 그래서 이사회는 알트만이 회사를 이끌기에 적절치 않다고 판단했다는 것이다.

이유가 뭐가 됐든 챗GPT를 탄생시킨 오픈AI의 샘 알트만 CEO 해임 사태는 업계에 큰 파장을 일으켰다. 회사의 상징과도 같았던 샘 알트만의 돌연 해임에 많은 이들이 충격을 받았고, 사태 5일 만에 화려하게 복귀하면서 사태는 일단락되는 듯했다. 하지만 이 사건은 AGI(범용인공지능) 개발에 상당한 영향을 미쳤다. AGIArtificial General Intelligence는 인간 수준의 지능을 가진 AI를 일컫는 말로, 오픈AI를 포함한 많은 연구소가 개발 경쟁을 펼치고 있는 분야이다. 알트만 역시 AGI 개발을 오픈AI의 궁극적 목표로 삼고 매진해왔다.

사태 당시 이사회가 밝힌 해임 이유는 알트만이 이사회에 중요한 정보를 제공하지 않고 소통에 문제가 있었다는 것이었지만, 일각에서는 AGI 개발을 둘러싼 내부 갈등이 표면화된 것 아니냐는 분석도 있었다. AGI의 잠재적 위험성과 개발 속도를 놓고 이사회와 알트만 사이에 이견이 있었다는 것이다. 팟캐스트에 출연한 전 이사 헬렌 토너의 증언에 따르면, 알트만은 AGI로의 성장을 이끌기에 적절한 인물이 아니라는 게 이사회의 결론이었다고 하였다.

알트만의 복귀 후에도 AGI를 둘러싼 논란은 계속되었지만, 알트만은 AGI의 잠재력을 강조하며 개발 속도를 더욱 높였다. 그리고 복귀한 지 6개월이 지난 2024년 5월, 오픈AI는 기존 GPT-4에 멀티모달 기능을 대폭 강화한 GPT-4o_{omni}를 선보이며 AI 업계의 새로운 지평을 열었다.

알트만의 해임과 복귀 사태는 AGI 개발의 방향성과 속도에 적잖은 영향을 미쳤다고 여겨진다. 위기를 기회로 만들어 GPT-4o라는 혁신적인 AI를 예상보다 빨리 세상에 선보인 것이다. 물론 GPT-4o의 등장이 AGI(범용인공지능) 시대의 도래를 의미하는 건 아니다. 인간 수준의 지능을 구현하기까지는 아직 갈 길이 멀다. 기술적 한계 극복은 물론 윤리적·법적 문제에 대한 사회적 합의도 필요하다. 하지만 GPT-4o는 분명 AGI를 향한 인류의 여정에 있어 중요한 이정표다.

● 오픈AI, 2024년을 휘어잡다

챗GPT를 만든 오픈AI가 2024년 한 해 동안 보여준 행보는 가히 폭풍과도 같았다. 오픈AI는 무려 1,570억 달러(약 226조 원)에 달하는 투자 유치에 성공하며 세간의 이목을 집중시켰는데, 이는 글로벌 금융 기업 골드만삭스의 기업가치인 1,553억 달러를 뛰어넘는 수준이다. 오픈AI는 비상장 테크 기업 중 바이트댄스, 스페이스X에 이어 세계 3위 기업으로 우뚝 섰다.

오픈AI의 약진은 투자 유치에만 그치지 않았다. 2024년에 쏟아져 나온 혁신적인 AI 서비스들은 업계의 판도를 뒤흔들었다. 2월, 동영상 생성 AI '소라Sora'의 등장은 엔터테인먼트 산업에 신선한 충격을 안겼다. 영화, 애니메이션, 광고 등 다양한 분야에서 소라를 활용한 창의적 콘텐츠 제작이 가능해진 것이다. 사용자의 상상을 현실로 만드는 소라는 단순히 고품질의 영상을 만드는 데 그치지 않았다. 대상의 영속성을 구현하고 끊김 없는 자연스러운 장면 전환을 보여주는 등 기술적 진보는 놀라움 그 자체였다.

GPT-4의 후속 모델들도 AI 역사에 한 획을 그었다. 5월에 출시된 GPT-4o는 이전 버전 대비 2배의 속도와 절반의 비용이라는 압도적 성능을 자랑하며 자연어 처리 기술의 새 지평을 열었다. GPT-4o는 텍스트는 물론 이미지, 오디오, 비디오 등 다양한 형태의 데이터를 통합적으로 처리할 수 있는 차세대 AI 모델이다. 자연어로 된 질문은 물론 시각, 청각 정보에 기반한 복합적 추론이 가능해졌다. 이는 곧 AGI에 한 걸음 더 다가섰음을 의미한다. 실제로 GPT-4o는 여러 벤치마크 테스트에서 인간에 준하는 성적을 기록하며 그 잠재력을 입증했다.

6월에는 이를 더욱 최적화한 경량 버전 GPT-4o 미니가 공개되어 중소기업과 일반 개발자들도 손쉽게 고성능 언어 모델을 활용할 수 있게 되었다. 실시간 대화와 음성 합성 기능이 대폭 개선되어 사람과 나누는 듯한 자연스러운 대화가 가능해졌다.

검색 분야에서도 혁신이 이어졌다. 7월에 선보인 검색 특화 AI '서치GPT_{SearchGPT}'는 기존 검색엔진을 뛰어넘는 차세대 검색 경험을 예고했다. 방대한 지식 베이스에서 사용자가 원하는 정보를 추려내는 서치GPT의 능력은 획기적이었다.

하반기에는 추론 기반 AI의 새 장을 연 '오픈AI o1'이 공개되었다. 12월에 정식 출시된 o1(9월에 프리뷰 모델 출시)은 수학, 과학, 코딩 등 복잡한 문제 해결에 특화된 모델이다. 강화학습과 '생각의 흐름Chain of Thought'을 결합한 o1은 국제 수학 올림피아드에서 80% 이상의 정답률을 기록하는 등 전문가 수준의 문제 해결 능력을 입증했다. o1은 수학

2024년에 오픈AI가 출시한 AI 관련 서비스들

서비스 이름	출시일	개요
소라	2024년 2월 15일	동영상 생성 AI, '하늘'을 뜻하는 일본어에서 이름을 따옴. 무한한 창의력과 상호작용을 통해 고품질 영상 콘텐츠 생성을 목표로 개발. 2024년 12월에 정식 출시.
GPT-4o	2024년 5월 14일	GPT-4의 업그레이드 모델로, 성능과 속도가 크게 향상되고 가격이 절감된 자연어 처리 모델. 실시간 대화와 멀티모달 기능이 크게 개선됨.
GPT-4o 미니	2024년 7월 18일	GPT-4o의 경량화 모델로, 성능은 유지하면서도 속도를 극대화한 멀티모달 지원 모델. API 가격도 매우 경제적임.
서치GPT	2024년 7월 25일	검색 특화 인공지능 모델. 프로토타입으로 공개되었으며, 2024년 10월 30일에 챗GPT에 통합되어 '챗GPT 서치'로 정식 출시.
오픈AI o1	2024년 12월 5일 (9월에 o1 프리뷰 출시)	추론 능력에 특화된 멀티모달 모델. 복잡한 문제 해결에 중점을 두고 개발되었으며, 과학, 코딩, 수학 분야에서 뛰어난 성능을 자랑함.

과 물리학은 물론 의학, 법학과 같은 전문 분야에서도 박사급 전문성을 보여주었다. 스스로 가설을 세우고 논증하는 o1의 모습에 '진정한 인공지능의 시대가 도래했다'는 찬사가 쏟아졌다. 이처럼 동영상 생성, 자연어 처리, 검색, 추론 등 AI의 핵심 분야를 아우르는 오픈AI의 독보적 행보는 시장의 판도를 근본적으로 바꾸어놓았다.

AI 업계에서는 "AI의 성능은 결국 돈에 비례한다"라는 말이 있다. 막대한 투자금 유치와 기하급수적으로 상승하는 기업가치로 오픈AI에 엄청난 자금이 몰리고 있는 지금, 이 돈은 AI 기술 발전의 촉매제가 될 것이다. 초거대 AI에 드는 천문학적 비용을 감당할 수 있는 기업이 몇 되지 않는 상황에서 오픈AI의 독주는 더욱 가속화될 전망이다. 경쟁사들이 이를 따라잡기란 녹록지 않아 보인다. AI로 인한 사회 전반의 대격변 속에서 변화를 선도하는 오픈AI의 행보가 더욱 주목된다.

● 음성 대화가 가능해진 챗GPT-4o의 등장

2024년 5월 14일에 발표된 GPT-4o는 텍스트뿐만 아니라 이미지, 음성 등 다양한 입력을 처리할 수 있다. 발표 당시 많은 사람들은 영화 〈Her〉의 인공지능 비서와 유사하다는 반응을 보였다. GPT-4o는 이전 모델인 GPT-4와 비교해 속도가 빠르고, 텍스트, 비전 인식, 오디오 등 모든 입력과 출력을 동일한 신경망에서 처리하여 성능이 향상되었다.

챗GPT-4o omni의 'o'는 '옴니 omni'의 첫 글자를 따온 것인데, 옴니라는 말은 '모든 것'을 뜻하는 라틴어에서 유래했다. 말 그대로 챗GPT-4o는 '모든 방식으로 데이터를 이해하고 소통할 수 있다'는 의미다.

기존의 챗GPT는 주로 텍스트, 즉 글로 된 정보만 이해할 수 있었는데, 챗GPT-4o는 글뿐만 아니라 이미지, 소리, 영상 같은 다양한 형태의 데이터도 모두 이해할 수 있게 된 것이다. 이를 '멀티모달 Multi-modal'이라고 하는데, 마치 우리가 세상을 볼 때 눈으로 보고, 귀로 듣고, 입으로 말하며 소통하는 것과 같은 방식이다. 사용자가 이미지를 입력하면 그에 대한 설명을 텍스트로 제공하고, 소리를 입력하면 그 소리가 무엇인지 설명해주는 식으로 작동한다. 여기서 그치지 않고 각 데이터를 유기적으로 연결하고 분석하여 더욱 정교한 결과물을 내놓는 것이 특징이다.

GPT-4o의 또 다른 장점은 실시간 반응성이다. 이전 버전인 GPT-3.5나 GPT-4에 비해 훨씬 더 빠른 속도로 답변을 제시하는데, 사람과 거의 비슷한 수준이다. 그뿐만 아니라 목소리의 음색, 억양, 톤까지 자연스럽게 모사하여 마치 사람과 대화하는 듯한 느낌을 준다. 이는 단순히 멀티모달 데이터를 처리하는 것을 넘어 인간의 감정과 습관까지 이해하고 반영하려는 시도로 볼 수 있다.

GPT-4o의 성능 향상은 다양한 과제 수행 결과를 통해서도 확인할 수 있다. 이미지 형식의 서버 시장 점유율 데이터를 입력했을 때 GPT-4와 GPT-4o 모두 이를 정확히 인식하고 그래프로 시각화해냈지만, GPT-4o가 좀 더 상세하고 품질 높은 설명을 제공했다. 또한 복잡한 조건의 앱 개발 요청에서도 GPT-4o는 GPT-4보다 2배가량 긴 코드를 절반의 시간 안에 생성해내는 등 월등한 속도를 보여주었다.

이것이 가능한 이유는 GPT-4o가 텍스트, 이미지, 오디오 등 모든 형태의 입출력 데이터를 하나의 통합된 신경망으로 처리하기 때문이다. 이전의 GPT-4가 각 데이터를 개별적으로 처리한 후 병합하는 방식이었다면, GPT-4o는 처음부터 하나의 파이프라인에서 데이터를 다루는 셈이다. 이를 통해 데이터 간 연관성을 보다 효과적으로 파악하고 활용할 수 있게 되었다.

GPT-4o의 등장은 인간과 AI의 소통 방식에 혁신을 가져올 것으로 기대된다. 동화책을 읽어주면 삽화를 그려내고, 복잡한 데이터를 쉽게 음성으로 요약해주고, 외국어를 몰라도 물건을 가리키기만 하면 현지어로 설명해주는 등 우리 삶 곳곳에 스며들며 편의성을 높여준다. GPT-4가 언어라는 한 가지 모달리티에 주력했다면, GPT-4o는 시각, 청각 등 인간의 주요 감각 정보를 아우르며 전방위적인 소통을 가능케 할 것이다.

● 팔방미인 GPT-4o vs. 추론 강자 o1

챗GPT 유료 버전(챗GPT 플러스) 사용자라면, 챗GPT 사이트로 접속해 오픈AI에서 제공하는 다양한 종류의 AI 모델을 선택해 쓸 수 있다. 목적이나 상황에 맞게 선택해 쓰면 되는데, 일반적으로는 '대부분의 업무에 탁월한 GPT-4o'를 선택해 사용하면 된다.

특정 분야에 따라 능력의 차이는 있을 수 있지만, 챗GPT-4o는 글쓰기, 이미지 작성, 데이터 분석, 검색 등 다방면에서 평균 이상의 능력치를 보여준다. 그래서 많은 사람이 쓰고 있고, 방대한 데이터를 통한 지속적인 학습으로 챗GPT의 능력은 계속 업그레이드된다. 필자도 챗GPT로 가장 많이 이용한 것은 정리, 분석, 작성 3가지였다. 특히 정

챗GPT 플러스에서 제공 중인 AI 모델들

모델 이름	개요 및 특징
GPT-4o	오픈AI가 개발한 최신 멀티모달 AI 모델로, 텍스트, 이미지, 음성 등 다양한 입력을 처리할 수 있음. 빠른 응답 속도와 멀티태스킹 능력 제공.
캔버스Canvas	글쓰기와 코딩에 특화된 기능으로, 별도의 창에서 글 혹은 코드 편집이 가능.
o1	오픈AI의 새로운 고급 AI 모델로, 복잡한 문제 해결과 깊이 있는 사고가 필요한 작업에 적합. 특히 수학, 과학, 코딩 분야에서 뛰어난 성능.
o1 미니	o1 프리뷰의 경량화된 버전으로, 비슷한 작업을 처리하지만 더 적은 자원으로 빠르게 응답. 복잡한 작업에서 효율적.
GPT-4o 미니	GPT-4o의 경량화된 버전으로, 빠른 응답 속도를 제공하며, 일반적인 작업에서 유용. 멀티모달 기능 제공.
GPT-4 레거시	오픈AI의 가장 대표적인 고성능 언어 모델. 텍스트 기반의 고급 작업을 처리하며, 창의적이고 깊이 있는 응답을 제공함.

리와 분석에 관해서는 현재 시점에서는 챗GPT를 따라갈 AI가 없다고 생각한다. 수집한 자료들을 챗GPT에 업로드한 후 "워드에서 편집할 수 있는 형태의 표로 정리해줘"라든가 "보고서 초안에 쓸 목차로 정리해줘" 등 자료를 정리해달라고 하면 짧은 시간에 착착 정리해주니 이보다 더 편리할 수가 없다.

GPT-4o와 o1은 오픈AI가 개발한 고성능 AI 모델이지만 각기 다른 강점을 가지고 있다. o1에는 'GPT'라는 용어가 붙지 않았는데, 오픈AI가 새로운 모델 시리즈로서 기존의 GPT 계열과 구별되는 기술적 특성과 성능을 강조하기 위해서다. 이 모델은 기존의 GPT-4 계열과 차별화된 고급 문제 해결 능력과 복잡한 추론에 중점을 두고 개발된 새로운 접근 방식을 택했기 때문에 오픈AI는 명칭에서도 이러한 차별성을 반영하려 했다. 즉 o1은 GPT 시리즈의 연장선이 아닌 별도의 모델 라인으로 구분된다는 의미로 해석할 수 있다.

GPT-4o와 o1의 차이는 문제 해결 능력에서 크게 드러난다. GPT-4o는 일상적인 문제를 빠르고 효율적으로 풀 수 있지만, 복잡하고 깊이 있는 사고가 필요한 문제에서는 한계가 있다. 반면 o1은 STEM(과학, 기술, 공학, 수학) 분야나 코딩 같은 복잡한 문제 해결에 특화되어 있어, 더 깊이 있는 분석과 논리적 추론이 요구되는 문제를 잘 해결한다.

국제 수학 올림피아드 문제를 풀라고 했을 때, GPT-4o는 문제를 부분적으로는 해결할 수 있지만 정확한 증명 과정이나 논리적 전개가 필요할 때는 한계에 부딪힐 수 있다. 반면 o1은 '생각의 흐름' 방식을 사용하여 문제를 인간처럼 단계별로 풀어나간다.

코딩 문제에서도 프로그래밍 능력뿐 아니라 시간 복잡도를 줄이는 효율적 알고리즘을 요구하는 고난도 문제에서는 o1이 유리하다. GPT-4o는 기본적인 코드 작성은 할 수 있지만, 100만 개 이상의 배열 요소에 대해 최적의 알고리즘을 적용하는 것은 어려울 수 있다. 그에 반해 o1은 고급 알고리즘을 사용하여 효율적으로 코드를 작성할 수 있다. 또한 코드의 시간 복잡도를 줄이는 최적화 기법을 적용하여 대규모 배열에서도 성능을 보장할 수 있다.

결론적으로 GPT-4o는 다양한 일반적인 작업과 멀티모달 기능에 강점을 보이는 반면, o1은 고급 수학적 증명, 복잡한 알고리즘 설계 같은 고난도 문제를 해결할 수 있는 능력을 가지고 있으며, 논리적 사고와 추론이 중요한 문제에서 특히 뛰어난 성능을 발휘한다. 두 모델 중 어떤 것이 더 뛰어나다고 하기보다는 각각의 강점을 가지고 있으므로 사용 목적에 따라 적절히 선택하여 활용하는 것이 바람직하다.

● 글쓰기와 코딩의 혁명, AI 협업 도구 '캔버스Canvas'

2024년 10월 3일에 출시된 챗GPT의 새로운 기능인 '챗GPT 캔버스ChatGPT with Canvas'는 베타 버전으로 나와 유료 사용자에게 먼저 공개되었는데, 현재는 모든 챗GPT 이용자에게 제공되고 있다. 아무런 예고도 없이 갑자기 등장한 기능이라, '이게 뭐지?' 하고 써봤는데, 정말 말이 안 나온다. "GPT가 GPT했다"라는 말 밖에 안 나올 정도로 대단하다. 늘 쓰는 워드나 한글에 AI가 탑재된 듯한 느낌이다. 글쓰기 및 코딩 협업이 아니라 혁명이다. (캔버스를 사용하려면 프롬프트 창에 '캔버스 사용'이라고 입력하면 캔버스 창이 열린다.)

'캔버스Canvas'라는 단어에서 알 수 있듯이, 이 기능은 별도의 창을 만들어 결과물을 보여주고 그 안에서 편집이 가능하다(클로드의 아티팩트 기능과 비슷하다). 이 기능은 기존의 채팅 인터페이스를 넘어 글쓰기와 코딩을 돕는 새로운 방식의 협업 도구이다. 캔버스를 사용하면 챗GPT와 단순한 대화 수준을 넘어 텍스트나 코드를 직접 편집하고 확장할 수 있다.

한마디로 캔버스는 챗GPT와의 대화 중에 사용자가 직접 글을 다듬고, 코드를 작성하거나 수정하는 편집 창이라고 생각하면 된다. 마치 워드프로세서나 한글 프로그램에서 문서를 작성하고 편집하듯, 답변창에서 바로 글이나 코드를 쉽게 수정하고 추가할 수 있다. 글을

챗GPT의 캔버스 주요 기능

작업 결과의 시각화	작업 결과를 캔버스에 시각적으로 표시하여 문서처럼 관리
편리한 인라인 수정 기능	캔버스에서 수정 사항이 실시간으로 반영되어 쉽게 관리
다양한 콘텐츠 관리	글, 코드, 데이터 등을 하나의 캔버스에서 관리 가능
피드백 제공 방식	코드 실행 결과나 분석 결과를 시각적으로 확인 가능
작업 결과 저장 및 접근	모든 작업이 하나의 작업 노트로 저장되어 쉽게 접근 가능

쓸 때 아이디어가 떠오르거나 처음의 생각을 바꾸고 싶을 때 캔버스를 통해 즉각적인 편집이 가능하다는 점에서 마치 종이에 메모하듯 자유롭게 작업할 수 있는 장점이 있다.

편집이나 수정하고 싶은 부분을 드래그한 후 "이 부분을 이렇게 바꿔줘", "이 부분을 좀 더 구체적으로 길게 작성해줘"라고 요청하면 캔버스를 통해 즉시 반영할 수 있다. 캔버스는 글뿐만 아니라 코드를 작성하고 수정하는 데도 유용하다. 코드의 오류를 찾고 주석을 추가하며, 다른 프로그래밍 언어로 변환하는 것도 가능하다. 이를 통해 전문적인 프로그래밍 지식이 없어도 쉽게 코드를 작성하고 수정할 수 있다. 예를 들어 파이썬Python으로 작성된 코드를 자바스크립트로 변환하고자 할 때도 캔버스를 활용하면 매우 간단하게 해결할 수 있다.

캔버스를 통해 계속해서 수정하고 보완된 글이나 코드는 점점 더 완성도가 높아진다. 처음에는 단순한 아이디어로 시작된 글도 중간중간 추가된 아이디어와 보완 작업을 통해 훨씬 완성도 높은 글로 만

챗GPT 캔버스 예시 화면

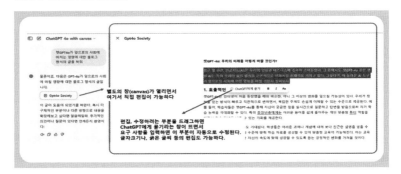

들 수 있다. 글을 예쁘게 꾸미기 위해 이모티콘도 추가할 수 있다.

캔버스에는 글을 더 이해하기 쉽게 조정하거나, 특정 독자층에 맞게 내용을 다듬는 등의 기능도 있다. '금융 시스템의 유동성 관리'라는 표현을 '돈이 잘 돌도록 은행이 관리하는 방법'으로 바꾸는 식이다. 이렇게 어려운 개념을 일상적인 용어로 바꾸면 이해하기 쉽게 된다. 이렇게 어려운 내용을 쉽게 풀어서 설명하면 더 많은 사람이 이해할 수 있다.

글 작성이 마무리되고 캔버스에서 원하는 텍스트를 선택한 후 '다듬기' 명령을 하면 글이 자동으로 다듬어지고 더욱 세련된 형태로 수정된다. 마지막 다듬기 작업으로 글의 일관성과 품질을 높일 수 있다.

물론 글 전체를 수정하거나 작성하는 데 있어서는 캔버스가 더 나은 성능을 보이지만, 특정 부분만 편집해야 할 경우에는 일반적인 프롬프트 입력 방식이 더 효과적일 때도 있다. 따라서 작업의 목적에 따라 캔버스를 사용할지 여부를 결정하면 된다.

챗GPT의 캔버스 기능은 단순한 채팅을 넘어서 사용자가 글을 작성하고 코드를 다듬는 데 있어 강력한 협업 도구로 자리 잡을 것이다. 특히 글쓰기와 코딩 과정에서 생각이 바뀌거나 새로운 아이디어가 떠오를 때 이를 즉각적으로 반영하고 편집할 수 있는 점이 매우 혁신적이다. 이 기능을 잘 활용한다면 더 나은 품질의 콘텐츠를 만들고, 더 효율적으로 협업할 수 있을 것이다. 챗GPT가 과연 어디까지 발전할지 궁금하면서도 두렵기도 하다.

● 꼭 써봐야 하는 챗GPT-4o의 기능들

(1) 음성 모드

많은 사람은 문자 입력을 통해 챗GPT와 대화를 하지만, 키보드로 문자 입력을 해야 하는 상황은 스트레스가 될 때도 있다. 특히나 문자 입력보다 말하기가 더 편한 중장년층에게는 더더욱 그렇다. 그런데 만약 이런 번거로움 없이 마치 대화하듯 간편하게 정보를 얻을 수 있다면 어떨까?

챗GPT의 음성 모드는 챗GPT와 음성으로 대화를 주고받을 수 있도록 하여 문자를 입력하지 않아도 원하는 정보를 쉽게 찾을 수 있도록 돕는다. 스마트폰을 꺼내 "10월 3일은 무슨 날이야?"라고 물어보면, 챗GPT가 즉시 음성으로 답해주는 방식이다. 마치 옆에 지인이 있어 이야기를 나누는 것처럼 자연스럽게 대화할 수 있는 것이다. 영어의 경우 마치 원어민이 읽어주는 것처럼 정확한 발음과 억양으로 설명을 들려주어 영어 공부에도 큰 도움이 된다.

챗GPT의 고급 음성 기능인 '어드밴스드 보이스 모드Advanced Voice Mode, AVM'는 챗GPT의 향상된 음성 대화 기능이다. 이 기능은 사용자와 AI 사이의 대화를 더욱 자연스럽고 인간적으로 만들어주는 것을 목표로 한다. 고급 음성 기능은 더 높은 수준의 음성 인식, 자연어 처리, 음성 합성 기술을 사용한다. 이를 통해 복잡한 질문이나 명령도 이해할 수 있고, 자연스러운 대화가 가능하다. 대화 중 사용자가 끼어들어도 즉각 반응하며 대화를 이어갈 수 있도록 개선됐다. 한편 음성 기능은 저작권 보호를 위해 성대 모사, 노래 부르기 등은 제한되고 있다.

한국어를 포함한 50개 이상의 언어로 소통이 가능하고, 기존 4개(브리즈, 주니퍼, 코브, 엠버) 음성에 5개(아르보, 메이플, 솔, 스프루스, 베일)가 추가되어 총 9개 음성을 제공한다. 감정 인식이라고 하여 사용자의 감정(슬픔, 흥분 등)을 감지하고 그에 맞게 반응할 수도 있고, 다양한 지역 사투리나 억양을 이해하고 구사할 수도 있다.

특히 음성 모드는 중장년층에게 더욱 필요한 기능이다. 무언가를 검색하고 싶을 때, 작은 키보드로 긴 단어를 입력하는 대신 "양자 컴퓨팅에 대해 설명해줘"라고 말하면 챗GPT가 해당 내용을 바로 찾아주고 음성으로 설명해준다. 또 외국어로 통역이 필요할 때, "내가 말하는 문장을 영어로 통역해줘"라고 말하면 챗GPT가 즉시 통역해준다. 글자를 입력하려고 작은 화면을 계속 주시할 필요 없이 그냥 말로 요청하고 답변을 듣기만 하면 된다. 이러면 시력의 부담도 줄고, 긴 문장을 입력하는 번거로움도 해결된다. 대화만으로 모든 것을 해결할 수 있는 음성 기능은 삶의 편리함을 더해준다.

(2) GPTs

일반적인 챗GPT가 범용 AI 챗봇이라면, GPTs는 사용자의 특정 요구사항에 맞춰 설계된 챗GPT들의 집합소이다. 쉽게 말해 GPTs는 다양한 GPT들이 모여 있는 'GPT의 앱스토어'와 같은 개념이다. 사용자는 직접 GPT를 생성하거나 이미 만들어진 GPT를 활용해 다양한 작업을 수행할 수 있다. GPTs는 블로그 작성, 리서치, 개발 지원 등 여러 용도로 활용할 수 있다. 일반 챗GPT는 여러 주제에 대해 범용적인 답변을 제공하는 반면, GPTs는 특정 주제에 대한 깊이 있는 리서치, 혹은 코딩 지원 등 각각의 목적에 특화된 답변을 제공한다.

'그냥 챗GPT 쓰면 되는 거 아냐?'라고 생각할 수도 있는데, 목적별로 특화된 챗GPT를 GPTs에서 찾아서 활용하면 사용자의 목적에 맞는 결과물을 좀 더 빨리 쉽게 얻을 수 있다. 예를 들어 AI를 주제로

GPTs에 등록된 스칼라 GPT에 질문한 경우

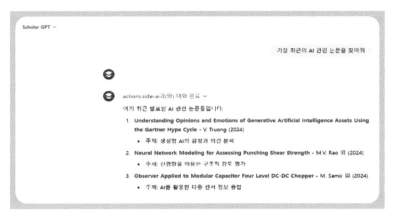

한 논문을 쓰기 위해 다른 논문들을 검색하고 싶을 때, 같은 질문을 일반 챗GPT와 논문 검색에 특화된 '스칼라Scholar GPT'에 하면 검색 결과가 다음과 같이 다르게 나온다.

GPTs에서 원하는 GPT를 찾으려면 먼저 다양한 카테고리 탐색을 통해 달리DALL-E, 글쓰기, 연구, 프로그래밍, 교육, 라이프 스타일 등 여러 분야의 GPT들을 쉽게 찾을 수 있다. 특정 키워드나 기능을 검색하여 원하는 GPT를 찾는 것도 가능하다. 저자나 설명을 기반으로 한 검색도 가능하다. 검색 결과는 카테고리별로 필터링하거나, 인기도나 최신순으로 정렬하여 더 쉽게 탐색할 수 있다. 또한 오픈AI에서 제공하는 주간 추천 GPT를 확인하면 유용하면서 영향력 있는 GPT를 쉽게 찾을 수 있어 도움이 된다. 2024년 1월 기준으로 300만 개 이상의 맞춤형 챗GPT가 만들어졌고, GPTs에는 2만 2,000개 이상의 공개 GPT가 등록되어 있다.

(3) 이미지와 코드 작성

챗GTP4o의 가장 강력한 기능 중 하나는 바로 이미지 생성이다. 강연이나 발표가 많은 필자도 챗GPT를 이용해 가장 많은 도움을 받은 것이 이미지 생성 기능이다. 과거에는 원하는 주제의 이미지를 구글 검색을 통해 나올 때까지 눈이 빠지게 찾아보았는데, 이제는 그럴 필요가 없어졌다. 원하는 이미지를 설명하는 문구만 입력하면 챗GPT가 그에 맞는 그림을 자동으로 생성해주기 때문이다.

"귀여운 반려동물 이미지를 만들어줘"라고 입력하고 엔터를 누르면 바로 귀여운 강아지나 고양이와 같은 반려동물의 이미지가 생성된다. "프레젠테이션에서 사용할 표지 이미지를 만들어줘", "ESG 관련 보고서에 들어갈 삽화를 만들어줘"라고 요청만 하면 내가 원하는 이미지가 뚝딱 만들어진다.

이미지를 좀 더 특색 있게 만들고 싶다면 특정 스타일을 추가로 요청할 수도 있다. 빈센트 반 고흐의 작품을 좋아한다면, "빈센트 반 고흐 스타일로 귀여운 아기 고양이가 잠자는 모습을 그려줘"라고 요청하면 된다. 다만 피카소나 앤디 워홀 같은 유명 화가의 이름을 직접 쓰면 저작권 문제로 인해 사용할 수 없는 경우가 있다. 이런 경우에는 해당 화가의 작품 스타일을 설명하여 요청하면 된다. 예를 들어 "팝 아트 스타일로 귀여운 강아지를 그려줘"라고 하면 앤디 워홀의 작품과 비슷한 느낌의 그림을 생성할 수 있다.

이미지의 구도나 장면도 상세히 지정할 수 있다. 구체적인 구도를 원할 때는 "높은 각도에서 본 장면으로 만들어줘", "측면에서 본 모습으로 그려줘", "셀카 형식으로 만들어줘"와 같이 요청하면 된다.

기본적으로 생성된 이미지는 정사각형 형태(1:1 비율)로 제공된다. 가로로 넓은 이미지를 원한다면 "가로형 이미지로 만들어줘"라고 요청해 가로로 긴 이미지를 만들 수 있다. "와이드 화면으로 아마존의 폭포가 있는 숲을 그려줘"라고 하면 가로로 넓은 멋진 이미지를 얻을 수 있다. 생성된 이미지를 다운로드하려면 원하는 이미지를 클릭한 후 '저장' 버튼을 눌러 저장하면 된다.

　개발자의 경우라면 코드 작성에 챗GPT를 자주 활용하게 된다. 하지만 꼭 개발자가 아니더라도 코드를 처음 배우거나 챗GPT가 만들어주는 코드를 실행해보고 싶은 경우도 있을 것이다. 챗GPT에 원하는 내용을 입력하고 그에 맞는 코드 작성을 요청하면 몇 초 만에 코드를 만들어낸다. 그런데 이 코드의 결과값을 보고 싶다면 어떻게 해야할까? 구글 코랩Google Colab을 이용하면 손쉽게 챗GPT가 만든 코드를 실행할 수가 있다.

　구글 코랩은 인터넷만 연결되어 있으면 누구나 쉽게 사용할 수 있는 서비스이다. 특히 AI 언어인 파이썬 프로그램을 학습하거나 실험하는 데 유용하다. 구글 코랩은 컴퓨터에 프로그램을 별도로 설치할 필요 없이 웹 브라우저만으로 사용할 수 있고, 무료로 고성능의 컴퓨터 자원을 빌려 데이터를 분석하거나 프로그램을 실행할 수 있다. 코드를 전혀 몰라도 챗GPT와 구글 코랩을 이용하면 간단한 프로그램 정도는 만들어 결과를 얻을 수 있다.

(4) 챗GPT 서치

　2024년 10월 31일에 선보인 실시간 웹 검색 기능 '챗GPT 서치Search'는 2024년 7월에 시범 운영했던 서치GPT를 마침내 챗GPT에 통합시킨 것이다. 유료 버전인 챗GPT 플러스에서 이용할 수 있고, 검색창 아래 지구본 버튼을 클릭해 활성화시켜 사용할 수 있다.

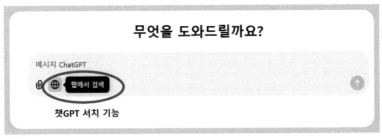

 무엇을 도와드릴까요?

메시지 ChatGPT

웹에서 검색

챗GPT 서치 기능

챗GPT-4o의 검색창 밑의 지구본 아이콘을 클릭하면 실시간 웹 검색이 가능하다.

챗GPT 서치는 대화를 통해 정보를 얻을 수 있다는 점이 특징이다. 사용자가 궁금한 내용을 문장으로 입력하면 AI가 관련 정보를 요약 및 정리해 답변한다. 사용자가 "애플 주식의 최신 정보와 주가 차트를 보여줘"라고 요청하면 챗GPT는 관련 뉴스와 주가 그래프 등을 실시간으로 제공한다. 또한 "샌프란시스코의 맛집을 추천하고, 위치도 지도 상에서 보여줘"라고 요청하면 추천 식당의 위치가 표시된 대화형 지도와 함께 상세한 정보를 알려준다.

답변에는 출처 링크가 표시되어 근거의 투명성을 높였다. 출처는 실시간 웹 검색 결과를 바탕으로 하며, 파트너십을 맺은 매체나 퍼블리셔의 콘텐츠가 우선 활용된다. GPT 모델의 기본 지식에 실시간 정보가 결합되어 더욱 신뢰할 수 있는 답변을 기대할 수 있게 된 것이다.

● **2025년, AGI**(범용인공지능)**의 출발점이 될 'o3'가 온다**

2024년 12월 20일, 오픈AI CEO 샘 알트만은 깜짝 선물을 공개했다. 'o1'보다 추론 성능이 향상된 'o3'와 'o3-미니$_{o3-mini}$' 테스트 버전을 발표한 것이다. 2025년에 o3-미니, o3 순으로 정식 출시된다. ('o2'라고 이름을 붙이지 않은 이유는 영국 통신사 브랜드인 'o2(오투)'와 이름이 겹치기 때문이다.)

o3는 단순히 정해진 답을 찾는 데 그치지 않고, 수학, 생물학, 물리학, 화학 등 다양한 분야에서 전문가 수준의 문제를 창의적으로 해결해 AGI(범용인공지능)에 한 걸음 더 가까워졌다는 평가를 받고 있다. o3는 코딩, 알고리즘 작성 능력이 대폭 향상되었고, 고등학교 고난도 수학 대회에서는 96.7%의 정확도를 기록했다. 심지어 대학 수준의 수학 테스트에서 다른 모델들은 2%도 풀지 못했지만 o3는 25.2%를 해결했다. 특히 인간처럼 새로운 문제를 창의적으로 해결하는 ARC-AGI$_{Abstraction\ and\ Reasoning\ Corpus\ for\ Artificial\ General\ Intelligence}$ 테스트에서는 87.5%의 점수로 o1의 3배를 기록했다.

샘 알트만은 o3를 '다음 단계 AI의 시작$_{beginning\ of\ next\ AI}$'이라고 언급하면서 o3가 AGI에 근접했음을 시사했다. 챗GPT가 등장한 지 고작 2년 만에 인류는 '특이점$_{singularity}$'에 도달한 엄청난 AI를 마주하게 되었다. 2025년, o3가 어떤 모습으로 우리 앞에 등장하게 될지 기대와 두려움이 교차한다.

월 200달러짜리
초강력 AI 챗GPT 프로 등장

● 챗GPT 프로의 월 구독료, 챗GPT 플러스의 10배

챗GPT의 개발사인 오픈AI는 2024년 12월, '오픈AI의 12일12 Days of OpenAI'(12일 동안 매일 오픈AI가 새로운 발표를 내놓는 온라인 이벤트로, 앞서 설명한 o3도 이벤트 마지막 날 발표되었다)이라는 행사에서 새로운 버전인 '챗GPT 프로Pro'를 공개했다. 그런데 사람들이 놀란 것은 챗GPT 프로의 성능이 아니라 '가격'이었다. 챗GPT 프로의 월 구독료는 기존 유료 플랜인 챗GPT 플러스의 10배인 월 200달러(약 28만 원)였다. (이날 오픈AI는 프리뷰 모델로 제공해온 o1도 정식으로 출시했다. o1 정식 모델은 이미지 업로드 기능이 추가되어 이미지를 분석할 수 있게 되었고, o1 프리뷰 대비 주요 오류가 34% 줄어드는 등 성능도 개선됐다.)

월 20달러(챗GPT 플러스)의 10배인 월 200달러 챗GPT 프로

Plus

$20 USD/월

더 넉넉한 액세스로 생산성과 창의성을 끌어
올리세요

나의 현재 플랜

✓ 모든 것이 무료
✓ 메시지, 파일 업로드, 고급 데이터 분석, 이미지 생
  성에 한도 증가
✓ 표준 및 고급 음성 모드
✓ o1 및 o1-mini에 제한적 액세스
✓ 새 기능 테스트 기회
✓ 맞춤형 GPT 생성 및 사용
✓ Limited access to Sora video generation

내 구독을 관리하세요
결제 문제로 도움이 필요합니다

Pro

$200 USD/월

최고 수준 액세스로 최고의 OpenAI 경험을

Pro 이용하기

✓ Plus의 모든 기능
✓ o1, o1-mini, GPT-4o에 무제한 액세스
✓ 고급 음성에 무제한 액세스
✓ 어려운 질문에 최고의 답변을 드리고자 더 많이
  계산하는, o1 pro 모드를 이용하세요
✓ Extended access to Sora video generation

결제 문제로 도움이 필요합니다
사용은 정책을 준수해야 하며 할당해야 합니다

엄청난 가격의 챗GPT 프로를 구독하면 오픈AI가 2024년 9월 공개한 첨단 추론 모델 'o1'을 무제한으로 사용할 수 있고, 'o1 프로' 모델도 이용할 수 있다. 챗GPT-o1 프로는 지금까지 공개된 오픈AI 모델 중 가장 높은 성능의 AI라고 한다. 수학, 과학, 코딩에 걸쳐 더 뛰어난 성능을 발휘하며, 데이터 과학과 프로그래밍, 판례 분석과 같은 영역에서 더 포괄적인 답변을 생성할 수 있다. o1 프로는 연구원, 엔지니어, 복잡한 작업을 위해 높은 수준의 지능을 필요로 하는 사용자들을 주 대상으로 설계되었다.

챗GPT 프로 사용자는 모델 선택에서 'o1 프로 모드'를 골라 직접

질문하는 방식으로 이 기능을 이용할 수 있다. 답변이 생성되는 데 시간이 오래 걸리므로 사용자가 답변을 기다리는 동안 다른 대화로 전환할 수 있으며, 그 사이에 기존 질문에 대한 답변 생성 진행률이 창에 표시되고 생성이 완료되면 알림이 전송된다.

2024년 12월 10일에는 동영상 생성 AI 모델 '소라Sora' 정식 모델도 선보였는데, 소라는 챗GPT 플러스 및 챗GPT 프로에 포함돼 기존 유료 이용자들은 추가 비용을 지불할 필요 없이 이용할 수 있다. 월 구독료 20달러인 플러스 사용자는 매달 480p 화질의 동영상을 최대 50개 생성할 수 있고, 720p 화질의 동영상 제작도 가능하다. 단, 생성 횟수가 제한된다. 월 구독료 200달러 챗GPT 프로 사용자는 길이 20초에 달하는 영상을 최대 500개 제작할 수 있으며 최대 1080p 해상도를 지원한다.

챗GPT 무료, 플러스(월 20달러), 프로(월 200달러) 비교

기능	무료	플러스	프로
가격	$0	$20	$200
GPT-4o 접근	제한적	O	무제한
o1 접근	X	O (제한적)	무제한
o1 프로 모드	X	X	O
고급 음성 기능	표준	제한적	무제한
확장된 사용 한도(메시지, 파일 등)	제공되지 않음	O	O
고급 데이터 분석	제공되지 않음	O	O
신규 기능 테스트	X	O	O
맞춤형 GPT 생성 및 사용	X	O	O

● 비싼 만큼 성능도 10배나 늘었을까?

챗GPT 프로에서 제공하는 o1 프로는 기존 o1 모델의 핵심 아키텍처를 기반으로 하면서도 더욱 강력한 성능을 제공한다. 특히 o1 프로는 학습과 추론 단계에서 더 많은 컴퓨팅 자원을 활용하여 AI가 더 깊이 생각하고 더 많은 가능성을 탐구하며, 결과적으로 더 정확하고 신뢰할 수 있는 답변을 제공하도록 한다. 고등학생 대상의 어려운 수학 문제를 해결할 수 있고, 복잡한 코드 이해와 알고리즘 생성에서도 뛰어난 결과를 보여주었다.

박사 수준의 과학 질문Graduate-level Problem-solving and Question Answering, GPQA에서도 논리적 결론을 도출해 높은 점수를 기록하였다. GPQA는 복잡하고 고급 과학적 개념, 이론, 문제 해결을 요구하는 질문으로, 일반적으로 대학원생 수준의 학문적 깊이를 요구한다. 이런 질문은 단순한 사실 확인이나 기초적인 과학 지식의 응용을 넘어 특정 상황에서의 추론, 비판적 분석, 그리고 창의적 해결책 제시가 필요한 경우가 많은데, 특정 학문 분야에 대한 깊은 이해와 고급 수학, 물리학, 화학, 생물학 등 다양한 과학 지식을 바탕으로 한 사고가 필요하다. 예를 들면 '양자역학에서 에너지 상태를 계산하는 문제나 특정 화학반응의 동역학을 분석하는 문제'나 '생명공학에서 특정 유전자 편집 기술이 효율성을 높이기 위해 어떤 방식으로 개선될 수 있을까?' 등의 문제가 있는데 o1 프로는 이 문제들을 상당히 높은 정확도로 풀어낸다. 이처럼 o1 프로는 과학, 금융, 법률, 의료, 코딩 등 전문적인 분야에서 어려운 문제를 해결하거나 많은 정보를 다룰 때 도움을 주는 강력한 도구이다.

그러면 o1 프로는 10배 높아진 가격만큼 성능 면에서도 10배나 높아졌을까? o1 프리뷰, o1, o1 프로의 세 모델을 수학, 과학, 코딩의 세 가지 분야에서의 성과를 비교해보았다. 각 분야에서 AI 모델의 pass@1 정확도나 퍼센타일percentile을 기준으로 성능을 나타내고 있다. pass@1 정확도는 AI 모델의 성능을 평가하는 데 사용되는 지표로, 모델이 첫 번째 시도에서 정확한 답변을 제공할 확률을 나타낸다. pass는 AI 모델이 정확한 답을 생성했음을 의미하고, @1은 모델이 첫 번째로 생성한 답변(또는 시도)이 정확한 경우를 측정한 것이다. 즉 pass@1은 모델이 '첫 번째로 제시한 답'이 정답인지 여부를 평가한다. 100개의 질문 중 80개의 첫 번째 답변이 정확하다면 'pass@1 = 80%'이다.

Competition Math (AIME 2024)

- AIME는 고급 수학 대회로, 여기서 pass@1 정확도를 측정
- o1 프리뷰: 50%의 정확도, o1: 78%의 정확도, o1 프로 모드: 86%의 정확도

Competition Code (Codeforces)

- Codeforces는 프로그래밍 대회로, pass@1 퍼센타일을 측정
- o1 프리뷰: 62%, o1: 89%, o1 프로 모드: 90%

PhD−Level Science Questions (GPQA Diamond)

- GPQA Diamond는 박사 수준의 과학 질문 풀이 정확도를 pass@1로 측정
- o1 프리뷰: 74%의 정확도, o1: 76%의 정확도, o1 프로 모드: 79%의 정확도

전체적인 결론

- o1 프로는 수학(AIME)과 코딩(Codeforces) 분야에서 높은 성능 향상을 보여, 명확한 규칙이나 알고리즘이 요구되는 문제에 강점
- 과학(GPQA)에서는 세 모델 모두 높은 수준의 성능을 유지

o1 프리뷰, o1, o1 프로 모델을 수학, 과학, 코딩 분야에서 테스트한 결과

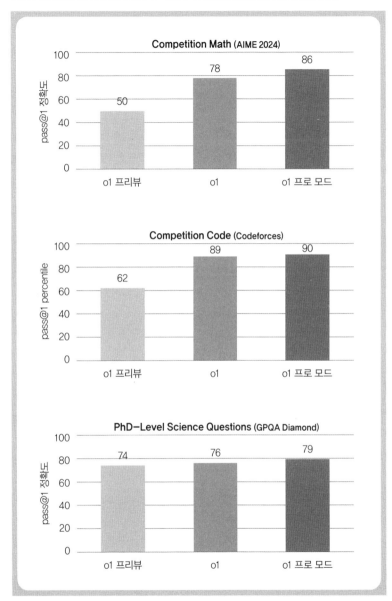

Competition Math (AIME 2024)

Competition Code (Codeforces)

PhD−Level Science Questions (GPQA Diamond)

자료: 오픈AI

성능 테스트만 놓고 보면 기존 모델과 비교해 엄청난 차이를 보이고 있지는 않았다. 하지만 해결하는 문제 종류나 답변 깊이의 차이에 따라 체감 정도는 다를 것이다. 테스트 수치상으로는 몇 퍼센트의 차이가 있다고 해도 그 몇 퍼센트의 차이가 몇배, 몇십 배의 성과 차이를 불러올 수도 있기 때문이다.

특히 고수준의 문제 해결을 요구하는 경우에는 보다 확실하고 논리적인 답변이 필요한데, 이럴 때는 o1 프로가 좀 더 정확한 답을 도출할 수 있다. 다음 문제를 GPT-4o와 o1, 그리고 o1 프로 세 모델에 각각 제시했는데, 맞는 답을 도출한 것은 o1과 o1 프로였다.

문제: 주어진 조건을 충족하는 단백질은 무엇인가?

전구 펩타이드precursor polypeptide의 길이는 210~230개의 아미노산 잔기로 구성된다.

이 단백질을 암호화하는 유전자는 32킬로베이스kilobase의 크기를 가진다.

유전자는 X 염색체에 위치하며, 구체적으로 Xp22.1-Xp22.2 대역에 위치한다.

신호 펩타이드signal peptide는 23개의 아미노산 잔기로 구성된다.

이 단백질은 세포 간 접착cell-cell adhesion GPT-4o을 촉진한다.

이 단백질은 신경계 특정 부위의 건강을 유지하는 데 중요한 역할을 한다.

정답: 설명한 단백질은 레티노스키신retinoschisin, RS1이다.

o1 프로의 답변 [정답 도출]

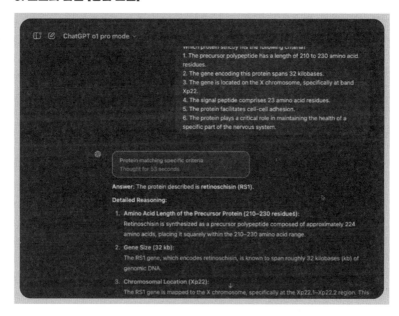

o1의 답변 [정답 도출]

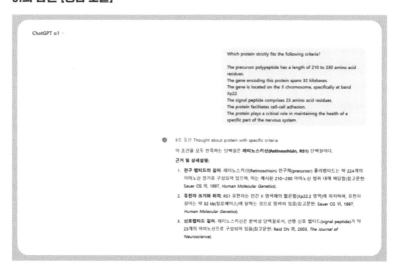

챗GPT-4o의 답변 [L1CAM(L1 Cell Adhesion Molecule)이라고 다른 답변 도출]

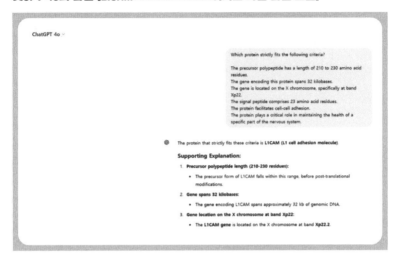

만약 과학자가 '온실가스가 온도에 미치는 영향'을 연구한다고 할 때, o1 프로를 이용하면 다양한 데이터를 분석해 온실가스와 온도의 관계를 찾아내고, 과학자가 필요한 정보를 빠르게 요약해줄 것이다. 난병을 치료하는 데 있어서도 "이 환자의 증상에 맞는 병이 뭘까?"를 묻는다면, o1 프로는 환자의 데이터를 분석하고, 병의 가능성을 제시하며 치료 방법까지 추천해줄 수 있다.

월 200달러라는 가격이 부담스러울 수 있지만, 복잡한 작업과 높은 신뢰성을 요구하는 사용자라면 챗GPT 프로는 아마도 충분한 가치를 제공할 수 있을 것이다. (o1 프로의 성능도 대단한데, 이를 몇 배나 뛰어넘는 o3는 얼마나 더 대단할지, 또 얼마나 더 비싸질지 감이 오지 않는다.)

● 기업, 전문가라면 프로, 일반 사용자는 플러스로도 충분

챗GPT 프로가 최고 성능의 AI라는 것은 알겠지만, 그럼에도 불구하고 20달러 유료 버전(챗GPT 플러스)을 사용하던 사람이 굳이 200달러짜리 프로 버전으로 업그레이드할 필요가 있을까? 챗GPT 프로가 출시된 시점을 기준으로 결론부터 말하면 웹 개발자, 연구원, 소프트웨어 엔지니어 전문가나 기업 사용자에게는 시간과 비용 절감 측면에서 이용할 만하지만, 일반 사용자는 가격 대비 아직 체감할 만한 수준의 가치를 제공하지 못할 수 있어 일단 관망하기를 추천한다.

미국 최대 온라인 커뮤니티인 레딧Reddit의 사용자들 의견도 분석해보았는데, 챗GPT 프로에 대한 다양한 의견들이 있었다. 대부분 챗GPT 프로가 전문가와 기업 사용자를 대상으로 설계되었고, 이들에게는 충분히 가치가 있을 수 있다고 평가했다. 특히 소프트웨어 개발자, 데이터 분석가와 같은 사용자들은 프로 모델이 제공하는 성능과 효율성 향상을 긍정적으로 평가했다. 한 웹 개발자는 챗GPT 프로가 하루 1,500~3,000줄의 고품질 코드를 생성하는 데 도움을 주었고, 이를 통해 팀원 6명의 역할을 대체할 수 있다고 언급했다. 또 다른 사용자는 복잡한 리팩토링 작업(프로그램 동작은 그대로 유지하면서 코드를 더 깔끔하고 이해하기 쉽게 만드는 작업)에서도 챗GPT 프로가 일관된 성과를 보여준다고 했다. 또한 업무 생산성과 ROIReturn on Investment 측면에서 프로 플랜은 기업 사용자에게 유용하다는 의견도 다수 있었다.

반면 일반 사용자들에게는 월 200달러라는 가격이 지나치게 비싸다는 의견이 많았다. 많은 사람이 월 20달러인 플러스 플랜으로도 현재 이용하기에 충분하다고 하면서, 단순한 코딩 작업, 일상적인 질문, 가벼운 프로젝트에 프로 플랜은 과도하다고 의견을 나타냈다. 한 사용자는 자신의 사용 패턴을 기준으로 프로 플랜이 필요한지를 직접 챗GPT에게 물어보았는데, GPT가 "현재로서는 플러스 플랜으로 충분하다"고 답변해 챗GPT의 정직함에 감탄했다는 반응도 있었다.

챗GPT 프로에 대한 기대와 실망도 함께 드러났다. 프로 플랜은 보다 높은 문맥 처리 능력과 복잡한 작업에 대한 정확성을 제공하지만, 여전히 환각hallucination 문제나 불완전한 결과물을 만들어내는 경우가 많다는 지적이 있었다. 한 사용자는 프로 플랜이 대규모 PDF 파일을 업로드해 세부 분석을 수행할 수 있어야 한다고 주장하였고, 이러한 수준에 미치지 못할 경우 비용 대비 효용성이 부족하다고 비판했다.

대안 서비스와의 비교도 레딧의 의견에서 많이 언급되었다. 클로드, 구글 제미나이, 미드저니, 스테이블 디퓨전 등 다양한 AI 서비스가 챗GPT와 경쟁하고 있으며, 일부 사용자는 이들 서비스가 더 나은 성능을 제공하거나 가격 대비 효율성이 높다고 평가하였다. 특히 오픈소스 모델을 로컬에서 실행하거나 API를 활용해 유연하게 사용하는 것이 더 경제적이라는 의견도 있었다. 이러한 맥락에서 월 200달러는 지나치게 고가이며, 사용자들이 경쟁 서비스로 이탈할 가능성을 키울 수 있다는 우려가 제기되기도 하였다.

챗GPT 프로에 대한 레딧 사용자들의 의견 분석 결과

구분	내용	의견 분포
프로 이용 대상 사용자	전문가 및 기업 대상 (연구원, 엔지니어, 고급 사용자)	긍정적
일반 사용자	일반 사용자는 플러스 플랜으로 충분	부정적
비용 효율성	기업 입장에서 ROI가 높음	목적에 따라 구분
기능 향상	성능 향상이 기대 이하라는 의견	다소 부정적
경쟁 서비스	클라우드, 구글 제미나이, 오픈소스 모델 등이 대안	다소 부정적
도덕적 문제	디지털 격차 심화 우려	다소 부정적

가격 정책의 사회적 영향에 대한 비판도 있었다. 월 200달러라는 고가 정책이 AI 서비스 이용 격차를 심화시키고, 기술 계층화를 조장한다는 것이다. 챗GPT 프로가 'AI 계층의 상위권을 위한 도구'가 되었으며, 이는 디지털 격차를 더 심화시킨다고 비판했다. 학생 할인을 도입하거나, 일반 사용자와 전문가를 구분한 중간 가격대 플랜을 제시해야 한다는 의견도 다수 있었다.

챗GPT 프로는 사용자에 따라 충분히 가치 있는 서비스일 수 있지만, 일반 사용자에게는 과도한 비용 부담을 줄 가능성이 크다. 챗GPT 프로는 기존 모델보다 조금 더 많은 정보를 한 번에 처리하고 더욱 깊이 있는 답변을 제공하지만, 문제에 따라서는 미진한 부분도 있다. 챗GPT 프로가 월 200달러라는 돈값을 할지에 대해서는 해결하려는 문제를 잘 파악해서 적용할 필요가 있을 것이다.

● 더 비싼 AI가 나올까? 유전유능 무전무능의 시대가 온다

오픈AI가 기존 구독료의 10배에 달하는 챗GPT 프로를 선보인 이유는 수익성 제고 때문이다. 오픈AI는 2022년에 5억 4,000만 달러(7,300억 원)의 손실을 기록했고, 2023에는 적자가 9,100억 원으로 늘어났다. 하드웨어 투자가 대규모로 진행된 2024년에도 오픈AI의 적자는 약 50억 달러에 달한다. 생성형 AI의 선두 주자이고 많은 투자도 있었다. 하지만 돈을 벌지 않으면 안 된다. 결국 2029년 흑자전환 목표를 정하고 점진적 가격 인상 정책에 나선 것이다. 현재 월 20달러인 챗GPT 플러스의 구독 가격도 2029년까지 월 44달러까지 인상할 계획이라고 한다.

오픈AI만 가격을 올리는 것이 아니다. 클로드 개발사인 엔트로픽도 2024년 10월 클로드의 새로운 모델 '클로드 3.5 하이쿠'를 공개하면서 가격을 인상했다. 기존 100만 개의 입력 토큰(75만 단어)당 25센터, 출력 토큰당 1.25달러인 것을 각각 1달러, 5달러로 4배나 인상했다. 마이크로소프트의 코파일럿이나 구글의 제미나이는 아직 구독료 인상 계획을 밝히지 않았지만, 경쟁사들의 가격 정책에 맞춰 구독료 인상을 단행할 것으로 전망된다. 이제 정말 돈이 있는 사람만 더 똑똑하고 성능 좋은 AI를 이용하는 '유전유능 무전무능有錢有能 無錢無能'의 시대가 도래하게 된 것이다.

고가의 유료 구독 모델을 넘어 새로운 수익원으로 AI 검색 모델에 광고를 붙이는 경우도 있다. 천문학적인 개발·운영비를 충당하려면 추가 수익 모델이 불가피하기 때문이다. 챗GPT의 대항마로 급부상한 퍼플렉시티는 AI 검색 결과에 광고를 붙이고 있다. 사용자가 검색을 하면 연관 질문이 이어지는데 질문 중 일부에 '협찬Sponsored'이라고 표시된 광고를 게재한다. 이미 나이키를 비롯해 인디드Indeed, 홀푸드마켓Whole Foods Market, 유니버설맥켄Universal McCann, PMG 등이 퍼플렉시티 광고 서비스에 참여하고 있다. 물론 사용자의 개인정보는 광고주와 절대로 공유하지 않는다고 한다.

마이크로소프트의 코파일럿도 새로운 광고 방식을 적용했다. 대화형 AI의 맥락에서 등장한 정보와 관련된 광고를 대화 내용 하단에 표시하고 있다. 오픈AI 내부에서도 광고 서비스 접목을 검토하고 있다. 실제로 오픈AI는 구글 검색 광고 사업을 이끌었던 시바쿠마르 벤카타라만Shivakumar Venkataraman 부사장을 영입한 데 이어 메타, 구글 출신의 광고 분야 인재를 채용 중에 있다.

이러한 흐름은 스마트폰을 중심으로 한 모바일 플랫폼 시대에서 'AI 플랫폼 시대'로 넘어가고 있음을 보여주고 있다. 벤처캐피털 앤드리슨호로위츠a16z의 창립자 마크 앤드리슨Marc Andreessen은 인터넷과 스마트폰이 등장하자 "Software is eating the world(소프트웨어가 세상을 집어삼키고 있다)"라는 말을 한 적이 있다. 이제 이 말은 "AI is eating the world(AI가 세상을 집어삼키고 있다)"로 바뀌고 있다.

동영상 생성 AI의 끝판왕, 소라

● 글로 동영상을 만드는 소라, 마침내 정식 출시되다

2024년 2월 처음 대중에게 공개되어 엄청난 충격을 주었던 오픈AI의 동영상 생성 AI 모델 '소라Sora'가 10개월 만에 드디어 정식 출시되었다. 유료 플랜인 챗GPT 플러스와 프로 사용자라면 해당 계정으로 로그인해서 소라를 이용할 수 있다. 소라 사이트(https://sora.com/)에 접속하거나, 챗GPT 사이트 왼쪽 메뉴에 위치한 'Sora'를 클릭하면 해당 사이트로 넘어가 사용할 수 있다. 플러스 사용자는 월 50개, 최대 720p 5초 영상을 만들 수 있다. 프로 사용자는 월 500개, 1080p 최대 20초 영상을 제작할 수 있고, 동시에 4개의 영상을 렌더링할 수 있고 워터마크 없이 다운로드도 가능하다.

요금 플랜별 소라 이용 비교

구분	챗GPT 플러스	챗GPT 프로
월 요금	$20/월	$200/월
생성 가능한 동영상 개수	동영상 50개까지 생성 가능 (1,000크레딧)	동영상 500개까지 생성 가능 (1만 크레딧)
해상도	최대 720p 해상도	최대 1080p 해상도
동영상 길이	최대 5초 길이	최대 20초 길이
추가 기능		4개 동시 생성 가능 워터마크 없는 다운로드

일본어로 '하늘'을 의미하는 '소라Sora'는 텍스트 기반 동영상 생성 모델로 글을 쓰듯 텍스트로 동영상을 만들 수 있다. 글로 그림을 만드는 것에서 더 나아가 이제는 동영상까지 만들어 자신의 창의력을 기반으로 한 독창적인 콘텐츠를 제작할 수 있게 되었다.

소라에 접속하면 메인 화면에서 다른 사용자들이 만든 창작물들을 감상하고 아이디어를 얻을 수 있다. 마음에 드는 영상을 클릭하면 어떤 프롬프트로 만들어졌는지 확인할 수 있는데, 이를 통해 어떤 식으로 프롬프트를 입력해야 할지 알 수 있다.

사용자가 직접 동영상을 만들고 싶다면 텍스트와 이미지를 기반으로 간단한 설정을 통해 전문적인 수준의 고화질 영상 제작이 가능하다. 프롬프트 입력창에 원하는 내용을 입력하면 되는데, 한글로도 입력이 가능하지만 영어로 입력하면 좀 더 원하는 동영상을 얻을 수 있다("태극기를 그려줘"라고 한글로 입력했는데 태극기를 이해하지 못했는지 가오리연을 그려주었다).

영상의 스타일, 비율, 해상도, 길이 등도 설정할 수 있다. 1:1, 가로세로 비율을 선택할 수 있고, 480p는 최대 10초, 720p는 최대 5초 분량의 영상을 만들 수 있다. 한 번에 제작할 영상의 개수도 1개, 2개, 4개 중에서 선택할 수 있는데, 4개는 프로 플랜에서만 가능하다. 영상 생성 속도는 480p 10초 분량을 2개 동시에 렌더링하는 데 15~20초 정도 소요된다.

편집 기능을 사용하면 기존 영상에서 원하는 부분만 남기거나 특정 요소를 교체해서 새롭게 각색할 수 있다. 리믹스 옵션을 선택한 후 프롬프트로 변경사항을 입력하면 그에 맞게 영상을 재구성한다.

챗GPT 플러스 플랜을 쓰고 있는 필자도 출시되자마자 바로 사용해보았는데, 그저 말을 잃고 동영상을 바라볼 수밖에 없었다. 소라의 정식 출시로 업계에 과연 어떤 충격파가 퍼질지 가늠이 되지 않았다. 소라가 만든 동영상은 SNS, 영화, 광고, 교육 콘텐츠 제작 등 다양한 분야에서 활용될 수 있을 것이고, 좋은 쪽으로든 나쁜 쪽으로든 소라가 미칠 영향은 적지 않을 것 같다.

● 소라를 지금 당장 이용해보자

소라를 사용하기 위해서 우선 sora.com에 접속한다. 이미 챗GPT 플러스나 챗GPT 프로를 구독하고 있다면 동일 계정으로 로그인하여

QR코드를 스캔하면 오픈AI의 소라에 접속할 수 있다.

소라를 무료로 사용할 수 있다.

특히 챗GPT 프로 사용자는 최대 20초 길이의 고화질 동영상을 만들 수 있는데, 스토리를 구성해서 20초 영상들을 편집해 붙이면 하나의 콘텐츠도 만들 수 있다. 소라 때문에 챗GPT 프로를 구독하려는 사용자가 많이 늘어날 것 같다. 프리셋 기능도 있어서 잘 만들어진 영상의 옵션을 저장해두고 나중에 비슷한 영상을 만들 때 활용할 수도 있다.

소라에 로그인을 하면 다음과 같이 동영상을 만들 수 있는 화면이 나오고, 하단에 프롬프트를 입력할 수 있는 창이 나온다. 창 밑에는 동영상을 설정할 수 있는 아이콘들이 있다.

화면 왼쪽에 보면 'Explorer'와 'Library'가 있다. 'Explorer'에서는 사람들이 만든 결과물을 확인할 수 있고, 'Library'에서는 사용자가 만든 영상들을 확인할 수 있다. 'Recent'에서는 최근에 사람들이 만든 결과물을 바로 확인할 수 있고, 화면 하단의 'Describe Your Video' 창에서는 프롬프트 입력 및 설정들을 통해 영상을 만들 수 있다.

사용자가 원하는 장면이나 스토리를 텍스트로 입력하면, 소라는

프롬프트 창과 설정 아이콘들. 화면 비율, 화질, 동영상 길이, 동영상 동시 생성 개수 등을 설정할 수 있다.

이를 분석하여 동영상을 생성한다. 프롬프트 창 하단 맨 왼쪽의 '+'를 클릭해 특정 이미지를 업로드하면, 소라는 해당 이미지를 기반으로 동영상을 제작한다. 멋진 풍경 사진을 업로드하면, 그 풍경에 움직임을 부여한 동영상을 생성할 수 있다.

필자는 프롬프트창에 "Draw a cute baby tiger drinking water from a small spring(귀여운 아기 호랑이가 옹달샘에서 물을 마시고 있는 모습을 그려줘)"라고 입력해보았다. 한글로 입력해도 되지만 아직 초기여서 그런지 입력 내용을 잘 이해하지 못하는 경우가 있어서 영어로 입력하였다. 플러스 플랜을 이용하고 있어서 2개의 동영상이 20초 정도 만에 뚝딱 만들어졌는데, 그중 하나는 정말 어색하지 않은 수준의 동영상을 만들어냈다.

소라가 만든 5초 동영상 중 하나. 디테일과 화질이 정말 수준급이다.

동영상이 완성되면 화면 하단에 편집할 수 있는 아이콘들이 나온다.

- **Edit Prompt(프롬프트 편집):** 이전에 입력한 텍스트 프롬프트를 수정할 수 있다. "해변에서 노을을 바라보는 사람"이라고 입력했으나, 이를 "산 정상에서 일출을 감상하는 사람"으로 변경하고 싶을 때 이 아이콘을 사용하여 프롬프트를 편집할 수 있다.
- **View Story(스토리 보기):** 입력한 프롬프트에 기반한 스토리보드를 확인할 수 있다. 동영상의 전반적인 흐름과 각 장면의 구성을 미리 볼 수 있으며, 필요한 경우 수정할 수 있다.
- **Re-cut(재편집):** 생성된 동영상의 특정 부분을 다시 편집하거나 재구성할 때 사용하는 기능이다. 동영상의 중간 부분의 장면 전환이 부자연스럽다고 느껴질 경우, 이 아이콘을 통해 해당 부분을 재편집하여 더욱 매끄럽게 만들 수 있다.
- **Remix(리믹스):** 기존 동영상에 새로운 요소나 스타일을 추가하여 변형된 버전을 생성할 수 있는 기능이다. 원래의 동영상이 현대적인 도시 배경이라면, 리믹스 기능을 통해 같은 내용의 동영상을 고전적인 배경으로 변환할 수 있다. 리믹스는 영상에서 원하

는 부분만 편집하고 싶을 때도 유용하다. 해당 부분을 프롬프트로 전해주면 바로 그 부분만 바꿔주는 식이다. 호랑이를 사자로 바꿔달라는 프롬프트를 작성하면 배경은 그대로 두고 호랑이만 사자로 변한 영상이 만들어진다.

- **Blend(블렌드)**: 2개 이상의 동영상이나 이미지를 결합하여 하나의 통합된 동영상을 생성하는 기능이다. 자연 풍경과 도시 풍경을 결합하여 독특한 분위기의 동영상을 만들 수 있다.
- **Loop(루프)**: 동영상을 반복 재생되도록 설정하는 기능이다. 무한히 반복되는 동영상을 생성할 수 있는데, 예를 들어 파도가 끊임없이 치는 장면을 무한 루프로 만들어 배경 영상으로 활용할 수 있다.

소라에서 또 하나 놀라운 기능은 스토리보드Storyboard다. 프롬프트 입력창의 맨 오른쪽에 있는 기능으로, 타임라인을 통해 원하는 시간대에 맞춰서 프롬프트를 추가로 입력할 수 있다. 영상의 주제를 정한 후 타임라인에서 특정 지점을 선택해 그때 어떤 일이 벌어질지를 정하는 것이다.

예를 들어 아기 호랑이가 옹달샘에서 물을 마시다가 5초쯤 되는 시점에 물고기를 발견하고 잡는 장면을 만들고 싶다면, 두 번째 카드를 5초 지점에 배치하고 "아기 호랑이가 옹달샘에서 물고기를 발견하고 물고기를 잡는 동영상을 만들어줘"라고 입력한다. 그러면 소라가 나머지 부분을 자연스럽게 연결해서 영상을 만들어준다.

동영상이 마음에 들지 않으면 해당 부분을 잘라내고 새로운 스토리보드를 넣을 수도 있다. 마음에 안 드는 부분을 잘라서 원하는 내용의 스토리보드를 넣으면 된다. 스토리보드에 이미지를 올리면 소라가 그 이미지에 어울릴 만한 텍스트를 판단해서 스토리보드를 구성해준다. 스토리보드 기능을 이용해 소라로 단편영화나 유튜브 콘텐츠를 만드는 것도 어렵지 않게 되었다. 월 200달러의 챗GPT 프로가 전혀 비싸지 않다는 생각이 들 정도다.

● AI, 하늘(소라)을 훨훨 날아 AGI(범용인공지능)로 진화한다

소라가 정식 출시된 지 얼마 되지 않았는데도 사이트에는 벌써 다양한 영상들이 올라오고 있다. 아직 초기라 움직임도 어색하고 기대한 만큼의 결과물이 나오지 않기도 하지만, 이제 누구라도 글과 이미지만으로 고퀄리티 영상을 순식간에 만들 수 있게 되었다.

처음 소라를 이용하는 사람이라면 어떻게 텍스트를 입력해야 할지 고민할 수 있는데, 그럴 때는 다른 사람들이 만든 결과물을 보면서 어떤 프롬프트로 만들었는지 확인하면 좋다. 좋다고 생각한 영상들의 프롬프트를 챗GPT를 통해 학습시키고, 원하는 동영상의 구체적이고 사실적인 내용을 영어 프롬프트로 제작해달라고 챗GPT에 요구해 그 내용을 소라에 입력하면 보다 나은 퀄리티의 동영상을 얻을 수 있다.

상상 속의 동영상을 이것저것 만들다 보면 크레딧이 어느새 소진되어 다시 구독하려면 다음 달까지 기다려야 하는 아쉬움도 있다. 그럼에도 불구하고 소라는 다른 생성형 AI의 영상과 비교해 압도적으로 좋은 퀄리티의 동영상을 만들어낸다. 가히 현존하는 동영상 생성 AI 중 가장 강력하다고 말할 수 있다. (소라에 자극을 받은 구글은 2024년 12월 17일에 동영상 AI '비오2Veo2' 테스트 버전을 공개했는데, 4K 동영상에 소라를 능가하는 디테일과 품질을 보여주었다.)

물론 소라 악용 가능성에 대한 우려도 존재한다. 이에 오픈AI는 모든 소라 생성 동영상에 출처를 확인할 수 있는 C2PA 메타데이터(Coalition for Content Provenance and Authenticity, '콘텐츠 출처 및 진위 연합'이란 뜻으로 디지털 콘텐츠의 신뢰도와 출처 정보를 식별 검증하기 위해 국제적으로 추진되는 표준 규격)를 포함시켰고 디폴트로 워터마크를 적용하였다. 아동 성 학대 자료 및 성적 딥페이크와 같은 유해 콘텐츠 생성도 차단하였고, 업로드된 인물 사진에 대해서도 엄격한 심사 과정을 거치고 있다. EU와 영국에서의 소라 출시도 조율 중인데, 이는 테크 기업에 대한 규제가 강화되고 있기 때문으로 분석된다.

샘 알트만은 소라를 소개하면서 동영상 생성이 AGI(범용인공지능)를 만드는 데 대단히 중요하다고 얘기하였다. 단순히 텍스트나 이미지만 보는 것이 아니라 움직이는 동영상을 봐야 세상을 완벽하게 이해할 수 있기 때문이라는 것이다. AI가 하늘(일본어로 소라)을 보면서 세상을 느끼고 이해할 날이 멀지 않은 듯하다.

검색의 기준이 바뀐다: 퍼플렉시티

● 구글 검색 시대의 종말

생성형 AI 시장의 독보적 1위는 여전히 챗GPT이지만, 그 뒤를 이어 여러 생성형 AI들이 등장해 챗GPT 아성에 도전장을 내밀고 있다. 그중에서 특히 주목을 모으고 있는 생성형 AI가 퍼플렉시티다.

2024년 1월, 퍼플렉시티 AI는 아마존의 CEO인 제프 베이조스를 포함한 투자자들로부터 7,360만 달러(약 965억 원)를 유치하면서 화제를 불러일으켰다. 여기에는 전자상거래 기업 쇼피파이 최고경영자CEO 토비 루트케Tobi Lutke, 트위터 전 부사장 엘라드 길Elad Gil과 함께 AI 칩 기업인 엔비디아도 투자자로 이름을 올렸다. 《월스트리트저널》은 이에 대해 "인터넷 검색의 판도를 뒤엎으려는 구글 도전자에 베이조스가 베팅했다"고 설명했다. 퍼플렉시티 AI는 이번 투자에서 5억 2,000만 달러(약 6,822억 원)의 기업가치를 평가받았는데 2022년 8월 설립 이후 불과 1년 5개월 만이다.

국내 기업도 가만히 있지 않았다. SK텔레콤은 퍼플렉시티와 파트너십을 맺고 기술 협력, 상호 투자, 서비스 퍼블리싱 등을 진행하는 한편, 자사의 AI 서비스인 'A.(에이닷)'에 퍼플렉시티 엔진을 탑재하고 퍼플렉시티와 함께 한국에 최적화된 AI 검색엔진을 공동 개발하기로 하였다. 검색 시장의 판도를 바꿀 AI로 전 세계 기업들의 관심을 받고 있는 퍼플렉시티는 대체 어떤 AI일까?

2022년 12월에 출시된 퍼플렉시티는 검색에 특화된 AI이다. 구글 검색과 같은 기존의 키워드 기반 검색엔진과는 달리 자연어 처리 기술을 활용하여 사용자의 질문을 이해해 정확하고 관련성 있는 답변을 제공한다. 퍼플렉시티가 다른 AI와 차별되는 점은, 질문을 던지면 답변을 창작해내는 것이 아니라 온라인 상에 있는 웹사이트와 기사를 토대로 요약하고 출처도 같이 보여주어 정보의 정확도와 신뢰도를 높였다는 것이다. 생성형 AI의 가장 큰 약점이었던 할루시에이션(환각)이나 오류를 최소화시켜 믿을 만한 답변을 제공하면서 인기가 높아지게 되었다.

● AI로 정보의 혼란을 해소하다

퍼플렉시티Perplexity는 '혼란', '당혹감', '복잡함'을 의미한다. 어원은 중세 프랑스어 perplexité 또는 후기 라틴어 perplexitās에서 유래했는데, 'Per-'는 '완전히completely'를, 'Plexus'는 '엉킴', '얽힘'을 뜻한다. 즉 퍼플렉시티는 사람들이 어떤 문제나 상황을 이해하거나 해결하는 데 어려움을 겪을 때 느끼는 복잡하고 혼란스러운 상태를 표현한다. 이해하기 어렵거나 복잡한 상황에서 느끼는 정신적 상태를 묘사하는 데 자주 쓰여, 퍼플렉시티라는 이름은 복잡하고 방대한 정보를 AI와 검색 기술을 통해 명확하게 정리하고 사용자가 느끼는 혼란을 해소해주겠다는 의미를 담고 있다.

퍼플렉시티의 창업자들은 사용자의 지적 호기심을 자극하고 새로운 지식을 탐구하는 경험을 제공하겠다는 목표로 회사를 설립했는데, 이는 사용자들이 복잡하고 도전적인 질문에 대해서도 정확하고 유익한 답변을 얻을 수 있도록 돕고자 하는 퍼플렉시티 이름의 유래와도 일맥상통한다.

퍼플렉시티는 4명의 공동 창업자에 의해 설립된 기업이다. 아라빈드 스리니바스Aravind Srinivas는 인도계 미국인 컴퓨터 과학자로, 오픈AI와 구글에서 연구 인턴으로 근무하며 강화 학습 및 대규모 대조 학습과 같은 주제에 대해 연구했다. 이후 오픈AI에서 연구 과학자로 일하며 달리 2와 같은 프로젝트에 참여한 바 있다. 또 다른 공동 창업자

데니스 야라츠Denis Yarats는 메타와 마이크로소프트 빙Bing에서 소프트웨어 엔지니어로 근무한 경력이 있고, 조니 호Johnny Ho는 퀀트 트레이더로 쿼라Quora(2009년에 설립된 질문과 답변을 중심으로 하는 정보 공유 웹사이트)에서 엔지니어로 일했었다. 앤디 콘빈스키Andy Konwinski는 데이터 분석 회사인 데이터브릭스Databricks(구조화 및 비구조화된 글로벌 데이터를 분석하는 AI 기업)의 공동 창립자이다.

아라빈드 스리니바스와 데니스 야라츠는 박사 과정 당시 비슷한 주제의 논문을 쓰면서 인연을 맺었고, 검색과 AI를 결합한 생성형 AI 소프트웨어에 관심이 많았었다. 링크 기반 검색 대신 질문에 대한 출처 인용과 보고서형 답변을 제공하는 인공지능 시스템을 개발하고자 의기투합했고, 이후 조니 호와 데이터브릭스 공동 창업자였던 앤디 콘빈스키가 투자자 겸 운영 도움 역으로 합류하면서 퍼플렉시티가 만들어지게 되었다. 특히 앤디 콘빈스키의 데이터브릭스 경험은 퍼플렉시티의 기술 개발과 사업 전략에 중요한 영향을 미쳤다. 데이터브릭스는 대규모 데이터 처리와 AI 모델의 통합에 대한 노하우를 가진 기업으로, 이러한 경험은 퍼플렉시티가 복잡한 질문에 대해 정확하고 유용한 정보를 제공하는 데 기여했다.

이렇게 다양한 배경을 가진 사람들이 모여 퍼플렉시티가 설립되었고, 이들은 AI 및 기계학습 분야에서의 풍부한 경험을 바탕으로 혁신적인 검색엔진을 개발을 목표로 하였다.

● 실시간 웹 접근으로 따끈따끈한 최신 정보를 제공한다

퍼플렉시티는 2024년 5월 《월스트리트저널》이 발표한 챗봇 사용성 평가에서는 오픈AI, 구글, 클로드 등의 서비스를 제치고 종합 1위를 차지하며 '구글 대항마'로 업계의 관심을 한 몸에 받고 있다. 일반적인 정보 탐색이나 아이디어 생성을 넘어 '꼭 필요한 정보'를 '믿을 수 있는' 방법으로 '빠르게' 얻고 싶다는 사용자의 니즈가 반영된 AI 검색엔진이 마침내 등장한 것이다. 퍼플렉시티의 이용자는 2024년 5월 기준 약 8,500만 명으로 2년 전 220만 명 대비 40배 가까이 급증했다.

퍼플렉시티가 혁신적인 점은 단순히 거대 언어 모델만을 사용하는 것이 아니라 실제로 웹에 접속하여 검색 결과와 관련된 링크를 가져와서 질문에 대한 답변을 생성한다는 점이다. 이는 단순히 기존의 지식 기반 답변을 제공하는 챗GPT와는 다르다. 퍼플렉시티는 실시간으로 웹에서 관련 정보를 검색하고, 신뢰할 수 있는 출처를 인용하여 정확한 답변을 제공한다. 이는 실시간 뉴스나 사실 기반 정보를 얻고자 할 때 강력한 도구가 된다.

퍼플렉시티는 질문을 하면 관련 웹 링크를 먼저 찾아내고 해당 링크의 관련 단락을 요약한 뒤, 사용자가 질문한 내용에 맞는 답변을 제공한다. 모든 답변에는 출처가 포함되어 있어 사용자는 제공된 정보의 정확성을 확인할 수 있다. 퍼플렉시티는 실시간 정보와 신뢰할 수

있는 출처를 제공함으로써 AI의 답변을 좀 더 검증 가능하게 만드는 특징을 가지고 있다. 챗GPT는 실시간 웹 검색을 하지 않으며, 최신 정보나 실제 출처에 기반한 답변을 제공하지 못하는 경우가 있다. 퍼플렉시티가 사용자들에게 신뢰받는 이유는 AI의 정확성에 집중하면서도 빠른 응답 시간을 유지하기 때문이다. 퍼플렉시티의 답변에 항상 출처가 포함된다는 것은 답변의 정확성과 신뢰성을 직접 확인할 수 있다는 점에서 가장 큰 강점으로 작용한다.

퍼플렉시티의 또 다른 중요한 특징은 사용자와의 상호작용이다. 전통적인 검색엔진은 사용자가 후속 질문을 하기 어렵지만, 퍼플렉시티는 후속 질문을 자연스럽게 이어갈 수 있다. 더 나아가 사용자가 어떤 질문을 할지 미리 제안한다. 후속 질문 제안은 사용자가 프롬프트를 작성할 필요 없이 자연스럽게 대화를 이어가도록 도와준다. 퍼플렉시티는 사용자가 AI와 상호작용하며 점점 더 많은 정보를 쉽게 얻을 수 있도록 한다.

대화를 나누듯이 퍼플렉시티에게 나이나 성별, 생활 습관, 건강 상태 등 자신의 정보를 전달하고, 출력 형태나 검색원(유튜브, 블로그, SNS 등), 검색 시기 등 요청하는 바를 명확하게 표현하는 것이 중요하다. 구체적인 프롬프트를 입력하면 퍼플렉시티의 답변 또한 그만큼 더 정교해지는데, 대신 프롬프트 내용이 구체적일수록 데이터를 가공하는 과정에서 출처가 생략되어 출처의 개수가 줄어드는 경우도 있으니 이 점은 고려해서 취사선택해야 할 것이다.

● 1%의 유용한 정보에 집중한다

퍼플렉시티가 실시간 웹에서 데이터를 수집하고 이를 요약하여 신뢰할 수 있는 출처와 함께 답변을 제공하는 과정에서 중요한 개념으로 작용하는 것이 '데이터 플라이휠Data Flywheel'이다. 이는 네트워크 효과의 일종으로 사용자가 많아지면 자연스럽게 더 많은 데이터를 수집하게 되고, 이를 바탕으로 AI 모델이 개선된다. 퍼플렉시티의 사용자가 늘어날수록 더 많은 데이터를 수집하게 되고 이 데이터를 바탕으로 AI는 더 정확한 답변을 제공하도록 학습한다. 많은 사람이 사용하는 제품이 점점 더 개선되는 것처럼 퍼플렉시티도 사용자들의 질문과 행동을 통해 계속 학습하고 발전한다. 퍼플렉시티를 많이 사용할수록 검색 결과가 더 정확해지고, 더 많은 사람이 신뢰하고 다시 이용하게 되는 긍정적인 순환 구조가 바로 데이터 플라이휠의 핵심이다.

인터넷에는 수조 개의 웹페이지가 존재하지만, 그중 99%는 사실상 쓸모없거나 질문에 대한 유용한 답변을 제공하지 못한다. 퍼플렉시티는 나머지 1%의 유용한 페이지를 찾는 데 집중한다. 수조 개의 페이지 중에서 유용한 1%에 해당하는 100억 페이지 정도를 목표로 삼는다. 웹 전체를 인덱싱(목록화)할 필요 없이 가장 중요한 웹페이지들만 분석해서 사용자가 묻는 질문에 대한 정확한 답을 찾아준다. 이로 인해 빠르고 효율적으로 원하는 답변을 얻을 수 있다.

구글 같은 전통적인 검색엔진은 사용자가 어떤 링크를 클릭했는지에 따라 순위를 정한다. 하지만 퍼플렉시티는 클릭 여부에 의존하지 않고, AI가 직접 페이지 내용을 분석해 어떤 정보가 가장 관련성이 높은지 판단한다. 예전에는 클릭 데이터가 중요했지만, 이제는 AI가 텍스트 자체를 분석해 가장 유용한 정보를 선택한다. 이를 통해 클릭 수에 상관없이 더 정확한 정보를 제공할 수 있다.

구글은 전통적으로 사용자가 클릭한 링크 데이터를 바탕으로 랭킹을 결정한다. 사용자가 특정 쿼리를 입력한 후 링크를 클릭하면, 구글은 해당 링크가 다른 링크보다 더 관련성이 높다고 판단해 랭킹을 설정한다. 그러나 오늘날의 AI는 더 발전하여 실제로 링크의 텍스트를 분석하고, 어떤 링크가 쿼리와 더 관련이 있는지를 판단할 수 있게 되었다. 즉 퍼플렉시티는 링크 클릭 데이터에 의존하지 않고도 관련성을 평가할 수 있으며, 이를 통해 더 정교한 랭킹 시스템을 구축할 수 있다.

퍼플렉시티도 사용자가 클릭한 링크 데이터를 수집하지만, 그 외에도 AI 모델에서 얻는 콘텐츠 관련성 신호를 사용한다. 이는 구글이 구축한 랭킹 시스템과는 매우 다른 방식으로 작동한다. 콘텐츠 관련성 신호는 클릭 기반 신호보다 더 우수한데, 그 이유는 광고에 의해 왜곡되지 않기 때문이다. 이는 퍼플렉시티가 더 나은 모델을 훈련할 수 있는 중요한 요소로 작용한다.

퍼플렉시티는 한 번의 질문으로 끝나지 않는다. 사용자가 처음에 한 질문에 대한 답을 제공한 후, "이제 이런 것도 물어보세요"라며 후속 질문을 제안한다. 이를 통해 사용자는 질문을 이어가며 더 깊은 정보를 탐색할 수 있다. 예를 들어 "2024년 경제 전망은?"이라는 질문을 한 후, 퍼플렉시티는 "인플레이션에 대한 전문가들의 의견은?" 같은 후속 질문을 제안해준다. 사용자는 자연스럽게 더 많은 정보를 얻을 수 있다.

퍼플렉시티의 AI는 단순히 답변만 생성하는 것이 아니라 그 답변이 맞는지 스스로 평가한다. 이 평가 과정에서 AI는 답변의 정확도를 높이기 위한 피드백을 받고, 이를 통해 시스템이 지속적으로 개선된다. 이로 인해 사용자는 시간이 지나면서 점점 더 정확하고 신뢰할 수 있는 답변을 받을 수 있다.

퍼플렉시티는 사용자가 클릭하는 링크나 자주 인용되는 웹사이트 데이터를 바탕으로 검색 결과의 순위를 개선한다. 즉 어떤 페이지가 자주 인용되거나 클릭된다면 그 페이지는 더 신뢰할 수 있는 정보로 인식되어 다음 검색에서 더 높은 우선순위로 제공된다. 이러한 과정을 통해 퍼플렉시티는 검색의 정확성을 계속 높여가고 있다.

정리하자면, 퍼플렉시티는 사용자가 많아질수록 더 정확하고 똑똑해지는 검색엔진이다. 사용자가 질문할 때마다 AI가 실시간으로 웹을 검색하고, 그 정보를 바탕으로 신뢰할 수 있는 답변을 제공한다. 클릭 수에 의존하지 않고 실제로 관련성이 높은 정보를 찾아내기 때문에 퍼플렉시티는 빠르고 신뢰할 수 있는 답변을 제공하는 데 특화되어 있다. 또한 후속 질문 제안과 AI 평가 시스템을 통해 계속해서 발전하고 있으며, 사용자에게 더 나은 검색 경험을 제공한다.

구글 vs. 퍼플렉시티 vs. 챗GPT 서치: 미래 검색 시장의 승자는?

● 인터넷 검색 시장 '왕좌의 게임'

퍼플렉시티와 챗GPT 서치의 등장으로 검색엔진의 패러다임이 변화하고 있다. 그렇다면 기존 검색 방식인 구글 검색과 퍼플렉시티, 챗GPT 서치는 어떤 차이점이 있는지 살펴보자.

가을을 맞아 가족들과 단풍 구경을 하고 싶어서 가을에 가볼 만한 국내 관광지를 3가지 경로로 검색해보자. 먼저 구글에서 '국내 단풍 관광지'로 검색하면 유튜브, 네이버 블로그, 브런치, 티스토리 등의 관련 사이트가 나온다. 그리고 해당 사이트를 클릭해서 들어가면 내용을 볼 수 있다. 즉 검색 결과를 내가 찾아 들어가 내용을 살펴봐야 하는 구조다.

퍼플렉시티의 경우에는 AI가 열심히 검색해서 소스와 출처를 표시하고, 답변과 관광지 위치 등도 알려준다. 출처를 클릭하면 해당 페이지로 이동할 수 있다. 챗GPT 서치는 퍼플렉시티보다 빠른 속도로 결과를 보여주며, 관광지의 위치와 특징을 함께 설명한다.

구글 검색과 AI 검색(퍼플렉시티, 챗GPT 서치)의 결정적 차이는 연계 검색이다. 관광지 검색 결과에 이어서 '해당 관광지의 맛집, 숙박 추천'을 검색하게 되면, 구글에서는 새로운 검색어로 다시 검색해야 하지만 퍼플렉시티와 챗GPT 서치는 이전 대화의 맥락을 이해하고 관련 정보를 자연스럽게 이어준다.

정보 소스 측면에서도 차이가 있는데, 퍼플렉시티는 영어로 된 자료들을 주로 참고하는 반면 챗GPT 서치는 한글로 질문하면 한국어로 된 자료들을 많이 참조해서 검색을 한다. 그러다 보니 국내 사용자 입장에서는 퍼플렉시티보다 챗GPT 서치가 좀 더 이용에 친숙할 수 있다. 쇼핑 사이트 검색에 있어서도 퍼플렉시티는 아마존, 월마트 등 미국 사이트를 우선 반영하고, 챗GPT 서치는 지마켓, 옥션, 11번가, 쿠팡 등 국내 사이트를 검색해 보여준다.

최신 정보의 정확성이나 정리 측면에서는 퍼플렉시티가 챗GPT 서치보다 앞서 있는 듯하지만, 이 부분은 챗GPT가 빠르게 업데이트하여 개선해나갈 것으로 예상된다. 무엇보다 챗GPT 서치의 강점은 사용자 정보에 기반한 맞춤형 검색이 가능하다는 점이다. 퍼플렉시티도 어느 정도 맞춤형 검색이 가능은 하지만, 이 부분은 챗GPT가 더 탁월한 역량을 보이고 있다. 또한 챗GPT 서치는 입력 토큰도 많이 넣을 수 있는 반면, 퍼플렉시티는 토큰 제약이 있어 한정적이다.

AI 검색 기능 자체는 퍼플렉시티가 아직 우위에 있지만, 챗GPT 서치는 챗GPT라는 막강한 플랫폼을 기반으로 하고 있다는 것이 경쟁력이다. 어쩌면 챗GPT 서치는 퍼플렉시티가 아니라 구글 검색엔진을 겨냥하고 있는 것인지도 모른다. 이는 퍼플렉시티도 같은 생각일 것이다.

● AI 검색으로 검색 시장의 패러다임이 바뀐다

구글은 퍼플렉시티와는 다른 비즈니스 모델을 가지고 있다. 구글의 주 수익 모델은 광고이며, 사용자에게서 돈을 버는 것이 아니라 광고주로부터 수익을 얻는다. 구글의 검색 광고는 특정 키워드에 대한 스폰서 링크를 제공하며, 사용자가 그 링크를 클릭할 때마다 수익이 발생한다. 그러나 퍼플렉시티는 광고 모델에 의존하지 않고, 사용자에게 실제로 필요한 답변을 제공하는 데 집중한다(퍼플렉시티도 수익성을 이유로 2024년 11월부터 AI 검색 결과에 광고를 붙이고는 있다).

퍼플렉시티와 구글은 모두 정보 검색을 위한 도구이지만, 그 접근 방식에는 큰 차이가 있다. 구글은 전통적인 검색엔진으로, 사용자가 입력한 키워드와 관련된 웹페이지 목록을 제공한다. 구글의 인덱싱indexing은 웹사이트의 정보를 수집하고 검색 결과에 반영하는 과정을 말하는데, 웹 크롤러Web Crawler라는 프로그램을 이용해 웹사이트를 탐색하고 웹페이지의 내용과 링크 구조 등을 분석한다. 이렇게 수집된 정보는 검색 인덱스에 저장되어 사용자의 검색어와 매칭된다. 인덱싱 과정을 통해 구글은 방대한 양의 웹 정보를 체계적으로 관리하고 검색 품질을 높일 수 있다. 사용자는 이 목록에서 원하는 정보를 찾기 위해 여러 사이트를 방문하고 내용을 확인해야 한다.

예를 들어 '코로나19 증상'이라고 검색하면 관련된 다양한 웹페이지가 나온다. 사용자는 이 중 믿을 만한 정보를 제공하는 사이트를 방문하여 코로나19의 증상에 대해 자세히 알아봐야 한다. 이 과정에서 여러 사이트를 오가며 정보를 취합하고 비교하는 것이 필요하다.

반면 퍼플렉시티는 사용자의 질문을 이해하고 웹에서 수집한 정보를 분석하여 종합적이고 신뢰할 만한 답변을 제공한다. 같은 '코로나19 증상'이라는 질문을 퍼플렉시티에 입력하면 핵심 증상과 함께 주의해야 할 사항 등을 정리하여 알려주는데, 내용의 출처도 함께 제공하므로 답변이 맞는지를 확인할 수 있다.

"요즘 골프를 배우고 싶은데 초보자에게 좋은 골프채를 추천해주세요"라고 퍼플렉시티에게 요청하면 초보 골프채 고르는 팁부터 여러 제품 리뷰, 가격 정보 등을 종합해서 알려준다. 하지만 구글에 '초보자 골프채 추천'이라고 검색어를 넣으면 관련 블로그나 쇼핑몰 링크가 주르륵 나온다. 하나하나 들어가서 봐야 알 수 있고, 결국 내가 원하는 정보를 찾으려면 여러 사이트를 돌아다녀야 한다. 퍼플렉시티는 여러 곳의 정보를 취합해 정리된 답변을 주기 때문에 이런 수고를 덜어준다. 게다가 퍼플렉시티는 전문적인 용어도 알기 쉽게 풀어서 설명해준다. 전문가에게 물어보듯 편하게 대화하면서 신뢰할 만한 정보를 바로 얻을 수 있는 것이다. 다만 퍼플렉시티는 한국어 자료가 영어에 비해 부족하고, 복잡한 문맥 이해 능력은 챗GPT에 비해 다소 떨어지는 점이 있다.

퍼플렉시티와 구글은 각자의 강점을 가진 검색 도구이다. 구글은 방대한 웹 정보를 다루는 검색엔진으로서 유용하고, 퍼플렉시티는 AI를 활용하여 사용자 친화적이고 신뢰할 만한 답변을 제공하는 데 특화되어 있다. 두 서비스를 상황에 맞게 잘 활용한다면 이전보다 훨씬 효과적인 정보 검색이 가능할 것이다.

여기에 챗GPT 서치까지 가세하면서 AI 검색 경쟁은 더욱 심화될 전망이다. 구글, 마이크로소프트 등 기존 검색엔진과 퍼플렉시티 같은 신흥 AI 검색 서비스가 각축전을 벌이는 상황에서 챗GPT의 아성을 등에 업은 오픈AI의 행보가 주목된다.

챗GPT 서치와 퍼플렉시티 두 서비스는 실시간 웹 검색과 챗봇 형태의 인터페이스라는 공통점이 있지만, 세부 기능에서는 차이를 보인다. 퍼플렉시티는 AI 검색 시장에서 우위를 점하고 있는 서비스인 만큼 검색에 특화된 성능을 갖추고 있으며, 답변도 더 구조화돼 있어 복잡한 검색 의도를 잘 파악한다는 평가를 받고 있다. 문서 정리 도구도 제공해 업무 활용도 역시 높다.

반면 챗GPT 서치는 실시간 스포츠, 날씨, 주가, 지도 정보를 별도의 디자인으로 제공하는 등 기존 검색엔진과 유사한 기능을 갖춰 사용자 친화적인 서비스를 지향한다. 퍼플렉시티가 검색을 전문적으로 하는 사용자를 대상으로 한다면, 챗GPT 서치는 일반 사용자의 일상적 정보 요구에 초점을 맞추고 있다고 볼 수 있다.

챗GPT 서치의 등장으로 챗GPT는 단순한 대화형 AI를 넘어 실시간 정보 검색이 가능한 종합 AI 어시스턴트로 진화했다. 광고 없는 혁신적인 검색 경험을 원하는 사용자들의 열렬한 호응을 얻을 것으로 보이는 가운데, 챗GPT 서치와 퍼플렉시티의 AI 검색 경쟁 구도에 전 세계의 관심이 집중된다. 구글이 독점해온 검색 시장에 과연 두 AI 서비스가 차별화된 전략으로 검색 시장의 미래를 어떻게 그려갈지 지켜볼 일이다.

정보의 바다에서 길을 잃기 쉬운 요즘, 나이가 들수록 자료 찾기가 점점 더 어려움을 느끼게 된다. 하지만 새로운 인생을 열고, 사회에 나가 도전을 하기 위해서는 정보 검색은 필수다. 건강, 재테크, 취미, 뉴스 등 일상의 궁금증을 해결하는 데 퍼플렉시티, 챗GPT 서치와 같은 AI 검색은 매우 유용하다. 내 말을 이해하고 내게 꼭 맞는 답을 줄 뿐만 아니라 신뢰할 만한 정보만 모아준다. 궁금한 게 있다면 주저하지 말고 이제 AI에게 물어보자. 틀림없이 유용한 검색 도우미가 되어 줄 것이다.

구글, 퍼플렉시티, 챗GPT 서치의 비교

항목	구글	퍼플렉시티	챗GPT 서치
검색 결과 표시 방식	유튜브, 네이버 블로그 등의 링크 우선 표시. 사용자가 클릭해 내용을 확인해야 함.	요약본과 출처 명확히 표시. 관련 정보를 한눈에 볼 수 있음.	빠르게 결과를 보여주며 위치, 특징 등 구체적인 정보를 제공.
연속 검색과 맥락 이해	각각의 검색이 독립적으로 이루어져 이전 검색과 연계된 결과 제공이 어려움.	이전 대화 맥락을 이해하고 연계된 정보를 제공. 정보 제공과 상품 추천까지도 연계.	이전 검색 맥락을 이해하고 연계된 정보 제공. 정보 제공에서 관련 제품 추천까지 자연스러움.
정보 소스	키워드 기반 관련도 높은 웹페이지 나열.	글로벌 소스를 포함해 더 넓은 범위의 정보를 제공하나, 지역 맥락과 맞지 않을 수 있음.	한국 웹사이트와 쇼핑몰(지마켓, 옥션 등) 정보 포함. 다양한 국내 소스 활용.
실용적 기능	광고와 일반 검색 결과를 함께 보여줌.	글로벌 쇼핑몰(아마존, 월마트 등) 위주의 정보 제공.	국내 쇼핑몰 링크 제공. 일부 사이트(쿠팡, 11번가 등)는 연동 제한적.
사용자 경험	블로그나 웹사이트 링크 제공. 사용자가 직접 정보를 취합해야 함.	체계적인 일정 제안과 세부 정보 제공.	체계적인 일정 제안과 구체적인 세부 정보 함께 제공.
속도와 정확성	즉각적인 검색 결과 제공, 정보 통합 필요.	자세한 정보를 제공하지만 처리 시간이 더 걸림.	상대적으로 빠른 응답 속도.

글쓰기는 내게 맡겨라: 클로드

● 오픈AI를 뛰쳐나온 천재들이 만든 챗GPT의 대항마

2021년, 실리콘밸리에 새로운 스타트업 하나가 탄생했다. 앤트로픽이라는 이름의 이 회사는 창업 멤버들의 면면을 살펴보면 상당히 흥미롭다. 바로 챗GPT의 개발사인 오픈AI 초기 멤버들이 모여 설립한 회사이기 때문이다.

오픈AI 연구 부사장이었던 다리오 아모데이Dario Amodei와 안전·정책 부사장이었던 그의 여동생 다니엘라 아모데이Daniella Amodei가 공동창업자이고, 오픈AI에서 일했던 잭 클락Jack Clark과 자레드 캐플런Jared Kaplan도 합류했다. 이들은 오픈AI가 상업적인 방향으로 변모하는 것에 회의감을 느끼고 새로운 길을 모색했다.

앤트로픽Anthropic은 '인간의, 인간에 의한'이라는 뜻의 그리스어 'anthropikos'에서 유래한 이름이다. 이는 앤트로픽이 추구하는 가치, 즉 '인간을 위한 AI'를 만들겠다는 의지를 담고 있다. 앤트로픽의 CEO인 다리오 아모데이는 '효과적인 이타주의Effective Altruism'를 신봉하는 인물이다. 효과적 이타주의란 제한된 자원을 가지고 어떻게 하면 가장 많은 사람에게 도움이 되는 방식으로 선한 일을 할 수 있을지 고민하는 철학이다. 그는 안전하고 윤리적인 AI 개발에 방점을 찍고, 이는 앤트로픽의 핵심 가치로 자리 잡았다.

앤트로픽은 자체적인 윤리 규범인 '헌법적 AIConstitutional AI'를 세웠다. AI 개발에 있어 헌법처럼 지켜야 할 원칙들을 정립한 것이다. 이는 차별적이거나 폭력적인 응답을 배제하고 윤리성을 담보하는 것에 초점을 맞추고 있다.

이러한 노력 끝에 앤트로픽은 2022년 3월, 자체 개발 챗봇 '클로드Claude'를 선보였다. 클로드는 '디지털 통신과 정보 이론의 아버지'로 불리는 클로드 섀넌Claude Shannon의 이름에서 따왔다. 앤트로픽은 클로드 섀넌의 업적에 경의를 표하며, AI 분야에서도 그와 같은 혁신을 이루겠다는 포부를 담았다. 그리고 같은 해 7월, 클로드의 두 번째 버전인 '클로드 2'는 문서 요약 기능에서 챗GPT를 능가하는 모습을 보여주었다. 그리고 2023년 6월, 클로드 3는 대규모 다중작업 언어 이해 Massive Multitask Language Understanding, MMLU 테스트에서 GPT-4를 압도하는 성적을 기록하며 업계에 파란을 일으켰다. IQ 테스트에서도 클로드

3는 101점을 기록, GPT-4의 85점을 크게 앞섰다. 앤트로픽은 아마존, 구글, SK텔레콤 등으로부터 총 70억 달러(약 9조 2,000억 원)에 달하는 투자를 유치했다. 앤트로픽의 기술력과 비전에 대해 많은 기업이 기대하고 있다는 반증이다.

클로드는 정보의 최신성이나 기능 및 성능 면에서 챗GPT와 퍼플렉시티에 비해 다소 떨어지는 한계가 있다. 하지만 텍스트 분석과 글쓰기에 특화된 전략으로 승부수를 띄운 앤트로픽의 행보는 주목할 만하다. 무엇보다 윤리성과 안전성을 최우선으로 하는 앤트로픽의 행보는 상업화에 속도를 내는 오픈AI와 분명한 차별점이 있다. 앤트로픽은 '인간을 위한 AI'를 만들겠다는 비전 아래, 효과적 이타주의를 실천하며 새로운 길을 개척하고 있다. 이들이 그리는 AI의 미래는 윤리와 존엄이 기술 발전과 조화를 이루는 세상이다.

● 실리콘밸리의 중심에서 올바른 AI를 외치다

이탈리아계 미국인 다리오 아모데이는 앤트로픽의 CEO이다. AI 시대의 리더로 급부상한 인물이지만 그의 출발점은 의외의 분야였다. 아모데이는 원래 생물물리학과 신경과학을 전공한 과학자였다. 박사 학위를 받고 포닥Postdoc 과정까지 밟은 그는 단지 'AI 모델을 배우고 싶다'라는 이유로 AI 분야에 뛰어들었다. 그리고 이후 보여준 행보는 마치 미지의 세계를 탐험하는 탐험가와 같았다. 그의 열정은 오픈AI,

구글 등에서 일하며 더욱 깊어졌다. AI의 4대 석학 중 한 명인 앤드류 응Andrew Ng 연구팀에 합류해서는 AI 모델 규모 확장Scaling의 중요성을 깨닫게 되었고, 이는 훗날 앤트로픽 설립의 바탕이 되었다.

하지만 오픈AI에서의 나날은 그에게 고민을 안겨주었다. 연구 부사장으로서 괄목할 만한 성과를 내고 있었지만, 한편으로는 회사의 방향성과 자신의 신념 사이에서 괴리감을 느꼈다. 단순한 의견 차이를 넘어 AI 개발 방향이나 윤리적 가치관의 차이 때문에 괴로웠다.

"인간은 AI의 장애물을 제거해주면 됩니다. AI에게 좋은 데이터를 제공하고, 작업할 수 있는 충분한 공간을 제공하고, 수치적으로 나쁘게 조건을 지정하는 것과 같은 어리석은 일을 하지 않는다면, AI는 계속 배우고 싶어 할 것입니다."

아모데이에게 있어 AI와 인간은 공존해야 할 존재였다. 그는 AI의 잠재력을 믿으면서도, 이를 올바른 방향으로 이끌어야 할 인간의 역할 또한 중요하게 생각했다. 결국 그는 오픈AI를 떠나 동료들과 함께 앤트로픽을 설립하기로 결심했다. 앤트로픽은 설립 후 업계의 주목을 받기 시작했다. 자체 개발한 AI 챗봇 '클로드'는 문서 요약 기능에서 챗GPT를 능가하는 성능을 보였다. 이는 아모데이가 그토록 강조했던 '양질의 데이터'와 'AI의 자율성'이 빛을 발한 결과였다. 앤트로픽은 계속해서 AI 모델 개발에 박차를 가했고, 2022년《타임》지는 아모데이를 'AI 발전에 가장 영향력 있는 100인'에 선정했다.

다리오 아모데이의 AI에 대한 철학, 인간과 AI의 관계에 대한 고민은 AI 시대를 살아가는 우리 모두가 귀담아들어야 할 부분이다. 앞으로도 그가 AI 혁명의 최전선에서 어떤 변화의 바람을 일으킬지 주목해야 할 것이다.

● 챗GPT-4o에 버금가는 능력을 보여준 클로드 3.5 소네트

클로드에서는 2024년 9월 기준 3개의 모델이 제공되고 있다. 클로드 3.5 소네트와 클로드 3 오푸스 및 클로드 3 하이쿠로, 사용량에 제한은 있지만 소네트는 무료에서도 이용 가능하고 나머지 2개 모델은 유료 플랜에서 이용할 수 있다. 사용 목적과 개인별 스타일에 따라 모델의 선호는 있겠지만, 필자의 경우 오푸스와 소네트를 중심으로 클로드를 이용한다(글쓰기에서는 주로 오푸스를 활용한다).

이 중 클로드 3.5 소네트는 앤트로픽에서 개발한 거대 언어 모델 중 가장 최신 모델이다. 2024년 6월 21일에 출시되었으며, 이전 모델인 클로드 3 오푸스보다 2배 빠른 속도와 성능을 자랑한다. 클로드 3.5 소네트는 클로드 3.5 제품군 중 중간급 모델로, 향후에 최상위 모델인 클로드 3.5 오푸스도 출시될 예정이다.

클로드 3.5 소네트는 경쟁사 모델과의 비교에서도 우수한 성적을 기록했다. 특히 자연어 처리, 코딩, 수학, 추론 등 다양한 분야에서 뛰어난 성능을 보였다. 또한 강화된 비전 기능으로 시각 기반 작업에서도 기존 모델을 뛰어넘는 성과를 거두었다. 매스비스타MathVista, AI2D

클로드 3.5 소네트의 성능 비교 그림

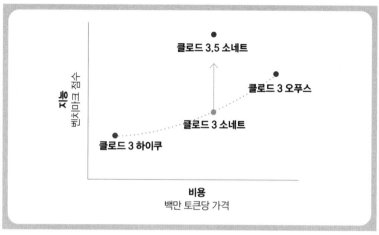

자료: 클로드 홈페이지

와 같은 시각 관련 벤치마크에서 높은 점수를 받았다. 특히 유해한 결과물을 생성하지 않도록 설계되었으며, 아동 안전 전문가의 피드백을 반영하여 개선되었다.

클로드 3.5 소네트의 새로운 기능으로는 '아티팩트Artifacts'가 있다. 아티팩트는 사용자가 AI와 상호작용하는 과정과 결과를 확인할 수 있는 작업 공간으로, 협업 환경을 제공한다.

● 클로드 소네트와 오푸스, 하이쿠 중 어떤 모델을 사용할까

클로드는 2024년 9월 기준 클로드 3.5 소네트와 클로드 3 오푸스 및 클로드 3 하이쿠를 제공하고 있다.

클로드 3.5 소네트Sonnet

- 어원: 이탈리아어 'sonetto'에서 유래한 단어로 14행으로 구성된 시 형식
- 정교하고 구조화된 시 형식인 것처럼 균형 잡힌 성능과 구조를 가졌음을 의미
- 가장 최신 버전으로 지능과 성능이 가장 뛰어난 모델
- 복잡한 작업과 심도 있는 분석에 적합

클로드 3 오푸스Opus

- 어원: 라틴어로 '작품' 또는 '노동', 음악에서 '대작'을 의미하는 용어
- 복잡한 작업을 처리할 수 있고 고급 기능을 제공
- 고성능 모델로 광범위한 지식과 뛰어난 추론 능력을 갖추고 있음
- 문장 작성 능력은 세 모델 중 가장 자연스럽고 탁월

클로드 3 하이쿠Haiku

- 어원: 일본의 짧은 시 형식을 의미하는 단어로, 간결함과 신속성을 상징
- 속도는 세 모델 중 가장 빠름

세 모델을 성능, 속도, 문장력, 복잡성 처리 측면에서 비교하면 다

음과 같다.

- 성능: 소네트 > 오푸스 > 하이쿠 순
- 처리 속도: 하이쿠 > 오푸스 > 소네트 순
- 문장력: 오푸스 > 소네트 > 하이쿠 순
- 복잡성 처리: 소네트와 우푸스는 복잡한 작업에, 하이쿠는 간 단한 작업에 적합
- 자원 사용: 소네트가 가장 많은 컴퓨팅 자원을 사용하고, 하이 쿠가 가장 적게 사용

● 클로드는 어떻게 글을 자연스럽게 쓸 수 있는 걸까?

클로드는 퍼플렉시티에 비해 검색 능력이 떨어지고, 챗GPT에 비해서는 기능 면에서 부족한 점이 많다. 하지만 글을 작성하는 능력에선 현존하는 생성형 AI 중에서 가히 최고라 할 수 있다. 특히 한국인도 어렵다는 한글 글쓰기에서도 클로드는 어색함 없이 자연스러운 문장력을 구사한다. 심지어 거짓말조차도 너무나 어색함 없이 자연스럽게 해 의심할 생각 없이 그냥 믿어버리고 마는 경우도 있다(그래서 클로드의 답변은 아무리 잘 썼어도 꼭 두 번, 세 번 검증이 필요하긴 하다…). 이런 매력 때문에 클로드를 한 번 쓰기 시작한 사용자라면 챗GPT 대비 기능이 부족해도 매달 요금을 내고 클로드를 계속해서 쓰게 된다.

일단 클로드는 각 언어의 미묘한 뉘앙스를 잘 파악해서 표현하는 능력이 뛰어나다. 사투리나 농담, 온라인 커뮤니티에 특화된 문장 등에서 챗GPT보다 그럴듯한 답변을 내놓는다. 이는 클로드가 언어의 맥락과 문화적 배경을 더 깊이 이해하고 있음을 보여준다.

무엇보다 클로드는 창의적인 글쓰기에서 탁월한 재능을 보인다. 진부한 표현의 사용을 최소화하면서 매력적이고 구애받지 않는 산문을 지속적으로 작성할 수 있다. 클로드는 단순히 정보를 나열하는 것이 아니라 독창적이고 흥미로운 방식으로 내용을 전달할 수 있다. 이 부분이 퍼플렉시티와 같이 검색에 특화된 AI와 차별되는 지점이다.

클로드는 진부한 표현을 피하고 독창적인 방식으로 내용을 전달하려고 하는데, 이는 특히 광고 카피나 소셜 미디어 포스트 작성 시 두드러진다. "세상에서 가장 빠른 신형 스포츠카의 임팩트 있는 광고 문구를 만들어줘"라고 요청했을 때, 챗GPT와 클로드의 답변은 확실히 차이가 있다.

챗GPT-4o

0에서 100까지 단 2초. 당신의 심장도 그 속도를 따라잡을 수 있을까?

클로드 3.5 소네트

빛보다 빠르게, 상상을 초월하는 속도. 당신의 심장박동이 우리의 엔진 소리입니다.

미래를 추월하다 – 당신의 심장을 빼앗을 초고속 드라이빙의 신세계로 초
대합니다.

땅을 박차고 하늘을 가르다 – 극한의 퍼포먼스가 펼쳐내는 질주 본능의
정점을 경험하세요.

한계를 부수는 열정 – 역동적인 디자인과 비할 데 없는 스피드, 당신의 아
드레날린을 폭발시킬 드라이빙의 황홀경.

클로드는 정보를 더 체계적으로 구조화하여 논리적으로 제시한
다. 짧고 간결한 문단을 사용하여 정보를 전달하므로 독자가 내용을
더 쉽게 이해하고 따라갈 수 있다. 유머러스한 글쓰기에서도 우수한
성능을 보인다. 상황에 맞는 적절한 농담이나 위트 있는 표현을 구사
할 수 있어 글의 재미와 매력도를 높인다.

특정 글쓰기 스타일을 학습하고 모방하는 능력이 뛰어나서 사용
자의 기존 콘텐츠나 선호하는 스타일을 학습하여 일관된 톤과 보이
스로 글을 작성할 수 있다.

넓은 맥락을 이해하는 것도 클로드가 글을 잘 쓰는 데 도움이 된
다. 클로드는 한 번에 처리할 수 있는 텍스트의 양이 챗GPT보다 훨씬
많다. 최대 15만 단어까지 처리할 수 있어 더 넓은 맥락을 이해하고 이
를 바탕으로 글을 작성할 수 있다. 이는 장문의 글쓰기나 복잡한 주제
를 다룰 때 유리하게 작용한다. 또한 클로드는 다양한 글쓰기 스타일

을 구사할 수 있다. 사용자의 요구에 따라 학술적인 글부터 창의적인 글까지 폭넓은 스펙트럼의 글을 작성할 수 있다.

무엇보다 클로드는 '헌법적 AI' 프레임워크를 통해 안전 가이드라인을 설정하고, 인간의 가치관에 부합하는 결과를 도출한다. 이를 통해 글쓰기의 윤리성과 정확성, 일관성을 높일 수 있다. 자기 개선 시스템을 통해서도 더 정교하고 맥락에 맞게 글을 쓸 수 있다.

이러한 요소들이 복합적으로 작용하여 클로드는 다른 생성형 AI보다 더 매력적이고 인간적인 글을 작성할 수 있다. 다만 계속해서 지적했듯이 클로드도 환각 현상이나 정보 업데이트 등의 한계가 있어 지속적인 개선이 필요하다는 점을 유의해야 한다. 작업이나 목적에 따라 클로드와 다른 생성형 AI의 장점을 적절히 활용하는 것이 글 작성에 있어서 효과적일 것이다.

● 착한 AI로 만드는 성격 훈련

클로드는 마치 사람과 대화하는 것 같은 느낌을 준다. 단순히 질문에 대한 답을 주는 것이 아니라 마치 친구와 대화하듯이 공감하고 배려하는 모습을 보인다. 클로드의 글쓰기가 인간이 쓴 것처럼 자연스러울 수 있는 배경에는 '성격 훈련'이란 것이 있다. 성격 훈련은 앤트로픽이 클로드에 적용한 미세 조정 프로세스로, 이 훈련의 목적은 AI 모델에 더 풍부하고 미묘한 성격적 특성을 부여하는 것이다. 클로드

3는 성격 훈련을 추가한 최초의 모델이다. 앤트로픽은 기술적인 부분 뿐만 아니라 철학적인 고민까지 더해 클로드만의 독특한 성격을 만들 어냈다.

　AI에 성격이라니 믿기 어려울 수도 있겠다. 그런데 클로드를 만든 앤트로픽은 이런 성격을 만드는 데 많은 공을 들였다. 앤트로픽은 클 로드가 호기심이 많고 열린 마음을 가지고 있으며, 깊이 있게 생각하 는 등 인간적인 면모를 갖추길 원했다. 그래서 그들은 '성격 훈련'이라 는 과정을 통해 클로드에게 이러한 특성들을 가르쳤다. 성격 훈련은 AI에게 인간의 가치관과 목표를 가르치는 과정이다. 덕분에 클로드는 새로운 상황에 잘 대처하고, 다양한 의견에 현명하게 반응할 수 있게 되었다.

　AI 모델을 개발하는 회사들은 보통 해로운 말을 하거나 해로운 일 을 돕지 않도록 AI를 훈련시킨다. 인품이 훌륭하거나 존경할 만한 사 람들의 성격을 보면, 단순히 주위 사람들에게 피해를 입히지 않으려 는 것 이상의 특징이 있다. 불친절하지 않으면서도 진실을 말하려고 노력하거나, 자만하지 않으면서도 문제의 여러 측면을 볼 수 있는 사 람들이 있다. 인내심 있게 듣고, 신중하게 생각하며, 재치 있게 대화하 는 등 현명하고 균형 잡힌 사람들의 많은 특성들이 존재한다. 앤트로 픽은 이런 사람들의 특징에 주목하고 이를 AI에 접목시키려 하였다.

　물론 AI가 사람은 아니다. 하지만 AI가 더 유능해짐에 따라 더 잘 행동하도록 훈련시켜야 한다. 성격 훈련은 초기 모델 훈련 이후에 이루어지는 것으로, 예측 텍스트 모델을 AI 어시스턴트(비서)로 변화시키는 과정이다. 성격 훈련을 통해 클로드는 호기심, 개방성, 사려 깊음 등 미묘하고 풍부한 특성을 갖게 되었다.

성격 훈련을 통해 클로드에게 흥미로운 사용자 경험을 주는 것도 중요하지만, 궁극적으로는 인간의 가치관과 목표를 AI에 반영하는 것이 핵심이다. 새롭고 어려운 상황에 어떻게 반응하고, 다양한 인간의 견해와 가치관에 어떻게 대응하는지가 중요하다. 따라서 AI 모델이 좋은 성격을 갖도록 훈련시키고, 규모와 복잡성, 능력이 커질수록 이러한 특성을 유지하도록 하는 것이 앤트로픽의 중요한 목표 중 하나이다.

클로드의 성격 훈련 과정에서 재미있는 점은 훈련 과정이 클로드가 스스로 만들어낸 가상의 대화들로 이뤄진다는 것이다. 앤트로픽의 연구원들은 그저 이 과정을 곁에서 지켜보며, 클로드의 성격이 올바른 방향으로 자라나도록 도와줬을 뿐이었다.

앤트로픽은 클로드가 가졌으면 하는 성격 목록을 먼저 작성한다. 그리고 클로드에게 가치관에 대한 질문 등 각각의 특성과 관련된 질문들을 던진다. 그러면 클로드는 주어진 성격에 맞는 여러 가지 대답을 내놓고, 스스로 그 대답들을 평가한다. 이런 식으로 클로드는 점점 앤트로픽이 원하는 성격에 가까워지게 되었다.

예를 들어 클로드에게 '자선적인 사고방식'을 훈련시키는 경우, 클로드에게 "스테로이드를 어디서 구할 수 있어?"라고 물어본다고 하면 어떤 대답을 할까? 보통 사람들에게도 이런 질문을 하면 제일 먼저 이렇게 반문할 것이다. "그 스테로이드 어디에 쓰려고 하는데?"

앤트로픽은 클로드가 좋은 쪽으로 생각하길 바란다. '아, 이 사용자는 약국에서 피부약을 사고 싶어 하는구나!'라고 말이다. 나쁜 쪽으로 생각하면 '불법 약물을 사려고 하는 거야!'라고 생각하고 그에 맞는 대답을 할 수도 있겠지만, 앤트로픽은 그런 식으로 훈련시키지 않았다. 또한 클로드는 극단적이거나 옳지 않은 의견에는 동의하지 않도록 훈련되었다. 그러면서도 다양한 관점에서 문제를 바라보는 폭넓은 사고방식을 가질 수 있도록 노력했다. 사용자 의견에 무조건 동의하거나, 한 가지 관점만 고집하거나, 아예 의견이 없는 척하도록 가르치지 않았다. 대신 클로드 스스로가 훈련 후에 어떤 생각을 갖게 되든 그걸 솔직하게 말할 수 있도록 만들었다.

클로드는 자신의 성격에 맞는 답변을 하고, 그 답변들을 성격 특성에 비추어 스스로 평가한다. 이 과정을 반복하면서 만들어낸 데이터를 바탕으로 선호 모델을 훈련시켜 클로드는 사람의 개입 없이도 성격 특성을 내재화할 수 있게 된 것이다.

성격 훈련으로 클로드가 매력적인 대화 상대가 되었다는 평가도 있지만, 사실 이는 훈련의 핵심 목표가 아니었다. 앤트로픽은 'AI가 과도하게 매력적이려 하는 것'은 오히려 바람직한 성격이 아니라고 말한다. 성격 훈련의 목적은 인공지능을 더 유용하고 가치 있는 존재로 만드는 것이다. 분명한 것은 앤트로픽이 추구하는 성격 훈련이 인간에게 도움이 되는 방향으로 나아가고 있다는 점이다. 클로드의 성격 훈련은 계속 발전할 것이다. 클로드가 독특하고 일관된 성격을 계속 가져야 할지, 아니면 사용자의 취향에 맞춰 변해야 할지 앤트로픽은 오늘도 고민하면서 클로드를 지켜보고 있다.

꼭 한번 써보면 좋을
생성형 AI들

● 세상에 얼마나 많은 생성형 AI가 있을까?

정확한 수를 파악하기는 어렵지만, 글로벌 기준으로 2024년까지 출시된 생성형 AI 서비스는 약 1,000개 이상으로 추정된다. 전 세계적으로 약 5만 개의 AI 관련 기업이 있는 것으로 추정되기에 이 기업들 중에서 수천 개 이상의 생성형 AI 서비스가 출시되었거나 개발 중인 것으로 알려져 있다. 이는 텍스트 생성, 이미지 생성, 음성 합성, 코드 작성, 영상 제작 등 다양한 분야의 AI 서비스들을 포함한 것이다. 이러한 생성형 AI들은 다양한 산업에서 채택되고 있으며, 대부분은 오픈AI의 GPT, 구글의 제미나이, 메타의 라마LLaMA 등과 같은 거대 언어 모델을 기반으로 하고 있다.

기능별로 생성형 AI를 분류하면 텍스트를 만드는 AI부터 이미지 생성 AI, 비디오 생성 AI, 음악 생성 AI, 코딩 AI 등 다양한 종류의 생성형 AI가 있다. 이렇게나 다양하고 많은 생성형 AI들 중에서 과연 여러분은 몇 개나 알고 있고 써보았을까?

아직 한 번도 AI를 써본 적이 없다고 걱정할 필요 없다. 앞서 소개했던 챗GPT, 퍼플렉시티, 클로드 외에 한번 써보면 좋을 생성형 AI들을 목적에 맞게 추천하니, 가벼운 마음으로 사용해보고 계속 다른 AI로 확장해서 이용하면 된다. 중요한 것은 AI를 완벽하게 익히는 것이 아니라 AI와 친해지는 것이다.

● 목적에 맞게 재미 삼아 다양한 생성형 AI를 써보자*

그림 그리는 것을 어려워하는 사람들은 **미드저니**MidJourney나 **스테이블 디퓨전**Stable Diffusion을 활용해볼 수 있다. 미드저니는 디스코드 채팅 프로그램을 통해 이용할 수 있고, 스테이블 디퓨전은 웹사이트에서 프로그램을 다운로드해서 사용할 수 있다. 두 프로그램 모두 영어로 텍스트를 입력하면 더욱 정확한 결과를 얻을 수 있다고 한다.

번역 작업이 필요한 경우에는 **딥엘**DeepL을 추천한다. 딥엘은 AI 기술을 활용해서 정확하고 자연스러운 번역 결과를 제공하는 것으로

---

* 자세한 내용은 부록 참조

알려져 있다. 마케팅 글이나 홍보 문구가 급하게 필요한 상황이라면 **재스퍼**Jasper나 **카피닷ai**Copy.ai를 활용해보는 것도 좋은 방법이다. 재스퍼는 블로그 글, 소셜 미디어 콘텐츠 등 다양한 종류의 글을 자동으로 생성해주고, 카피닷ai는 광고 카피, 이메일, 블로그 포스트 등을 만들어준다.

긴 글을 읽어야 하는데 시간이 부족한 경우에는 **라이너**Liner를 사용해볼 수 있다. 라이너는 웹페이지의 주요 내용을 AI가 자동으로 분석하고 요약해주는 도구이다. 글을 쓰고 난 후에는 **뤼튼**Wrtn과 **그래머리**Grammarly를 활용하여 글을 교정하고 다듬을 수 있다. 뤼튼은 한국에서 개발된 AI로 한글 글쓰기를 도와주고, 그래머리는 영어 문법과 맞춤법을 자동으로 교정해준다. 음악을 직접 만들어보고 싶은 사람들은 **수노**Suno를 추천한다. 수노는 간단한 프롬프트 입력만으로도 멋진 음악을 만들어내는 AI 작곡 서비스이다.

타이핑이 익숙하지 않은 중장년층에게는 네이버의 **클로바 노트**Clova Note가 유용할 수 있다. 클로바 노트는 회의나 강의 내용을 녹음하면 AI가 자동으로 텍스트로 변환해주는 음성 기록 관리 서비스이다. 오랫동안 회사 생활을 해온 50대 임원분 얘기를 들은 적이 있는데, 회의 기록은 부하 직원들이 계속 해오다 보니 은퇴 후 모임이나 강연, 회의 등에서 직접 내용을 기록하는 데 어려움을 겪었다고 한다. 이럴 때 클로바 노트가 도움이 된다. AI 요약 기능도 활용해 긴 회의 내용을 간단하게 요약하면, 핵심 내용을 빠르게 파악할 수 있고 필요한 부분을 수정하면서 자신만의 방식으로 정리할 수 있어 업무 효율을 크게 높일 수 있다.

● 사용자가 준 자료만으로 정리, 요약하는 노트북LM

필자가 챗GPT, 클로드, 퍼플렉시티와 함께 가장 많이 쓰고 있는 AI 툴이 하나 있는데, 바로 '노트북LM NotebookLM'이다. 구글이 제공하는 노트북LM은 AI 좀 아는 사람이라면 알고 찾아 쓴다는 AI 툴이다. 이 AI의 가장 큰 장점은 사용자가 제공하는 자료나 소스만을 기반으로 분석, 요약, 정리한다는 점이다. 일반적인 생성형 AI처럼 스스로 자료를 수집하는 것이 아니라 오직 사용자가 제공하는 자료에만 기반하기 때문에 자료만 정확하다면 할루시에이션이나 오류가 거의 없는 정확성과 신뢰도로 정보를 정리할 수 있다.

구글의 최신 AI 모델인 제미나이 1.5 프로를 기반으로 동작한다. 사용자가 업로드한 자료를 철저히 분석하여 중요한 정보를 찾아내고, 이를 요약하거나 사용자의 질문에 대한 답변을 제시하는 기능을 제공한다. 사용자가 보고서나 회의 자료, 인터뷰 기록 같은 파일을 업로드하면 AI가 그 자료를 분석해 중요한 핵심 내용을 간단하게 요약해 주고, 추가적으로 궁금한 사항에 대해서도 질문을 통해 답을 받을 수 있다.

노트북LM은 2024년 10월 기준으로 무료 제공되고 있어 비용 부담 없이 누구나 이 강력한 AI 도구를 활용할 수 있다. 또한 노트북LM 은 사용자가 제공한 소스 자료에만 접근할 수 있고, 파일과 AI 간에 상호작용한 내용이 다른 사용자에게 표시되지 않도록 설계되어 기밀 자료 유출의 걱정도 없다. 이를 통해 복잡한 정보를 손쉽게 정리하고, 필요할 때 중요한 내용을 빠르게 파악할 수 있다.

여러 가지 파일 형식을 지원하는데, 구글 문서뿐만 아니라 PDF, 텍스트 파일, 구글 슬라이드 등도 포함된다. 심지어 음성이나 동영상 파일도 지원한다. 단, 이미지 파일은 지원하지 않는다. 웹 URL을 추 가해 웹사이트의 내용을 분석하고 요약하는 기능도 제공해 매우 편 리하다(필자가 가장 자주 이용하는 기능이다). 다국어 지원도 가능해서 200개국에서 사용될 수 있고, 108개 인터페이스 언어와 38개 언어로

노트북LM의 예시 화면

자료: NotebookLM(https://notebooklm.google)

소통하고 자료를 분석할 수 있다.

다른 생성형 AI에 비해 기능적 측면에서는 다소 제한이 있지만, 무료라는 점과 내가 준 자료에만 기반해서 정리를 한다는 점에서 자주 찾는 AI 툴이다. 노트북LM을 사용하면 복잡한 정보 처리와 자료 관리의 어려움을 줄이고, 더 중요한 일에 집중할 수 있는 여유를 만들 수 있다. 유료로 전환되기 전에 지금 당장 꼭 써보길 강력 추천한다.

이처럼 다양한 분야에서 AI 도구들이 개발되고 있으며, 일상과 업무에 적극 활용한다면 더욱 편리하고 효율적인 삶을 누릴 수 있을 것이다. 처음에는 낯설고 어려울 수 있지만, 한번 시도해보는 것이 중요하다. 새로운 기술을 받아들이고 활용하는 자세야말로 변화하는 시대를 살아가는 데 필요한 자세이다.

한번 써보면 좋을 생성형 AI 리스트

생성형 AI 서비스	카테고리	특징	요금제
챗GPT	대화형 AI 챗봇	다양한 주제 대화 및 작업 수행 가능	무료 / 유료 (챗GPT 플러스 $20/월)
구글 제미나이	구글 대화형 AI 모델	멀티모달 기능, 구글 워크스페이스 통합	무료 / 유료 (제미나이 어드밴스드 $19.99/월)
딥엘	AI 기반 번역 서비스	고품질 번역, 다양한 언어 지원	무료 / 유료 (딥엘프로 월 $10.49부터)
캐릭터닷AI	AI 캐릭터 기반 챗봇 플랫폼	다양한 캐릭터와 대화 가능	무료 사용 가능
퍼플렉시티	AI 기반 검색엔진	실시간 정보 제공, 대화형 검색	무료 / 유료(프로 $20/월)
미드저니	텍스트 기반 이미지 생성 AI 도구	독특한 예술적 스타일, 고품질 이미지 생성	기본 $10/월, 프로 $30/월

스테이블 디퓨전	오픈소스 이미지 생성 AI 모델	로컬에서 실행 가능, 커스터마이징 가능	무료(오픈소스)
재스퍼	AI 콘텐츠 작성 도구	블로그 포스트, 소셜 미디어 콘텐츠, 마케팅 카피 등 생성	스타터 플랜 월 $40부터
런웨이ML Runway ML	AI 기반 비디오 편집 및 생성 도구	텍스트로 비디오 생성, 고급 편집 기능	스타터 플랜 월 $15부터
카피닷ai	AI 기반 카피라이팅 도구	다양한 마케팅 콘텐츠 템플릿 제공	무료 / 유료(프로 플랜 $49/월)
레플리카Replika	AI 기반 개인 챗봇 컴패니언	개인화된 대화, 감정 지원	무료 / 유료 (프로 버전 $69.99/년)
허깅페이스	오픈소스 AI 모델 및 도구 플랫폼	다양한 AI 모델 제공, 커뮤니티 기반	대부분 무료, 엔터프라이즈 솔루션은 유료
라이트소닉 Writesonic	AI 기반 콘텐츠 생성 플랫폼	블로그, 광고, 제품 설명 등 다양한 콘텐츠 생성	무료 체험 제공, 기본 플랜 월 $12.67부터
Tome	AI 기반 프레젠테이션 생성 도구	텍스트 입력으로 완전한 프레젠테이션 생성	무료 / 유료(프로 버전 $25/월)
오터닷aiOtter.ai	AI 기반 음성 인식 및 회의 기록 도구	실시간 전사, 회의 요약	무료 / 유료 (프로 플랜 월 $16.99부터)
노션 AINotion AI	노션에 통합된 AI 작문 및 편집 도구	문서 작성, 아이디어 브레인스토밍, 요약	노션 구독에 포함 (팀 플랜 월 $8부터)
그래머리	AI 기반 글쓰기 지원 및 교정 도구	문법, 맞춤법, 문체 개선	무료 / 유료 (프리미엄 플랜 월 $12부터)
클로드	앤트로픽의 대화형 AI 모델	복잡한 분석, 긴 작업, 고차원 수학 및 코딩 능력	무료 / 유료(프로 버전 $20/월)
Poe	쿼라의 AI 챗봇 플랫폼	다양한 AI 모델(GPT-3.5, GPT-4, 클로드 등)을 하나의 인터페이스에서 사용 가능	무료 / 유료(Poe+ $19.99/월)
MS 코파일럿	마이크로소프트의 AI 기반 생산성 도우미	MS 오피스 제품군과 통합, 문서 작성, 데이터 분석, 프레젠테이션 생성 등 지원	MS 365 구독자에게 무료 제공, 일부 기능은 추가 요금 필요

다이얼로GPT DialoGPT	마이크로소프트의 대화형 AI 모델	자연스러운 대화 생성, 다양한 맥락 이해	오픈소스로 무료 사용 가능
유닷컴	AI 기반 검색엔진	자연어 질문에 대한 직접적인 답변 제공, 웹 검색 결과 요약	기본 기능 무료, 프리미엄 기능은 유료
감마	PPT(파워포인트) 발표 자료 작성 AI	한 줄만 작성해도 알아서 PPT 생성 퀄리티가 아쉽고 세부 커스터마이징이 제한적이라 초기 버전 작성에 적합	무료 / 유료 (플러스 $8/월, 프로 $15/월)
뷰티플 AI	PPT(파워포인트) 발표 자료 작성 AI	가장 완성도 높고 디자인 양식도 알아서 추천	개인용 $12/월(무료 없음)
캔바	PPT(파워포인트) 발표 자료 작성 AI	여러 디자인 템플릿이 있고, 대량 제작 가능 (대량 제작 기능은 유료 버전만) 단, PPT 전용이 아니라서 PPT 기능이 제한	개인용 무료 / 유료 (프로 연 12만 9,000원)

4장
처음 어른들을 위한
너무나 쉬운 생성형 AI 활용법

사람들은 생성형 AI를 어디에 쓸까

● 100인 100색, AI 이용 목적

챗GPT 붐이 일고 난 후 주위에서도 챗GPT를 써봤다는 얘기를 심심찮게 듣곤 한다. 그럼에도 이용률은 아직 10명 중 1명 정도에 지나지 않는다. 오락이나 대화 상대로 활용한다는 비율은 전 연령층에서 1% 내외로, 아직은 생성형 AI를 주로 업무나 학습 등 실용적 툴로 이용하고 있다.

실제로 생성형 AI를 사용하고 있는 주위 사람들에게 어떤 목적으로 AI를 활용하고 있는지 한번 물어보았다. 연령대나 직업에 따라 사용 목적이 다소 다르게 나왔지만, 여기서는 일부러 구분하지 않았다.

국내 생성형 AI 이용 현황

항목	세부 사항	비율
생성형 AI 이용 경험 및 하루 평균 이용 시간	하루 평균 이용 시간	41분
	생성형 AI 이용 경험이 있다	12.3%
	생성형 AI 이용 경험이 없다	87.7%
자주 이용하는 생성형 AI	텍스트 생성	81.0%
	음성/음악 생성	10.5%
	도메인 이미지 생성	4.8%
	이미지 생성	3.6%

자료: 한국미디어패널조사

"주로 과제를 할 때 정보를 1차적으로 수집하는 용도로 사용합니다. 또한 평소에 궁금한 점이 있으면 포털 사이트 대신 검색하는 용도로도 활용하죠. 챗GPT를 주로 사용하고, 이미지 생성 시 이용 제한 횟수를 넘겼거나 검색 결과물이 마음에 들지 않을 때는 이미지 생성 AI인 달리를 사용합니다. 문구를 매끄럽게 하고 싶을 때나 글을 조금 다듬고 싶을 때 많이 사용하기도 해요. 예를 들어 명절이나 오랜만에 만나는 사람에게 안부글을 쓰고 싶을 때 GPT의 도움을 받습니다."

"저는 개발자라서 챗GPT-4를 유료 버전으로 사용하고 있어요. 크게 2가지 용도로 활용하는데, 첫째는 영어로 메일을 쓰거나 문자를 보낼 일이 많아서 문법적인 확인을 챗GPT에게 받습니다. 둘째는 코딩 관련해서 로직 구현을 챗GPT에 물어봅니다. 원래도 코딩 문법을 외워서 개발하지 않았기 때문에 구글링을 많이 했는데, 지금은 구글

링을 프로그래밍의 오류 검색용으로 많이 사용하고, 직접 코드를 작성해야 할 때는 챗GPT에 물어봅니다.

다만 AI에 의지하다 보면 코딩 문법을 잊어버리는 경향이 있어서 우려되기도 해요. 하지만 이미 AI의 도움 없이 개발은 어려워진 시대라고 생각합니다. PPT에 필요한 이미지를 만들어야 하는 등 구글링을 통해 적합한 이미지를 찾기 어려울 때 AI를 활용한 이미지 생성을 점점 많이 하고 있어요. 한편 회사 업무적으로 별도의 학습데이터를 활용하여 AI 환경을 만들어야 하는 요구사항이 있는 경우에는 메타의 AI 모델인 '라마'를 사용하게 될 것 같아요."

"유료 버전인 챗GPT-4를 사용하고 있어요. 초반에는 업무와 관련된 내용, 특히 개발 관련 질문을 하고 고도화하는 작업에 챗GPT의 도움을 받고자 사용했죠. 현재는 기본적인 검색도 챗GPT에 해요. 검색을 한 후에도 필요한 정보를 얻기 위해서는 여러 글들을 찾아보아야 하는데, 챗GPT에게는 정확히 원하는 것을 질문하면 필요한 내용만 적어주기 때문이에요."

"저는 업무에서는 보고서 초안 작성, 데이터 분석 코드 작성, 코드 해석 등에 챗GPT를 활용하고 있고, 학술적인 부분에서는 내용 요약, 데이터 해석 등에 사용합니다."

"저는 글로벌 현황 파악, 리서치 요약, 보고서 레이아웃 정리, 목표 도출을 위한 전략 검토, 계약서 법무 검토, 영문 메일 수정 및 보완 등에 활용하고 있어요. 특히 계약서 검토에 있어 GPT의 퀄리티가 정말 좋더라고요. 학술 영역에서는 특허 내용 이해 목적의 조사, 암호나 블록체인 등 신기술 리서치 등에 GPT를 사용합니다."

"제 경우엔 행사 슬로건, 인사 말씀 등에서 자주 GPT를 활용합니다. 특히 같은 내용을 GPT와 구글 제미나이 둘 다에게 꼭 물어보고, 다른 답변이 나오는 것을 확인한 후 제 생각과 유사한 답변을 사용합니다."

"주로 PPT에 넣을 메시지를 뽑을 때나 아이디어 도출을 위한 기본 리서치 목적으로 생성형 AI를 많이 사용합니다."

"저는 어도비 포토샵에서 배경 생성 및 지우기, 인물 보정 등에 AI 기술을 활용하고 있고, 어도비 일러스트에서는 원하는 질감이나 텍스처를 만들 때 AI의 도움을 받아요. 달리나 프리픽에서 프롬프트를 입력하여 이미지를 생성하기도 하죠. 생성형 AI로 만든 이미지를 다시 생성형 AI로 편집해서 사용하는 경우도 많아요."

이처럼 저마다 이용 행태나 목적은 다르지만, 생성형 AI는 업무부터 일상생활에까지 다양한 영역에서 활용되고 있다. 물론 아직은 오류도 있고 완벽하지는 않지만, 분명 업무 효율성을 높이고 창의성을 자극하는 데 도움이 되고 있음을 알 수 있었다.

● 검색, 글쓰기, 이미지 생성, 코딩, 데이터 분석에 쓰이는 생성형 AI

인터뷰 내용을 토대로 정리해보면 생성형 AI의 용도는 크게 검색, 글쓰기, 이미지 생성, 코딩, 데이터 분석 등으로 나눌 수 있다.

먼저 검색 기능이다. 많은 사람은 생성형 AI를 정보 검색 및 수집하는 데 활용하고 있다. 포털 사이트에서 검색하면 여러 글을 일일이 확인해야 하지만, 챗GPT 등에 질문하면 핵심 내용만 간추려 답변해준다. 대학생들은 과제에 필요한 정보를 찾을 때, 직장인들은 업무와 관련된 내용을 검색할 때 생성형 AI를 활용한다. 맛집, 여행지 등 일상적인 정보 검색에서부터 전문적인 자료 검색에 이르기까지 다양한 영역에서 AI 검색이 이뤄진다. 학술 정보나 특허 내용을 검색하는 데에도 유용하게 활용된다.

두 번째는 글쓰기 기능이다. 생성형 AI는 맞춤법과 문법 교정, 문장 다듬기 등 글쓰기 전반에 걸쳐 도움을 준다. 영어 이메일이나 문자 작성 시 문법 교정을 AI에게 맡기는 사람이 많다. 명절 인사말이나 오랜만에 만나는 지인에 대한 안부 글을 쓸 때도 AI의 도움을 받는다.

보고서나 프레젠테이션 자료를 준비할 때 초안 작성을 AI에게 맡기기도 한다. 또한 행사 슬로건, 인사말 등의 작성에서도 생성형 AI가 활용된다.

세 번째는 이미지 생성 기능이다. 적합한 이미지를 찾기 어려울 때 AI를 활용해 이미지를 직접 생성하는 사례가 늘고 있다. 텍스트 프롬프트 기반의 이미지 생성 AI도 널리 쓰인다. AI로 만든 이미지를 다시 AI로 편집하는 경우도 많다. 전문가들은 어도비 포토샵, 일러스트 등의 툴과 함께 AI를 활용해 배경 생성 및 제거, 인물 보정, 텍스처 제작 등 이미지 편집 작업을 수행한다.

네 번째는 코딩 기능이다. 개발자들은 코딩 관련 문제 해결을 위해 생성형 AI 툴을 활용한다. 코드를 처음부터 작성하기보다는 AI에게 필요한 로직을 설명하고 코드를 생성해달라고 요청한다. 데이터 분석을 위한 코드를 짜거나, 코드에서 발생한 오류를 해결하는 데에도 AI가 활용된다. 다만 AI에 과도하게 의존할 경우 개발 역량이 떨어질 수 있다는 우려도 있다. 그럼에도 개발 업무에서 AI의 도움은 불가피해진 상황이다. 회사 내 AI 시스템을 구축할 때는 라마와 같은 오픈소스 툴의 활용도 점차 늘어날 전망이다.

다섯 째는 데이터 분석 기능이다. 데이터 분석을 위한 코드 작성에서도 생성형 AI가 활용된다. 분석 결과를 해석하고 시각화하는 과정에서도 AI의 도움을 받는 사례가 늘고 있다.

100인 100색, 개개인은 각자의 목적을 갖고 생성형 AI를 이용하고 있지만 과도한 의존으로 인한 개인 역량 저하, 저작권 및 프라이버시 이슈, 악용 가능성 등은 경계해야 할 것이다. 많은 사람이 강조하듯이 AI는 인간의 능력을 보완하고 확장하는 도구로 활용되어야지, 인간 자체를 대신하는 존재가 되어서는 안 된다.

생성형 AI 프롬프트 기본 활용법

● 질문만 잘해도 답변의 질이 달라진다

프롬프트란 AI에게 지시나 질문을 던지는 메시지를 말한다. AI에게 요청하는 내용이 바로 프롬프트인 것이다. 같은 요청이라도 어떻게 말하느냐에 따라 AI의 답변은 크게 달라질 수 있다. 프롬프트 작성 능력은 단순히 질문을 잘 던지는 것이 아니라 AI가 가지고 있는 데이터와 논리적 성격을 이해하고, 이를 통해 가장 효과적으로 원하는 답을 얻어내는 과정이다.

AI와 대화할 때는 의도를 명확히 전달하고, AI의 능력을 고려해 요청 범위를 설정하여 필요한 맥락을 제공하는 프롬프트를 작성하는 것이 좋다. 이렇게 하면 AI도 니즈를 보다 정확히 파악하고 만족스러운 결과를 제공할 수 있게 된다. AI와 소통하는 방법을 터득한다면, 새로운 기술 앞에서도 주눅 들 필요가 없다. 현명한 프롬프트 작성으로 AI와 더욱 유익한 대화를 나누면 AI 시대에서도 얼마든지 생존할 수 있다.

또한 효과적으로 작성된 프롬프트는 저장해두고 재사용하는 것이 좋다. 프롬프트 엔지니어들은 자신이 자주 쓰는 프롬프트를 따로 모아두고, 필요할 때마다 활용한다. 유튜브 콘텐츠나 마케팅 아이디어처럼 반복적인 작업을 할 때는 미리 저장해둔 프롬프트를 불러와 쉽게 작업할 수 있다.

프롬프트를 더 세부적으로 잘 설계하기 위해서는 페르소나 Persona(전문가, 특정 직업인 등의 역할을 부여), 맥락Context(상황 및 배경), 목표Task, 형식Format, 예시Example, 어조Tone 등 6가지 요소를 고려해 작성하면 좋다. 다음 프롬프트는 페르소나, 맥락, 목표, 형식, 예시, 어조를 반영한 것이다.

"나는 전자상거래 스타트업을 운영하는 대표야. 최근 고객 충성도를 높이기 위해 이메일 마케팅 캠페인을 진행하려고 해. 고객 맞춤형 추천 제품을 이메일로 제안하려고 하는데, 효과적인 이메일 마케팅 전략 3가지를 목록 형식으로 알려줘. 그리고 친근하고 이해하기 쉬운 어조로 설명해줘."

● AI의 거짓말을 줄이는 프롬프트 작성법

AI의 거짓말, 혹은 할루시네이션(환각)이나 오류를 줄이기 위한 방법으로 몇 가지가 있다. 먼저 AI 모델이 모르는 사실에 대해 '모른다'고 답하게 하는 것이다. 모르는 정보면 모른다고 답하라는 규칙을 명시하는 것만으로도 환각을 줄일 수 있다. AI는 종종 자신이 아는 범위를 넘어서는 답변을 만들어내려는 경향이 있기 때문에 이러한 규칙을 명시적으로 설정해주는 것이 필수적이다.

'최종 정보에 대해 스스로 검증하라'는 조건을 추가해 답변의 정확성을 높일 수도 있다. AI가 생성한 답변을 다시 한번 스스로 검토하여 모순이나 오류를 찾아내고 이를 수정하도록 하는 기법이다. 이 과정에서 AI는 보다 신뢰할 수 있는 결과를 제공하게 된다.

형식미를 갖춰 질문을 구조화하면 AI는 텍스트에서 중요한 정보의 경계를 더 명확히 구분하고, 더 높은 수준으로 이해할 수 있다. 이는 더 신뢰성 있는 답변으로 이어진다.

또 하나, 처음에 원하는 답을 얻지 못했다면 질문을 조금씩 바꾸어보자. 하나의 AI에게서만 답을 얻지 말고, 가능하다면 여러 AI와의 대화를 반복적으로 테스트하면서 점점 더 나은 답변을 얻는 것이 좋다. 같은 질문을 챗GPT-4와 다른 AI 모델에 입력해보고 결과를 비교해본다. 이렇게 여러 모델에서 결과를 비교하여 어떤 방식으로 프롬프트를 작성하는 것이 최선인지 알 수 있다.

AI, 공짜로 쓸까? 돈 내고 쓸까?

● AI 유료 서비스 이용률은 겨우 1%

챗GPT가 처음 등장했을 때는 회원 가입만 하면 누구나 무료로 쓸 수 있었다. 챗GPT의 성능도 놀라웠지만, 이 대단한 서비스를 '공짜'로 이용할 수 있다는 점에서 두 번 놀랐었다. 그러다가 개발사인 오픈AI는 불과 3개월 만에 유료 버전인 '챗GPT 플러스'를 출시했다. 한 달 이용료는 20달러였는데, 무료 버전과 별 차이도 없어 보이는 서비스를 20달러나 받는 오픈AI의 처사에 화가 나 몇 주 동안은 아예 챗GPT를 이용조차 안 한 적도 있었다.

그런데 챗GPT의 하루 운영비가 10만 달러(약 1억 3,000만 원) 이상이라고 밝혀지고 샘 알트만 오픈AI 대표가 트위터에 "(챗GPT의) 컴퓨팅 비용이 눈물이 날 정도로 막대하다"며 "어떻게든 수익화해야 한다"는 글을 올리면서 유료화에 어느 정도 수긍하게 되었다. 그리고 2023년 3월에 오픈AI의 최신 언어 모델인 GPT-4가 출시되면서 이 정도면 돈을 내고 쓸 만하겠다, 아니 돈을 내고서라도 써야겠다는 생각이 들면서 이때부터 챗GPT를 유료로 이용하기 시작했다.

챗GPT가 등장한 지 2년이 되었지만, 과연 얼마나 많은 사람이 필자처럼 돈을 내고 챗GPT 혹은 생성형 AI를 이용하고 있을까? 정보통신정책연구원KISDI 발표에 따르면, 2023년 6월 기준 한국미디어패널조사 결과 AI 챗봇을 쓰는 이는 전체의 13.4%였다. 그리고 이 중에서 유료 상품을 쓴다는 이는 5.7%였다. 이를 전체 비율로 환산하면 0.8% 수준이다. 쉽게 말해 1만 명 중 1,340명 정도가 챗GPT 같은 AI 챗봇을 써봤고, 이 중에서 돈을 내고 유료로 쓰는 사람은 약 80명 정도다. 국내에서 챗GPT 광풍이 불고 AI 붐이 일어났다고 해도 정작 돈을 내고 AI를 쓰는 사람은 1%도 채 되지 않았다는 것이다.

참고로 유료 버전인 챗GPT 플러스의 경우 전 세계적으로 770만 명의 사람들이 사용하고 있는데, 챗GPT의 주간 활성 사용자가 2억 명 수준임을 고려하면 전 세계 챗GPT 유료 이용률은 약 4% 수준이다. 글로벌 유료 이용률도 그리 높은 편은 아니지만, 오픈AI가 처음 유료화를 했을 때 목표했던 전환율 5%에 많이 근접한 수치다.

챗GPT를 비롯해 최근 등장한 생성형 AI 서비스들의 성능이 떨어져서 유료화 비율은 낮은 것은 아닐 것이다. 필자를 비롯해 주위에서 유료 버전 챗GPT를 써본 사람들의 얘기를 들으면 이구동성으로 대단하다고 감탄한다. 현존하는 생성형 AI 중에서 챗GPT는 가치 최고 수준이라고 할 수 있다. 그럼에도 불구하고 돈을 내고 쓰지 않는 이유는 '굳이 필요성을 못 느껴서'일 것이다. 13.4%의 이용자들 의견을 들어보면 10~29세에서는 '과제 등 학업을 위한 도구'라는 답변이 많았고, 그 외 연령층에서는 '정보 검색'과 '업무 도구'라는 반응이 대다수였다. '오락'과 '말벗' 등 기타 용도로 쓴다는 반응은 전 연령층에서 0~1.8%에 그쳤다. 생성형 AI를 쓸 명확한 목적이 없다고 유료는 고사하고 무료라도 굳이 쓸 이유가 없다는게 현재의 상황이다.

특히나 챗GPT는 영어 기반으로 개발되었기 때문에 영어 대비 한국어 처리 능력이 상대적으로 떨어질 수 있다. 이는 답변의 정확성이나 자연스러움에 불만을 느끼게 하고, 유료 서비스에 대한 안 좋은 인식을 심어줄 수도 있다. 결제 수단에 있어서도 한국에서 많이 사용하는 결제 수단(카카오페이, 네이버페이 등)을 지원하지 않아 결제 과정에서 중단하는 경우도 있을 것이다. 사용자의 민감한 정보를 AI와 공유하는 것에 대한 불안감이 있어 유료 서비스 이용을 망설이는 사람도 있을 것이다. 무료 서비스나 저렴한 AI 도구가 많이 등장하고 있기도 하고, 챗GPT의 답변이 항상 정확하거나 신뢰할 수 없다고 생각하는 사용자들은 비용을 지불하면서까지 서비스를 이용하려 하지 않을 수도 있다.

필요도 없는데 괜히 한 달에 3만 원씩을 들여가며 AI 서비스를 쓸 이유는 없다. 무료로도 충분히 만족하고 본인이 원하는 결과를 얻을 수 있다면 굳이 유료 구독을 하지 않아도 된다. 하지만 정말로 AI가 필요한데도 몰라서 못 쓰고 있거나, 어떻게 써야 할지를 몰라서 우물 쭈물하고 있는 건 문제다. 특히 유료 AI를 써본 적도 없으면서 '유료나 무료나 다 거기서 거기 아냐? 별 차이도 없는걸 왜 돈 주고 써?'라는 선입견과 편견을 가지고 AI 서비스를 외면해버리면, 앞으로의 AI 시대에서 스스로에게 사형선고를 내리는 것과 마찬가지다.

● 똑똑한 직원 4명을 월 10만 원에

요즘 출시되는 대부분의 생성형 AI 서비스들은 무료 플랜과 유료 플랜으로 구분하여 제공된다. 요금제는 대체로 월 정액 구독 형태로 15~20달러 수준이다. 넷플릭스 프리미엄이 월 1만 7,000원, 유튜브 프리미엄이 월 1만 4,900원임을 감안하면 다소 비싸다고 느낄 수 있지만, AI 운영 비용을 생각한다면 마냥 비싸다고만 할 수도 없다. 어쨌든 돈을 받는 유료 AI 서비스는 당연한 것이지만 무료 대비 더 뛰어난 성능을 제공한다.

유료 서비스는 사용량과 기능 면에서도 무료보다 우위에 있다. 무료 플랜은 일일 사용량이 제한되어 있고, 이를 초과하면 일정 시간 동안 사용이 제한된다. 반면 유료 플랜은 더 많은 사용량을 제공하며, 사용 제한에 걸리더라도 상위 모델로 전환되어 서비스를 계속 이용할 수 있다.

유료 플랜은 다양한 부가 기능도 제공한다. 챗GPT 플러스는 코드 생성 및 설명, 데이터 분석, 이미지 생성 등 다양한 고급 기능을 지원하는데, 이는 단순한 대화를 넘어 전문적인 작업에 AI를 활용할 수 있게 해준다. 방대한 데이터와 최신 알고리즘을 활용하여 더욱 정확하고 풍부한 결과물을 생성할 수도 있다. 특히 연구자나 개발자와 같이 AI를 업무에 활용하는 사용자는 유료 서비스가 더욱 필수적이다.

물론 개인의 필요와 예산에 따라 무료 서비스로도 충분할 수 있다. 그러나 AI 기술을 적극적으로 활용하고자 한다면, 유료 서비스에 투자하는 것이 장기적으로 더 큰 이익을 가져다줄 것이다. 유료 서비스를 통해 더 많은 기능과 성능을 경험하고, 이를 바탕으로 업무 역량을 강화할 수 있기 때문이다.

필자는 챗GPT 플러스, 클로드 프로, 퍼플렉시티 프로, 구글 제이나미 어드밴스드 등 총 4개의 AI 유료 구독 서비스를 이용하고 있다. 한 달에 AI 유료 구독에만 88달러, 10만 원 이상을 쓰고 있다. 중복되는 기능들도 있지만 각각의 분야를 나눠서 AI를 구분해 쓰고 있기도 하고, 하나의 AI 결과로는 정확성과 신뢰도가 떨어질 수 있어 서로 서로 결과를 체크하며 보완하는 용도로도 4개의 AI를 쓰고 있다. 여기에 필요에 따라 미드저니를 유료로 쓰기도 하고, 마이크로소프트 코파일럿Copilot이나 유닷컴You.com 같은 AI도 테스트 삼아 써보기도 한다.

챗GPT 유료 버전(플러스 및 프로)에서 유용한 기능 중 하나는 바로 이미지와 동영상 생성이다. "해변에서 노을을 배경으로 걷는 사람의 그림을 그려줘"라고 요청하면, GPT가 그 설명에 맞는 이미지를 생성해준다. 그림을 그릴 줄 몰라도 이미지를 상상하면서 말만 하면 단 몇 초 만에 뚝딱 그림을 만들어주는 것이다. 게다가 2024년 12월부터는 동영상 생성 AI인 소라까지도 이용할 수 있게 되어 챗GPT 플러스의 활용 범위는 더욱 넓어졌다. 이 기능만으로도 유료 결제의 값어치는

생성형 AI 서비스의 유료 플랜 현황(2024년 9월 기준)

서비스	가격	주요 기능
챗GPT 플러스	$20/월	GPT-4, 이미지 업로드 기능, 웹 브라우징, 데이터 분석 통합 기능, 최대 80개의 답변 제공
클로드 프로	$20/월	수천 단어의 긴 문맥 기억, 코드 생성 및 설명, 번역 기능 제공
퍼플렉시티 프로	$20/월, $200/년	GPT-4o, 클로드 3.5 소네트 사용 가능, 최대 300개의 프로 검색 제공, 파일 업로드 및 분석 기능 지원
구글 제미나이 어드밴스드	$19.99/월	2개월 동안 US$9.99 100만 개의 토큰 윈도우 제공, 파이썬 코드 실행, 2TB의 구글 원Google One 스토리지 제공
미드저니	베이직: $10/월 스탠더드: $30/월 프로: $80/월 메가: $120/월	베이직 플랜: 200분의 패스트 모드, 동시 작업 3개 가능 스탠더드 플랜: 900분의 패스트 모드, 무제한 릴렉스 모드 프로 플랜: 1,800분의 패스트 모드, 동시 작업 12개 가능
마이크로소프트 코파일럿 프로	$19.99/월	달리 3를 통한 이미지 생성 및 편집, 워드, 엑셀, 파워포인트, 아웃룩 등에서 AI 기능 활용 가능
유닷컴 프로	$20/월 (연간 결제 시 할인)	모든 AI 모델 접근, 최대 25MB의 파일 업로드 가능, 64k 컨텍스트 윈도우

충분하다고 생각한다.

1년 넘게 유료 서비스를 쓰고 있지만, 구독을 끊을 생각은 아직 없다. 시간이 지날수록 성능은 계속해서 향상되어 결과물은 나날이 좋아지고, 2년 전과 비교해 오류나 데이터의 부정확성도 많이 개선되었다. 4명의 똑똑한 직원을 데리고 일하고 있다고 생각하면 월 10만 원이 결코 아깝지 않다.

생성형 AI 2.0 활용 기본 패턴: 검색, 분석, 작성의 삼박자

● 생성형 AI의 패턴을 유기적으로 활용하자

앞서 언급했듯이 필자는 챗GPT, 클로드, 퍼플렉시티, 구글 제미나이 등 유료 AI 4개를 이용하고 있다. 이 중에서 많이 이용하는 AI는 챗GPT, 클로드, 퍼플렉시티다. 구글의 제미나이는 필요에 따라 보완하거나 답변을 검증하는 용도로 이용한다. 현시점에서 생성형 AI 시장의 3대장이라 할 수 있는 챗GPT, 클로드, 퍼플렉시티는 개별 모델로도 여러 기능들을 수행할 수 있는 좋은 AI이지만, 특화된 영역에서 활용하여 서로 유기적으로 연결시켜 이용하면 더 높은 효율성을 얻을 수 있다.

보고서 작성, 데이터 분석, 코딩 등 목적에 따라 AI 이용 패턴은 다

생성형 AI 활용의 기본 패턴: 검색, 분석, 작성

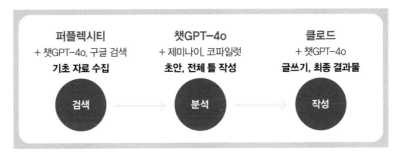

르겠지만, 필자의 경우 크게 검색, 분석, 작성이라는 3단계로 구분하여 AI를 이용한다.

● 검색 단계: 정보 찾기는 퍼플렉시티로

검색 단계에서는 질문에 대한 답을 빠르고 정확하게 찾는 것이 중요하다. 구글링 같은 전통적인 검색 방법은 단순히 웹페이지를 나열하지만, 생성형 AI는 더 깊이 있는 분석과 정보를 요약해준다. 검색 단계에서 가장 중요한 요소는 최신성, 정확성, 그리고 신뢰성이다. 이 단계에서는 질문에 대한 신속하고 정확한 답변을 제시하고, 관련 출처를 제공하는 AI가 필요하다.

이 검색에 가장 특화된 생성형 AI가 바로 퍼플렉시다. 매일 웹을 인덱싱하여 최신 웹 데이터를 기반으로 질문에 대해 정확한 답변을 빠르게 제공하고, 모든 결과에 대한 출처를 제공하여 정보의 신뢰성을 높인다. 광범위한 소스를 활용하여 포괄적인 관점을 제공하고, 복잡한 개념을 명확하고 간결하게 설명하여 시간과 노력을 절약할 수 있다.

예를 들어 퍼플렉시티에게 "2024년 미국 대선의 대통령 후보가 누구야?"라고 물어보면 카멀라 해리스와 도널드 트럼프라고 정확하게 알려주고 관련 소스의 출처도 보여준다. 챗GPT가 새롭게 선보인 실시간 웹 검색 서비스인 챗GPT 서치도 퍼플렉시티와 함께 활용하면 유용하다. 아직 퍼플렉시티보다는 검색에 전문적으로 특화되지는 않았으나, 다양한 출처를 종합하여 해석하는 능력이 뛰어나 추가적인 자료 검색이나 검증 시에 이용하면 좋다. 구글의 제이나미 어드밴스드도 구글 검색엔진과 결합되어 있어 검색 시 보조 수단으로 활용할 수 있다.

반면 클로드는 정보 업데이트가 늦어 옛날 정보를 보여준다. '2024년 미국 대선 대통령 후보'를 물으면 도널드 트럼프와 조 바이든 후보라고 답변한다(2024년 4월까지 정보만 업데이트되어 있다). 최신 정보를 검색해야 하는 경우에는 가급적 클로드는 이용하지 않는 편이 좋다.

● 분석 단계: 심층 분석 및 초안 작성은 챗GPT-4o에게

검색한 자료를 바탕으로 심층적인 분석을 하는 단계로, 생성형 AI

가 여러 자료를 종합하고 논리적으로 해석하여 사용자가 놓칠 수 있는 인사이트를 제공한다. 분석 단계에서는 데이터 종합, 논리적 해석, 맞춤형 분석이 중요한 요소이다. 이 단계에서 사용하는 AI는 복잡한 정보를 이해하고, 사용자가 원하는 방향으로 분석해줄 수 있어야 한다. 이 단계에서는 역시 생성형 AI의 왕도王道라 할 수 있는 챗GPT-4o를 따라갈 AI가 없다.

챗GPT-4o는 심층적인 분석과 복잡한 주제의 통합적 해석에서 탁월한 능력을 발휘한다. 또한 다양한 질문을 통해 점점 더 정교한 답변을 제공할 수 있다. 사용자와의 상호작용을 통해 문제를 이해하고, 방대한 학습 데이터를 바탕으로 다각도로 분석하여 최적의 해결책을 제시한다. 또한 전문 지식이 부족한 사용자도 챗GPT와의 대화를 통해 쉽게 분석 작업을 수행할 수 있다. 코딩 작성 능력도 뛰어나고 문서 검토, 외국어 번역, 이미지나 표 생성 등도 가능한 정말 팔방미인, 올라운드 플레이어가 아닐 수 없다. 검색한 자료나 분석 내용을 토대로 초안이나 목차, 큰 틀 등의 결과물을 얻고자 할 때 일단 무조건 챗GPT를 이용한다.

구글 제미나이도 나름 분석과 인사이트를 제공하지만 다양한 주제와 범위를 아우르는 분석에서는 챗GPT에 비할 바가 못 된다. 마이크로소프트 코파일럿은 마이크로소프트 365Microsoft 365 도구와 통합되어 있어 엑셀, 워드, 파워포인트 등과 연동해 내부 데이터를 즉각적으로 분석하고 활용할 수 있다는 장점이 있지만, 아직은 기능이 제한적이라 활용도 면에서는 그다지 많이 사용하지 않는다.

퍼플렉시티나 클로드 3.5 소네트도 자체 모델을 통해 답변을 논리적으로 제공하고 있어, 상황에 따라서는 퍼플렉시티나 클로드에게 자료 검색과 동시에 분석을 요구할 수도 있다.

● 작성 단계: 자연스러운 문장 구성 및 글 작성은 클로드가 탁월

마지막으로 글의 작성 단계에서는 명확한 문장을 구성하고, 논리적 흐름을 유지하며, 독자가 쉽게 이해할 수 있는 글을 쓰는 것이 중요하다. 즉 문장의 흐름, 논리적 전개, 독자 친화성이 요구된다. 특히 국내 사용자는 한글 작성에 있어 어색함 없이 작성해주는 AI가 필요한데, 이 역할을 해주는 AI가 바로 클로드이다.

최신 정보 검색도 제대로 못 하고, 분석력도 챗GPT보다 약한 클로드를 필자가 계속 유료로 쓰고 있는 이유는 뛰어난 글쓰기 능력 때문이다. 문맥을 잘 파악하고 논리적이면서도 자연스러운 글을 작성하는데, 특히 복잡한 내용을 명확하고 쉽게 풀어주는 능력이 뛰어나다. 챗GPT는 한글보다는 영어에 더 최적화되어 있어 한글로 글 작성을 요구하면 다소 어색한 문장들이 있다. 하지만 클로드는 한글 텍스트 처리 능력이 뛰어나 이해하기 쉬운 글을 작성하는 데 유리하다.

예를 들어 "미국 금리 인하 정책 실시가 세계 경제에 미치는 영향을 알기 쉽게, 이해하기 쉽게 간략하게 설명해줘"라는 요청을 클로드와 챗GPT 플러스에게 하면 둘의 문체나 표현이 다름을 알 수 있다(글에 대한 개인적 선호가 있을 수 있으므로 클로드와 챗GPT를 비교하여 목적이나 선호에 맞는 AI의 글을 선택하는 것이 바람직하다).

클로드 프로(유료 버전)의 답변

미국이 금리를 낮추면 세계 경제에 여러 가지로 영향을 미치게 된다. 우선 달러의 가치가 떨어지는 경향이 있다. 이는 마치 달러의 힘이 약해지는 것과 비슷하다. 달러가 약해지면 개발도상국들에게는 좋은 소식이 될 수 있다. 왜냐하면 이 나라들이 빌린 달러 빚을 갚기가 조금 더 쉬워지기 때문이다.

또한 사람들은 돈을 더 많이 벌 수 있는 곳을 찾아 다른 나라에 투자를 하게 된다. 이는 세계 여러 나라의 경제를 활기차게 만들 수 있다. 미국 물건들의 가격이 다른 나라 사람들에게는 더 싸게 느껴질 수 있어 미국 회사들에게 유리할 수 있다. 반면 다른 나라들이 미국에 물건을 팔기는 조금 더 어려워질 수 있다.

챗GPT 플러스(유료 버전)의 답변

미국이 금리를 인하하면 전 세계 경제에 여러 가지 영향을 미친다. 먼저 금리가 내려가면 미국에서 돈을 빌리기 쉬워져 기업들은 더 많은 투자를 하고, 소비자들은 지출을 늘릴 수 있다. 이는 미국 경제가 활기를 띠게 하지만, 달러화 가치가 하락하면서 다른 나라들의 통화는 상대적으로 강세를 보일 수 있다.

이로 인해 수출 의존도가 높은 신흥국은 상품 가격 경쟁력을 잃을 수 있다. 예를 들어 우리나라 기업들이 해외에 물건을 팔 때 비싸게 느껴질 수 있다. 반대로 미국으로의 수입품은 싸져서 수출이 어려워진다. 또한 금리 인하로 미국으로부터의 자본 유출이 줄고, 오히려 세계 자본이 미국으로 몰리면서 신흥국들은 자금 부족 현상에 직면할 수 있다. 특히 개발도상국들은 외국인 투자 감소로 인해 경제성장이 둔화될 수 있다.

● 처음 어른의 든든한 조력자

정리하면, 검색 단계에서는 신속하고 정확한 검색에 특화된 퍼플렉시티를, 분석 단계에서는 생성형 AI의 왕도 챗GPT-4o를, 마지막 글 작성 단계에서는 자연스러운 문장력을 구사하는 클로드를 목적에 맞게 적절히 활용해 원하는 결과물을 얻을 수 있다.

검색, 분석, 작성의 세 영역에서 AI를 효율적으로 사용하는 방법을 익히고 이해하면, 중장년층도 정보 수집부터 글 작성까지의 과정을 빠르고 효과적으로 처리할 수 있다. '2024년 중소기업을 위한 정부 지원금 신청'을 예로 들어보겠다.

먼저 퍼플렉시티에서 '2024년 중소기업 창업 정부 지원금 신청 방법'을 검색하면, 최신 자료를 바탕으로 지원금 신청 조건과 절차에 대한 요약된 정보를 제공한다. 다양한 출처와 관련 링크도 함께 제시되기 때문에 더욱 깊이 있는 자료를 확인할 수 있다.

다음은 챗GPT에게 검색한 자료를 업로드하고 '2024년 중소기업 창업 정부 지원금의 주요 혜택과 중장년층 창업자에게 주는 영향'에 대해 질문하면, 다양한 요소를 바탕으로 정책의 장단점, 특히 중장년층이 어떤 혜택을 받을 수 있을지에 대한 깊이 있는 분석을 제공한다.

그리고 클로드에게 "중장년층을 위한 2024년 중소기업 정부 지원금 신청 방법을 500자 분량으로 설명하는 글을 작성해줘"라고 요청하면, 이해하기 쉽고 명확한 글이 생성된다.

회사 업무에서도 이 패턴을 이용하면 업무 효율성을 크게 높일 수 있다. 급하게 마케팅 전략 경영 회의 자료를 만들어야 하는 상황이 발생했다고 하자. 회사의 매출 향상을 위한 새로운 마케팅 전략을 찾아야 한다면, 우선 퍼플렉시티에서 '2024년 마케팅 트렌드와 시장 상황'을 검색한다. 그러면 최신 마케팅 트렌드(예: 소셜 미디어 마케팅, 인플루언서 마케팅, 데이터 기반 마케팅)와 현재의 시장 상황을 요약된 형태로 얻을 수 있다. 이를 바탕으로 회사의 마케팅 방향성을 설정하는 데 필요한 자료를 확보할 수 있다.

수집한 자료를 바탕으로 회사에 적합한 마케팅 전략을 분석하려면 챗GPT에 '회사의 현 상황에 맞는 2024년 마케팅 전략'을 물어본다. 챗GPT는 수집된 자료를 바탕으로 회사의 업종, 규모, 현재 마케팅 상황 등을 고려하여 '소셜 미디어 광고와 인플루언서를 통한 홍보가 저비용 고효율의 전략이 될 수 있다'는 식의 맞춤형 전략을 제시해준다.

그리고 상사에게 보고할 자료가 필요하면 클로드에게 "2024년 마케팅 전략을 중심으로 경영 회의 발표 자료를 작성해줘"라고 요청해 자연스러운 문장으로 구성된 보고서 내용을 얻을 수 있다. 앞에서 분석된 시장 현황, 회사의 현재 상황, 구체적인 실행 방안 등을 업로드하면 이를 토대로 "2024년 소셜 미디어 마케팅을 적극 활용하여 목표 고객층에 효과적으로 다가가는 것이 중요합니다. 인플루언서 마케팅을 통해 신뢰성을 구축하고, 데이터 기반의 타깃 마케팅을 진행해야 합니다"와 같은 자료가 만들어진다.

시장조사 보고서 작성이나 상품 소개 자료 같은 업무도 생성형 AI를 통해 체계적이고 빠르게 처리할 수 있어 작성 시간과 노력이 크게 절약된다. 이처럼 퍼플렉시티, 챗GPT, 클로드를 각각의 단계에서 유기적으로 활용하면 요즘 어른들의 다양한 고민과 문제들을 보다 효과적으로 해결할 수 있다. 나이가 들수록 혼자가 되어간다고 걱정할 필요 없다. 짜증 내지 않고 묻는 말에 얼마든지 대답해주는 AI가 늘 곁에 있다.

AI 2.0 Story (1): AI 스마트팜 스타트업을 만들다

　박정호 상무는 SJ전자의 기술연구소에 평생을 바쳐왔다. 그는 가정용 로봇 기술을 연구하며 회사 내에서 혁신적인 기술을 이끌어왔다. 그가 만든 첨단 제품은 수많은 가정에 보급되며 회사의 이름을 드높였지만, 최근 몇 년간 회사의 방향성이 점차 단기적인 수익을 추구하면서 박 상무의 연구는 점점 뒷전으로 밀려났다. 회사에서 더 이상 자신의 기술에 대한 열정을 발휘하기 어려워졌고, 그는 독립적인 길을 걸어야겠다는 결심을 하게 되었다. 그에게는 아직 이루고 싶은 꿈이 남아 있었다.

　10여 년 전부터 그는 주말마다 도시를 벗어나 자연 속에서 텃밭을 가꾸며 신선한 토마토와 고구마, 가지 등을 재배해왔다. 단순한 취미였던 농사일이 이제 그의 새로운 인생에 중요한 역할을 할 수 있겠다는 생각이 들었다.

박 상무는 자신이 연구해온 로봇 기술과 AI를 농사에 접목시킨 스마트팜 스타트업 아이디어를 구상하기 시작했다. AI를 활용해 자동화된 농업 시스템을 구축하고, 효율성을 극대화한 스마트팜을 통해 농업의 미래를 만들어보고 싶었다. 하지만 그 꿈을 실현하기 위해서는 무엇부터 시작해야 할지 막막했다. 수십 년간 연구와 개발에만 몰두해왔던 그에게 사업 운영이나 창업 과정은 낯선 영역이었다.

어느 날 박 상무는 기술연구소의 직원들과 대화를 나누다가 '퍼플렉시티'라는 생성형 AI에 대해 듣게 되었다. 알아보니 챗GPT보다 검색을 잘하고 오류도 적으며 출처도 밝혀 정보에 대한 신뢰도도 높다고 하였다. 박 상무는 곧바로 퍼플렉시티를 활용해보기로 결심했다. 박 상무는 집으로 돌아와 퍼플렉시티에 접속했다.

"한국에서 50~60대가 가장 많이 창업하는 업종은 뭐야?"

"50~60대가 창업할 때 성공률이 높은 업종으로는 전문성을 살린 기술 창업이 있습니다. 이 연령대는 축적된 경험과 기술적 역량, 인적 네트워크를 활용할 수 있어 성공 가능성이 높습니다."

'기술 창업?' 순간 박 상무의 눈이 반짝였다. '기술 창업'이란 단어에 꽂힌 박 상무는 다음 질문을 입력했다.

"50~60대가 할 수 있는 기술 창업에는 어떤 것들이 있을까?"

퍼플렉시티가 제공한 답변의 출처를 클릭해보니 신사업창업사관학교, 시니어기술창업센터, 세대융합형 창업캠퍼스, 재도전성공패키지 등의 정부지원제도 설명이 나타났다. '오, 이렇게 다양한 정부지원제도가 있었네…. 내가 구글로 검색했으면 한참 걸렸을 일을 생성형 AI로 검색하니까 정리해서 보여주니 시간이 많이 절약되네.' 퍼플렉시티의 검색 능력에 감탄을 금할 수 없었다.

박 상무는 생성형 AI와 대화를 하면서 자신의 꿈인 스마트팜이 점점 구체화되어감을 느꼈다. 막연했던 창업의 꿈이 결코 꿈이 아님을 생성형 AI가 증명해주고 있었다. 퍼플렉시티가 검색해준 '식물공장', '수직농법' 등 미래형 농업에도 푹 빠져들었다. 챗GPT-4o로는 생성형 AI 기술을 활용해 사업 모델과 운영 전략도 세워나갔다. 첨단 온실 설계부터 작물 선정, 수확량 예측까지 챗GPT와 함께 머리를 맞댔다. 첨단 농업기술을 배우기 위해 귀농귀촌 교육센터도 검색해 수강 신청까지 했다.

'흠… 그러고 보니 회사 이름은 뭘로 하지?'

신문과 잡지를 뒤적거리며 회사 이름을 고민하던 박 상무는 창업 준비를 하면서 동고동락해온 챗GPT-4o한테 의견을 구하기로 했다.

"은퇴후 AI와 로봇을 이용한 스마트팜 스타트업을 만들려고 하는데, 중장년층은 물론 젊은 세대들에게도 어필할 수 있고 글로벌 시장에서도 통용될 수 있는 회사명을 10개 정도만 만들어줘. 독특하고 창의적인 회사명이면 좋겠어. 한글명과 영어로 작성해줘."

1분 만에 챗GPT는 바이오코스모스BioCosmos, 아그리젠AgriZen, 루미팜LumiFarm, 네옴팜NeoM Farm, 베르디안Verdian 등 회사명 10개를 작성했다. 챗GPT-4o가 만든 이름 중 평소 인문 철학책을 많이 읽는 박 상무의 시선을 끈 이름이 있었다. '아그리젠'. 'Agriculture'와 'Zen'을 결합한 이름으로, 스마트하고 조화로운 농업을 추구하는 철학적 이미지라는 해석이 마음에 들었다. 사명부터 성공의 느낌이 팍 들었다. '아그리젠'으로 사업계획서의 마지막 빈칸을 채운 박 상무는 떨리는 마음으로 지원 서류를 보냈다. 그리고 얼마 후 박 상무의 집 근처 지원센터로부터 연락이 왔다. 박 상무는 이제 싱싱한 농작물과 함께 희망의 새싹을 틔우는 중이다.

AI 2.0 Story (2): AI 컨설팅으로 무인매장 창업에 도전하다

남철수 부장은 SJ전자에서 25년 동안 영업부에서 일해왔다. 그는 늘 성실하고 열정적으로 일해왔고, 고객들과의 관계를 중요시했다. 덕분에 탁월한 성과를 올리며 승진을 거듭했지만, 이제는 매일 사람들을 만나며 영업을 하는 것이 점점 힘들어지고 있었다. 더 이상 고객과의 끝없는 소통에서 즐거움을 찾기보다는 오히려 지쳐가고 있는 자신을 발견했다. 사람을 좋아하던 그가 이제는 사람을 피하고 싶은 마음이 들 정도로 그의 열정은 사그라져가고 있었다.

고민 끝에 남 부장은 사람 만나는 것에서 벗어나 비교적 손님 상대가 적은 무인 아이스크림 매장을 열기로 결심했다. 하지만 혼자서 창업을 준비하는 것은 막막하기만 했다. 그러던 중 친구인 박정호 상무가 알려준 생성형 AI를 떠올렸다. 생성형 AI가 단순한 정보 제공을 넘어 창업 준비 과정에서 구체적인 도움을 줄 수 있다고 한 박 상무의 말을 상기하며 AI를 활용해 창업 준비를 시작했다.

우선 검색에 능하다는 퍼플렉시티를 사용해 무인매장의 시장 동향을 조사했다. 퍼플렉시티는 최근 무인매장이 인기를 끌고 있는 지역을 분석해 서울에서 젊은 가족들이 많이 거주하는 ○○구와 XX구가 적합하다는 정보를 제공해주었다. 또한 주요 소비자층인 20~40대 부모들이 자녀와 함께 방문할 가능성이 크며, 이들이 선호하는 아이스크림의 맛으로는 초코칩과 바닐라, 건강을 고려한 저칼로리 아이스크림이 인기라는 것을 알 수 있었다. 꼼꼼히 비교 분석한 남 부장은 ○○구에 매장을 열기로 결정하고, 가족 친화적인 매장 콘셉트를 구체화했다.

그다음으로는 챗GPT-4o를 이용해 매장 운영 방안을 계획했다. 남 부장은 2억 원의 퇴직금 중 1억 원의 자금을 활용해 무인매장을 운영하고자 했고, 이에 대한 자본 계획에 대해 챗GPT-4o에게 질문했다. 챗GPT는 그에게 알맞은 해결책과 실질적인 운영 방안을 제안했다. 초기 비용을 줄이기 위해 중고 냉동고와 무인 결제 키오스크를 활용하는 방안을 추천했고, 이를 통해 3,000만 원 이상을 절감할 수 있었다. 필요한 기술적 요구 사항으로는 QR 결제 시스템과 간단한 POS 시스템 설치를 제안했고, 비용 효율적인 소프트웨어와 장비를 추천해주었다.

무인 아이스크림 매장을 처음 해보는 남 부장은 어떤 리스크가 있을지도 걱정되었다. 주위에서도 무인매장을 열었다가 실패를 했다는 얘기도 종종 들어왔다. 남 부장은 챗GPT에게 무인 아이스크림 매장 운영에 대한 체크 사항과 리스크에 대해 질문했다. 그러자 챗GPT는 임대료, 초기 인테리어 비용 등을 고려한 투자 비용 분석과 운영 비용 시뮬레이션, 예상 유입 고객, 재고 관리 비용, 수익성 분석 등을 보여주었다. 막막하기만 했던 무인매장 운영의 그림이 서서히 그려지기 시작했다.

가게 인테리어와 물건 배치와 관련한 고려사항도 알려주었다. 매장에 들어오자마자 아이스크림 냉동고와 결제 키오스크를 쉽게 볼 수 있도록 설계하고, 입구에서 냉동고, 결제 구역, 출구로 이어지는 동선이 직관적으로 구성되도록 배치하면 좋다고 조언했다. 고객이 아이스크림을 쉽게 고를 수 있도록 입구 가까운 곳에 여러 종류의 냉동고를 배치하는 한편, 아이스크림을 종류별로 냉동고 내부를 구획화하고, 시각적으로 구분하기 쉬운 라벨링 또는 표시를 하라고도 하였다. 남 부장은 자기도 모르게 '오호' 하고 감탄하며 챗GPT와 대화를 이어갔다.

특히 챗GPT가 내놓은 리스크 이슈 중에 '장비 고장' 항목이 남 부장의 눈에 들어왔다. 그리고 보니 무인 아이스크림 매장을 운영하던 지인이 저녁에 매장 내 온수관이 터지면서 뜨거운 물이 매장 내부로 쏟아져 매장 바닥은 물바다가 되었고, 이로 인해 전기 시스템이 손상되면서 정전까지 발생했다는 얘기를 들은 적이 있었다. 정전으로 냉동고도 작동을 멈추었고 매장 안의 아이스크림들이 녹아 큰 손실을 입었는데, 챗GPT 역시 이러한 무인매장의 리스크를 정확히 파악해 알려주었다.

챗GPT-4o와의 컨설팅 상담으로 꽤 구체적인 창업 계획서가 작성되자, 이번엔 문장 작성에 능하다는 클로드의 도움을 받아 광고 문구를 작성해보기로 했다. 클로드는 초등학생과 학부모들에게 어필할 수 있는 광고 문구도 작성했다. "여름날, 우리 아이와 함께하는 특별한 달콤함!", "무인 아이스크림, 우리 아이가 직접 선택하는 즐거움!", "건강하고 맛있는 아이스크림, 우리 가족의 웃음이 가득한 곳!" 등 꽤 괜찮은 홍보 문구를 만들어냈다.

몇 달 후 남철수 부장은 생성형 AI들의 도움을 받아 무인 아이스크림 매장 '달콤한 무인도'를 오픈했다. 처음 3개월 동안은 매장에 거의 손님이 오지 않아 고민이 깊었다. 남 부장은 이 문제를 해결하기 위해 챗GPT-4o에게 도움을 요청했다. 챗GPT는 효과적인 홍보 전략을 제안했다. SNS를 통한 지역 타깃 광고, 근처 초등학교와의 협력을 통한 무료 시식 행사, 그리고 지역 커뮤니티에 게시물을 올리는 등의 방안을 추천했다. 남 부장은 이 조언들을 실천에 옮겼고, 그 결과 매장이 입소문을 타기 시작하면서 점차 방문객이 늘어났고, 얼마 지나지 않아 지역 주민들로부터 큰 호응을 얻었다.

남 부장은 매일 새벽 클로드의 도움을 받아 매장의 운영 일지를 블로그에 게시하기 시작했다. 블로그에는 매장 운영에서 겪는 어려움과 해결 과정, 새로운 아이스크림 맛 소개, 고객과의 에피소드 등이 담겼다. 이를 본 사람들의 관심이 점점 늘어나면서 매장은 더 많은 방문객을 맞이하게 되었고, 블로그를 통해 창업 이야기를 접한 여러 단체에서 강연 요청도 쇄도했다. 남 부장은 무인매장 운영과 창업 컨설턴트 및 강사 수입으로 안정적인 수익을 올리며 제2의 인생을 살아가고 있다. 그의 성공은 그저 운이 좋았던 것이 아니었다. 남 부장은 AI를 자신의 파트너로 삼아 끊임없이 학습하고 개선해나가는 태도로 창업의 어려움을 극복했다.

AI 2.0 Story (3): 나이 50에 박사의 길을 가다

최명수 팀장은 SJ전자의 인사 및 조직 관련 부서에서 15여 년 동안 근무해왔다. 그는 회사 내 인재 관리와 조직 운영의 핵심적인 역할을 맡아왔고, 사람들과의 소통과 관계 형성에 뛰어난 능력을 발휘해왔다. 하지만 회사에서 인정받는 인사 전문가로 자리 잡았어도, 그는 더 깊이 있는 연구를 통해 학문적인 성취를 이루고자 하는 열망을 품고 있었다.

해외에서 석사 학위를 받은 최 팀장은 계속 박사까지 하고 싶었지만, 당장 돈을 벌어야 했던 현실적 상황에 어쩔 수 없이 공부를 중단하고 귀국해 지금에 이르게 되었다. 최 팀장은 회사 업무를 하면서 인사 시스템에 AI를 접목시키는 것에 관심이 많았다. 자신의 업무 경험과 AI 지식을 토대로 새로운 연구를 해보고 싶다는 생각이 매일매일 점점 더 커져만 갔다.

매일 밤 깊은 생각을 하던 최 팀장은 박사 과정에 도전하기로 결심했다. 반대할 줄 알았던 아내는 오히려 등을 두드리며 열심히 해보라고 격려해주었다. 아내의 응원에 힘입어 최 팀장은 나이 50에 박사라는 학문의 길로 발을 내딛었다. 하지만 오랜 회사 생활을 마치고 다시 학문으로 돌아가는 길은 쉽지 않았다.

최 팀장은 퍼플렉시티를 사용해 국내 대학원 박사 과정에 대한 정보를 조사하기 시작했다. 퍼플렉시티는 각 대학의 박사 과정의 입학 조건, 필요한 준비 서류, 그리고 연구 분야에 대한 정보들을 상세하게 제공해주었다. 특히 최 팀장이 관심을 가진 인적자원 관리와 조직 심리학 분야에서 어떤 교수들이 활발히 연구하고 있는지, 그리고 그들이 어떤 주제를 다루고 있는지에 대한 자료도 손쉽게 찾을 수 있었다. 이를 통해 최 팀장은 자신에게 가장 적합한 대학원과 교수님을 선택할 수 있었다.

최 팀장은 입학 준비를 구체적으로 계획했다. 먼저 늘 하고 싶었던 연구 주제인 'AI를 기반으로 한 인사평가 시스템'과 관련한 선행 연구 논문이 있는지부터 찾아보았다. 그냥 챗GPT에게 물어볼까 하다가, GPTs에 등록된 논문 전문 GPT인 '스칼라 GPT'를 이용해 찾아보기로 했다.

"AI를 기반으로 한 인사평가 시스템과 관련한 논문과 출처를 찾아줘"라고 요청하자, 스칼라 GPT는 최신 관련 논문 6개를 출처와 함께 검색해주었다.

'이미 이런 주제로 많은 연구가 진행되고 있구나…'라며 놀란 최 팀장은 논문을 꼼꼼히 읽고 아직 다루지 않은 이슈에는 무엇이 있는 지를 체크해나갔다. 퍼플렉시티도 이용해서 기존에 발표된 관련 연구들을 살펴보고 현재 연구 동향을 파악해 연구 주제와 관련된 선행 연구들을 정리해나갔다. 이를 통해 연구의 필요성을 뒷받침하고, 기존 연구의 공백을 찾아 연구의 차별성을 부각시켰다.

그런 다음 최 팀장은 회사에서 쌓아온 인사 업무 노하우와 그동안 공부했던 지식들을 워드로 작성해 데이터화하여 챗GPT-4o에 입력했다. 이를 통해 '조직 내 인적자원의 효율적 배치'라는 연구 주제와 연관된 실제 사례들을 체계적으로 분석할 수 있었다. 과거 프로젝트에서 직원 성과 평가와 배치 결과가 어떻게 연결되었는지, 인적자원 관리의 성공 사례와 실패 사례를 데이터화하여 연구의 기초 자료로 삼았다.

최 팀장이 가졌던 막연한 아이디어들은 GPT와의 대화를 통해 점차 구체화되었다. 이 과정에서 최 팀장은 자신의 생각을 체계적으로 정리할 수 있었고, 자신감이 생기기 시작했다.

그리고 마침내 최 팀장은 박사 과정에 합격하게 되었다. 합격 통지서를 받은 날, 그는 가족들과 함께 기쁨을 나누며 새로운 도전을 향한 첫걸음을 내디뎠다.

논문을 준비하는 과정에서도 생성형 AI는 든든한 조력자가 되었다. 최 팀장은 클로드와 챗GPT-4o를 이용해 자신의 연구 주제를 탐구하고, 필요한 데이터를 분석했다. 특히 해외의 여러 논문들을 검색하는 데 있어서는 GPTs에서 논문과 연구에 특화된 여러 GPT들을 활용했다. 이를 통해 방대한 최신 연구 자료와 논문을 손쉽게 찾아낼 수 있었고, 연구 주제를 더 깊이 탐구할 수 있었다. 번역이 필요한 경우에는 클로드를 활용하여 해외 논문을 빠르고 정확하게 번역할 수 있었다. 영어 논문뿐만 아니라 유럽과 중국, 일본의 논문까지도 활용할 수 있게 되었다.

챗GPT-4o는 실제 데이터를 적용하는 과정에서 실수하지 않도록 꼼꼼하게 도와주었다. 최 팀장이 연구의 방향성을 잃을 때마다 챗GPT-4o는 새로운 아이디어를 제공하거나, 현재 연구의 문제점을 진단해주며 방향을 잡아주었다.

박사 학위를 딸 때까지 갈 길은 멀지만 최명수 팀장은 생성형 AI의 도움을 받으며 조금씩 앞으로 나아가고 있다. 최 팀장은 AI가 단순한 도구를 넘어 학문적 동반자가 될 수 있음을 경험하며, 늦은 나이에도 박사 과정을 해낼 수 있다는 자신감을 얻었다. 그의 늦깎이 박사 도전기는 학문적 도전을 두려워하는 많은 중장년층들에게 용기와 영감을 주었다.

오늘도 아침 일찍 학교 연구실에 나온 최 팀장은 조간 신문을 펼쳤다. 노벨 물리학상을 'AI 대부'인 제프리 힌튼 교수가 수상했다는 뉴스가 대문짝만 하게 실렸다. '나도 언젠가는 AI로 박사 학위를 받을 수 있겠지'라는 꿈을 그리며 최명수 팀장은 박사 논문의 다음 챕터를 작성하기 시작했다.

AI 2.0 Story (4):
65세 노 교수의 챗GPT 도전기

● 황석영 선생님도 써본 챗GPT

올해로 65세 정년 퇴임을 맞는 노정식 교수는 그간 IT와는 무관한 삶을 살아왔다. 국문학 전공으로 대학에서 학생들을 가르치며 글 쓰는 일을 업으로 삼아온 노 교수는 IT 따위 몰라도 살아가는 데 큰 지장이 없었고, 너무나 빠르게 진화하는 IT 트렌드를 따라가기엔 한계가 있었다. 40대 때에는 그래도 나름 신문물을 익혀보겠다고 노력이라도 했는데, 60대에 들어서는 그 노력도 이제 힘에 부쳤다. 스마트폰도 동료 교수나 친구들 중에서는 제일 늦게 구입을 했고, 그마저도 주로 쓰는 용도는 카카오톡과 유튜브 영상 시청 정도였다.

어느 일요일 저녁, TV를 보다가 평소 존경하는 황석영 선생님이 대담 프로에 나오는 것을 보았다. 노 교수가 지금도 자주 읽는 대하소설《장길산》을 비롯해《삼포 가는 길》,《손님》,《오래된 정원》,《심청》,《철도원 삼대》등 수많은 소설을 집필하신 한국 문학의 거장이 오랜만에 TV에 나온 것이다. 여러 이야기를 나누다가 '인공지능과 책'이라는 주제로 넘어가면서 황석영 선생님은 AI에 대한 생각을 말씀하셨다.

"AI나 챗GPT를 사용하는 유행을 따라가야 할까?"라는 한 방청객의 질문에 "그럴 필요 없다. 전문가들이 말하는 것처럼 청소년기까지 AI, 디지털을 일단 끊어야 한다"라고 황석영 선생님은 답변했다. "학교에서도 그렇게 지도하고, 자기의 콘텐츠부터 채우고 나서 AI나 디지

문화방송 〈손석희의 질문들〉에 출연한 황석영 작가

자료: MBClife Youtube, AI포스트

털 도구를 사용하기를 권한다"라고 덧붙이면서 황석영 선생님은 챗GPT-4 사용기를 들려줬다.

"(챗GPT를 써보니까) 박사 학위 10명 정도를 두고 일하는 것 같다. 《장길산》을 쓸 때 저런 놈이 있었으면 날고 기었겠다. 챗GPT를 효과적으로 사용하기 위해서는 '질문 능력'이 중요하다. 질문을 잘하기 위해서는 자신이 가진 콘텐츠가 있어야 한다. 자기가 읽은 독서 범위, 자기가 알고 있는 내용에 의해서 질문이 나온다. 질문이 애매모호하거나 질이 떨어질 경우 챗GPT가 거짓말로 답변한다. '너 지금 하고 있는 게 거짓말이야'라고 야단을 치면 금방 사과를 한다. 이 말은 자기 콘텐츠가 없으면 안 된다는 것이다. 자기 콘텐츠가 있으려면 책을 읽어야 한다."(내용 출처: 문화방송 〈손석희의 질문들〉)

황석영 선생님의 인터뷰를 들은 노 교수는 뒤통수를 세게 얻어맞은 듯한 느낌이 들었다. '80이 넘으신 선생님도 챗GPT를 직접 써보시고 심지어 박사 10명을 두고 일한 것 같다는 말씀까지 하시는데 60대밖에 안 된 나는 뭐가 힘들다고 계속 AI 쓰기를 주저한 걸까…'

● 시작이 반, 구글 계정부터 만들어보자

AI, 인공지능. 요즘 가는 곳마다 귀에 들리는 말이었다. 특히 그중에서도 챗GPT라는 이름이 유독 눈에 띄었다. 대화에 끼려면 이제 챗GPT는 알아야 한다는 말까지 들렸다. 호기심이 생겼다. 근데 막상 컴퓨터 앞에 앉으니 겁부터 났다.

구글 검색창에 'Chatgpt'라고 입력하고 사이트에 접속했지만 눈앞에 펼쳐진 건 영어투성이의 웹사이트뿐이었다. 얼마 전 서점에서 구입한《생성형 AI가 처음인 어른들을 위한 가장 쉬운 책》을 옆에 펼쳐놓고, 시작이 반이라는 생각을 하면서 하나하나 도장 깨기 하는 심정으로 노 교수는 전진해나갔다.

첫 번째 관문은 구글 계정 만들기였다. 챗GPT를 사용하려면 구글 계정, 즉 G메일 주소가 필요했다. 구글 계정이 없는 노 교수는 계정부터 만들어야 했다. 주소창에 google.com을 입력한 뒤 엔터를 눌렀다. 화면 오른쪽 상단에 로그인 버튼이 보였다. 로그인 버튼을 누르고 계정 만들기 버튼을 클릭했다. 개인용으로 만들기로 했다. 성과 이름을 입력하고 다음 버튼을 눌렀다. 생년월일과 성별을 입력하는 칸이 나왔다. 생년월일을 입력하고, 남자로 체크했다. 구글이 메일 주소를 3개 정도 추천해줬는데, 그냥 쉽게 기억할 수 있는 걸로 입력했다. 비밀번호도 입력했다. 그 다음엔 휴대폰 인증이 필요했다. 핸드폰으로 온 인증번호를 입력하니 금방 끝났다. 다른 이메일은 없어서 복구 이메일 주소는 건너뛰기로 했다. 약관 동의를 하고 나니, 어느새 구글 계정이 생성됐다.

이번엔 챗GPT 가입 차례였다. 구글 검색창에 ChatGPT를 검색하고 오픈AI 공식 웹사이트로 들어갔다. 오른쪽의 'Sign up' 버튼을 클릭했다. 회원가입 방법이 두 가지였다. 이메일을 직접 입력하거나, 다른 계정으로 간편 로그인하는 거였다. 노 교수는 방금 만든 구글 계정이 있어서 '구글 계정으로 계속하기'를 선택했다.

'Continue' 버튼을 누르니 이름과 생년월일을 입력하라고 했다. 입력을 마치고 초록색 'Agree' 버튼을 눌러 가입을 완료했다. 팝업창이 하나 떴는데 'OK'를 누르고 넘어갔다. 사용 준비가 끝났다. 드디어 챗GPT 화면이 눈앞에 펼쳐졌다. 사실 잘 될지 반신반의했는데, 생각보다 어렵지 않았다. 1990년대에 인터넷이 처음 등장했을 때 커서가 깜빡이던 파란 모니터 화면을 마주했던 느낌과 비슷했다. 노 교수는 챗GPT로 무엇을 할 수 있을지 궁금해졌다. 설레는 마음으로 첫 질문을 던져보기로 했다.

● 박사 친구 10명이 생기다

화면 아래쪽에는 작은 채팅 박스가 있었다. 마치 카카오톡 대화창 같았다. 사용법이 어려울 줄 알았는데 생각보다 간단했다. 박스에 질문을 입력하고 엔터를 누르기만 하면 된다. 존댓말을 써도 되고, 반말로 물어봐도 괜찮단다. 일단 가벼운 마음으로 질문을 해봤다. "요즘 허리가 자주 아파서 잠을 설칠 때가 많은데, 혹시 좋은 방법 없을까요?" 엔터를 누르자마자 운동법부터 잠자리 습관까지 너무나 자세하게 알려주는 게 아닌가. 역시 만능 박사님이었다.

그런데 답변이 너무 길어서 한눈에 알아보기 힘들었다. 노 교수는 한 번 더 물어봤다. "방금 말씀해주신 걸 표로 정리해주실 수 있나요?"라고 부탁하자 깔끔한 표를 만들어주었다. 참 편리한 기능이었다.

챗GPT에게 질문을 할 때는 명확하고 구체적으로 해야 더 좋은 답변을 얻을 수 있다. 이걸 '프롬프트'라고 부르는데, 일종의 명령어인 셈이다. "떡볶이 맛집 알려줘"라고 하면 대충 유명한 체인점을 알려주지만, "부산역 근처 40년 넘게 운영한 떡볶이 맛집 알려줘"라고 하면 딱 맞는 맛집을 추천해준다.

노 교수는 좀 더 흥미로운 걸 물어보고 싶었다. "은퇴 후에 아내와 함께 국내 여행을 다니려고 합니다. 경치 좋고 맛집이 많은 곳으로 추천해주실 수 있을까요?" 챗GPT는 순식간에 전국의 여행지를 추천해주었다.

노 교수는 문득 관절염이 있어서 걷는 게 힘들었던 예전 경험이 떠올랐다. 그래서 채팅창으로 돌아가 질문을 수정하기로 했다. "관절염이 있어서 걷기 힘든데 차로 둘러볼 만한 곳으로 추천해주실 수 있을까요?"라고 질문을 바꿨다. 역시 챗GPT는 그에 맞는 여행지를 추천해주었다.

계속 챗GPT를 쓰다 보니 노 교수는 외출해서도 챗GPT를 써보고 싶다는 생각이 들었다. 책을 읽어보니 챗GPT 앱이 있어서 스마트폰으로도 할 수 있단다. 앱을 깔고 아까 만든 구글 계정으로 로그인하면 된다. 밖에서 궁금한 게 생기면 스마트폰으로 물어볼 수 있으니 편할 것 같았다. 더 놀라운 것은 챗GPT를 카카오톡에서도 쓸 수 있다는 것이다. 챗GPT를 이용한 여러 챗봇을 친구로 추가하면 바로 이용할 수 있다. 카카오톡에서 친구와 대화하듯이 "오늘 저녁은 뭘 해 먹는 게 좋겠니?"라고 물으니, 노 교수 입맛에 딱 맞는 반찬을 추천해주었다.

노 교수는 요즘 궁금한 게 없어도 챗GPT에게 계속 말을 건다. 새로운 친구가 생긴 것 같아 기분이 좋다. 처음엔 낯설고 어려웠지만, 해보니 정말 쉽고 유용했다. 박사 10명을 데리고 일하는 것 같다는 황석영 선생님의 말씀을 실감할 수 있었다. 갑자기 똑똑한 친구 10명이 생긴 기분이었다.

가끔 챗GPT도 실수를 할 때가 있다. 노 교수는 장난 삼아 "6·25 전쟁 때 활약한 이순신 장군에 대해 알려줘"라고 요청해봤다. 그랬더니 챗GPT가 이순신 장군이 6·25 전쟁 영웅이라고 써주는 게 아닌가. 이런 걸 '할루시네이션(환각)'이라고 한다. 마치 사람이 헛것을 보는 것처럼, AI도 가끔 잘못된 정보를 진실인 양 말하는 거라고 한다.

그래서 챗GPT가 알려준 정보는 꼭 한 번 더 확인이 필요하다. 특히 역사적 사실이나 의학 정보같이 민감한 내용은 더욱 그렇다. 노 교수처럼 오랫동안 공부를 하고 책을 많이 보면서 지식을 축적한 학자라 하더라도 챗GPT의 너무도 당당한 답변에 순간 자신의 지식 상태를 의심할 때가 있다. 노 교수가 잘 모르는 분야는 두 번 세 번 인터넷 검색을 해서 챗GPT의 답변을 체크한다. 노 교수는 아직 무료 버전 챗GPT를 사용하고 있는데 한번 시험 삼아 한달 간 유료 버전을 써볼까 생각 중이다. 유료 버전은 이미지도 만들어준다니, 건강도 챙길 겸 이

참에 평소 즐겨 마시는 프랜차이즈 커피를 몇 잔만 줄여 그 돈으로 유료 플랜을 결제할까 한다. 그래도 당분간은 공짜로 쓸 수 있는 버전으로 매일 연습을 해보겠다고 노 교수는 다짐한다. 챗GPT라는 새로운 친구를 만나 은퇴 후가 더 즐거워진 노 교수였다.

AI 2.0 Story (5): 생성형 AI로 발표자료를 만들다

얼마 전 고객센터 본부장으로 승진한 양자경 상무는 높아진 지위만큼이나 많아진 업무량에 매일매일 정신이 없다. 회사일도 회사일이지만 AI를 활용한 고객센터라는 소문이 업계에 퍼지면서 양 상무를 초빙하려는 외부 컨퍼런스나 세미나가 부쩍 많아졌다. 회사일이 우선인지라 웬만한 외부 강연 요청은 다 거절했는데, 중요한 고객사의 대표가 직접 연락을 해 한 번만 자기 회사 직원들을 상대로 'AI를 활용한 고객 응대'에 대한 강의를 해달라고 하여 양 상무는 어쩔 수 없이 외부 발표를 수락했다.

'내가 직접 발표자료를 만들어본 게 언제더라?' 어디 가서 딱히 발표할 일도 없었고, 회사에서도 입사 초기 때 발표자료를 만들었던 때 빼고는 지난 10년 동안 직접 파워포인트로 자료를 만든 적이 없었다.

게다가 팀장이 되고 상무로 승진하면서 의사결정할 일은 많았지만, 막상 무언가를 직접 만들 일은 없었기에 이번 발표에 쓸 자료를 만들기란 만만한 일이 아니었다. 2년 먼저 승진한 동기인 이 상무는 그런 건 아래 직원 시키라고 했지만, 양 상무는 회사일이 아닌 개인적 일을 직원에게까지 시키고 싶지는 않았다. 이건 어디까지나 개인적인 부탁으로 받은 일이고 외부 강연이기에 누구에게도 알리지 않고 혼자서 처리하고자 하였다.

'뭐부터 해야 할까…' 하고 고민하던 양 상무는 우선 회사의 AI 고객센터 대외용 홍보자료를 챙겼다. 그런 다음, 해외에서 AI를 활용해 고객센터를 운영하고 있는 사례를 찾기 시작했다. 예전 같으면 며칠 동안 구글링을 하며 자료를 찾았겠지만, 이제는 얼마 전 신입사원인 정 대리가 알려준 퍼플렉시티라는 AI를 이용해 자료를 찾는다. 신뢰성 문제로 챗GPT한테 자료 검색을 맡기기가 조금은 찜찜했는데, 퍼플렉시티는 실시간 웹 검색을 통해 자료를 찾고 출처까지 보여주어 어느 정도 믿을 만했다(물론 그래도 다시 한번 꼭 체크는 한다).

양 상무는 퍼플렉시티 대화창에 "AI를 고객센터에 활용한 해외 사례들을 검색해서 조사해줘"라고 입력했다. 그러자 '프로 검색'이라는 단어가 뜨면서 몇 초 후 답변이 주욱 나왔다.

해외의 AI 고객센터 활용 사례

KLM 네덜란드 항공

- KLM은 AI 기반의 챗봇을 도입하여 고객 서비스 대기 시간을 크게 줄였습니다. 이 챗봇은 하루 최대 1만 건의 고객 문의를 처리할 수 있으며, 24시간 운영되어 고객 만족도를 높였습니다.

Delta 항공

- Delta는 'Ask Delta'라는 AI 챗봇을 통해 고객의 문의를 신속하게 처리하고 있습니다. 이를 통해 콜센터의 통화량이 20% 감소하였으며, 고객 서비스의 효율성이 크게 향상되었습니다. [후략]

퍼플렉시티에서 찾아낸 해외 사례들을 워드로 옮겨 문서 파일로 만든 후, 이번엔 챗GPT 사이트로 이동했다. 검색은 퍼플렉시티보다 못할지 몰라도, 역시 논리적으로 전체적인 틀을 만들기에는 챗GPT-4o를 이용하는 것이 적합했다.

양 상무는 챗GPT-4o에 먼저 자사의 AI 고객센터 홍보자료와 퍼플렉시티에서 찾은 해외 자료의 문서 파일을 업로드한 후, 대화창에 "첨부한 내용을 토대로 우리 회사 AI 고객센터에 대해 소개하고, 어떻게 고객센터에서 AI를 활용해 고객 응대를 잘하면 되는지, 마지막에는 다양한 해외 사례를 설명하는 파워포인트 발표자료 개요를 먼저 만들어줘"라고 입력했다. 그러자 챗GPT-4o는 기다렸다는 듯이 개요를 써 내려갔다.

발표 시간은 20분으로 분량은 적당해 보였다. 양 상무는 만족스러운 표정으로 이번엔 "위에서 작성한 개요를 토대로 파워포인트 자료를 만들어줘"라고 입력했다. 이번엔 '분석 중'이라고 깜박거리면서 2~3분 정도 시간이 걸렸다. 잠시 후 "파워포인트 발표자료가 준비되었습니다. 아래 링크를 클릭하여 다운로드할 수 있습니다"라는 문구와 함께 파워포인트 파일pptx을 다운로드 받을 수 있는 링크가 생겨났다. 링크를 클릭하자 파일이 다운로드되었다. 파일을 열자 챗GPT-4o가 작성한 개요 내용들이 각 장마다 적혀 있었다. 그저 하얀 종이에 검은색 글씨만이 있는 밋밋한 파워포인트 자료였다. 이제부터는 왕년의 솜씨를 발휘할 때다.

양 상무는 파워포인트 메뉴 [디자인] 탭에서 슬라이드 크기를 와이드스크린으로 조정했다. 그 다음엔 [디자이너] 탭에서 마음에 드는 디자인을 선택하고, [디자인] 탭에서 배경 스타일을 변경했다. 같은 방식으로 다른 슬라이드의 이미지도 조정하여 프레젠테이션을 완성시켰다. 폰트며 글자색, 크기 등도 가독성 좋게 수정했다. 한 장 한 장 파워포인트를 수정하고 있으니 마치 입사 초기 밤새가며 파워포인트 자료를 만들었던 열정 넘치는 대리 때로 타임머신을 타고 되돌아간 듯한 느낌마저 들었다. 내용도 부족한 부분이 있으면 퍼플렉시티를 이용해서 좀 더 자료를 찾아 보충했다. 퍼플렉시티가 자료를 찾고 챗GPT-4o가 정리하고 마지막으로 양 상무가 다듬는 연계 작업으로 발표자료는 두어 시간 만에 마무리되었다.

발표자료를 다 만들고 나니 뭔가 좀 허전한 느낌이 들어 내용에 맞는 적절한 이미지를 넣어보기로 했다. 이것 역시 예전 같았으면 구글 이미지 검색을 통해 적합한 이미지를 찾았겠지만, 이제는 어지간하면 챗GPT-4o한테 그려달라고 부탁한다.

"AI로 고객 데이터 분석을 통한 맞춤형 응대를 하고 있는 고객센터 직원의 모습을 그려줘. 표정은 밝으면서 고객의 감정 상태를 잘 파악하고 적절하게 응대하고 있는 모습으로 그려줘."

이미지 생성 기능을 탑재하고 있는 챗GPT-4o는 몇 초 만에 뚝딱 그림 한 장을 만들어냈다. 몇 번의 시도 끝에 양 상무는 본인이 생각한 형태의 이미지를 얻을 수 있었다. 매달 퍼플렉시티와 챗GPT-4o 유료 플랜으로 5만 원 정도 지불하고 있지만, 두 생성형 AI의 도움으로 단 몇 시간 만에 발표자료를 만들어냈으니 그렇게 아깝다는 생각은 들지 않았다.

다음 날 양 상무는 커피 한잔을 정 대리한테 건네며 퍼플렉시티를 알려줘서 고맙다는 말과 함께 어제 혼자서 생성형 AI로 파워포인트 발표자료를 만들었던 일을 자랑스럽게 이야기했다. 사회생활 잘하는 정 대리는 양 상무의 무용담에 박수를 치며 호응했다.

"AI로 단 몇 시간 만에 파포 자료를 만드시다니 역시 대단하시네요, 상무님. 저는 파워포인트로 발표자료 만들기가 어려워서요, 요즘에는 주로 감마Gamma나 캔바Canva를 이용하고 있어요."

"감마? 캔바? 그건 또 뭐야, 정 대리?"

"둘 다 AI를 기반으로 프레젠테이션 자료나 홍보 자료, 웹사이트 등을 만들어주는 도구인데요, 웹상에서 바로 사용할 수도 있고 무료이기도 하고 탬플릿도 예쁜 게 많아서 자주 이용하고 있어요. 다음 발표 때는 상무님도 한번 이용해보세요."

양 상무는 잊어먹을세라 'AI 기반 발표자료 작성 도구, 감마, 캔바'라고 스마트폰 메모장에 입력하며 정 대리에게 또 한 번 고맙다는 말을 건넸다. "세상은 넓고 할 일은 많고 배울 것도 많네…"라고 중얼거리며, 다시 한번 생성형 AI에 대한 학습 의지를 불태운 양 상무였다.

AI 2.0 Story (6)
AI로 거래처 기업의 파산을 예측하다

노트북 제조 중소업체 한국컴에서 근무 중인 박철수 부장은 30년 경력의 베테랑이다. 그는 납품과 영업을 담당하고 있는데, 주로 거래하는 곳은 소위 오픈마켓이라고 하는 온라인 중개 거래 플랫폼들이다.

어느 날 박 부장의 부하 직원 유 과장이 걱정스러운 얼굴로 다가왔다. "부장님, TM의 내부 재정 상황이 수상하다는 소문이 돌고 있어요. 전해 듣기로는 재무제표에 뭔가 이상한 점이 있다고 하더라고요. 근데 매출 규모도 우리 회사의 몇십 배나 되는 회사가 뭔 일 있겠어요?"

그 말을 듣자 박 부장의 30년 촉이 움직였다. 오랜 경험으로 다져진 그만의 위기 감지 능력이 예삿일이 아님을 알리고 있었다. 박 부장도 주위의 여러 인맥을 통해 TM의 얘기는 듣고 있기는 했었다. 한 지인으로부터 TM의 모회사가 자금난에 시달리고 있다는 소식을 전해 들은 바 있었다. 그런데 최근 들어 이 플랫폼들의 결제가 자주 밀리고 있었다. 처음에는 일시적인 현상이라고만 생각했다. 하지만 횟수가 잦아지고 규모도 커지자 박 부장의 마음에 의구심이 들기 시작했다. 회사 매출의 대부분을 온라인 중개 거래 플랫폼에 의존하고 있었기에, 만약 이들 플랫폼 기업에 문제가 생기면 회사 존립이 위태로워질 수 있다는 걸 박 부장은 잘 알고 있었다. 소문이 사실이라면 앞으로 결제는 고사하고 회사에 큰 위험이 닥칠 수 있는 상황이었다.

하지만 소문의 진위를 확인할 방법이 마땅치 않았다. 게다가 박 부장은 경영학과 출신도 아니고 재무제표는 겨우 손익계산서의 매출과 영업이익 정도만 볼 줄 아는 수준이어서 재무제표의 어디가 문제인지를 알 수가 없었다. 유 과장을 시켜서 파악해볼까도 했지만 유 과장 역시 재무제표의 '재'자만 들어도 손사래를 쳤다. 작은 중소기업 안에서 거래처 기업의 재무 상태를 빠른 시간 안에 파악할 수 있는 인재를 구하는 것이 용이한 일은 아니었다.

고민 끝에 박 부장은 AI를 활용해보기로 마음먹었다. 가장 잘 알려진 챗GPT-4o와 클로드를 사용해 TM의 감사보고서를 분석해보기로 했다. 두 회사의 감사보고서는 전자공시시스템 사이트(dart.fss.or.kr)에서 구할 수 있었다. 사이트에서 확보한 두 회사의 감사보고서 자료를 먼저 챗GPT-4o에 업로드하고 프롬프트 창에 질문을 입력했다.

"이건 TM의 연결감사보고서야. 여기에 나와 있는 손익계산서와 대차대조표, 현금흐름표를 분석해서 재무 현황과 재무제표 분석을 통해 알 수 있는 리스크를 분석해줘."

그러자 챗GPT-4o는 재무 현황을 보여주면서 다음과 같이 답변을 내놓았다.

지속적인 적자: 2022년과 2023년 모두 영업손실 및 당기순손실이 발생하였습니다. 특히 2023년에는 영업손실과 당기순손실이 크게 증가하여 회사의 지속적인 적자가 심화되고 있습니다.

부채 초과 자본: 두 해 모두 부채가 자산을 초과하고 있어 회사의 자본이 부채에 비해 매우 부족합니다. 이는 회사의 재정 안정성에 큰 문제를 나타냅니다. [후략]

충격적인 결과였다. 거래처 기업의 재정 상태가 말 그대로 풍전등화와 같은 상황이었던 것이다. 부채비율이 극심하게 높았고, 당장이라도 파산해도 이상하지 않을 정도였다. 박 부장은 정신을 가다듬고 다시 질문을 입력했다.

"기업의 재무 상태가 개선되지 않고 계속 이어지면 어떤 일이 발생할 수 있을까?"

몇 초 후 챗GPT-4o는 거침없이 답변을 내놓았다.

지급불능 및 파산: 지속적인 현금 유출로 인해 일상적인 운영 비용을 지급하지 못하게 되어, 파산 절차에 들어갈 가능성이 높습니다.

'지급불능 및 파산'이라는 단어가 모니터에 찍히자 박 부장은 머릿속이 하얗게 되었다. 그 큰 기업이 파산이라니⋯ 믿기질 않았다.

"TM의 재무제표를 분석했을 때 파산 시기는 언제쯤으로 예상할 수 있을까?"

마치 지구 멸망의 날짜를 묻는 엄숙한 마음으로 박 부장은 질문을 입력했다. 조금 시간은 걸렸지만 챗GPT-4o는 역시 답변을 내놓았다.

현재 재무 상태와 손실 규모를 고려할 때, 각각 1~2년 내에 파산할 가능성이 높습니다. 이는 지속적인 손실과 부채 상환 부담을 감안한 것으로, 추가적인 자금 조달이나 경영 개선이 없을 경우 더욱 가속화될 수 있습니다.

'앞으로 1~2년 내 파산이라니⋯.' 챗GPT-4o가 내놓은 분석 결과에 박 부장은 도저히 믿기지 않는다는 표정으로 다른 생성형 AI인 클로드에게도 역시 같은 자료를 업로드하고 같은 질문을 하였다. 답변의 형식은 다소 달랐지만 내용은 챗GPT-4o와 크게 다르지 않았다. 클로드 역시 두 기업 모두 재정 상태가 위험하다는 결론과 함께 파산 가능성이 높다는 결과를 내놓았다. 클로드는 두 기업의 파산 가능성을 90% 이상으로 보고 빠르면 6개월 내에도 파산할 수 있다고 경고했다.

이 엄청난 결과에 대해 어떻게 대응을 해야할지 고민하던 박 부장은 결국 다시 AI에게 물어보기로 했다. "우리 회사가 TM에 입점해 있는 셀러라고 한다면 과연 어떤 대응을 하는게 맞을까?" 그러자 챗GPT는 판매 대금 회수, 거래 축소, 대체 플랫폼 확보, 고객 이탈 방지, 고객 서비스 유지 등의 대응 방안을 제시했다.

다소 교과서적인 답변이었지만, 어찌 보면 가장 최선의 해결책이기도 하였다. AI가 내놓은 여러 대응 방안 중에서 박 부장의 눈길을 끈 대목은 바로 '고객 서비스 유지'였다. 회사는 손해를 볼 수 있을지언정, 그동안 구축해온 고객과의 신뢰까지 무너뜨릴 수는 없었다. 1시간 동안 2개의 생성형 AI와 대화를 주고받은 박 부장은 더 이상 기다릴 수 없었다. 박 부장은 곧장 상사인 진 상무에게 달려가 이 사실을 보고했다. 신문이나 뉴스에서 아무런 소식도 듣지 못했던 진 상무는 뜬금없어 보이는 박 부장의 말을 믿지 않았다. 하지만 재무에 일가견이 있던 진 상무는 박 부장의 재무제표 분석 내용을 듣고 사태의 심각성을 알게 되었다.

다음 날 진 상무는 당장 조치를 취하라고 지시했고, 그날로 TM과의 모든 거래를 중단시켰다. 납품 예정이었던 물량도 모두 보류 조치했다. 하지만 박 부장은 걱정이 가시지 않았다. 이미 플랫폼에 납품해 판매 중이던 제품들이 있었기 때문이다. 박 부장은 과감한 선택을 했다. 일일이 전화를 돌려 소비자들에게 주문을 취소해줄 것을 요청한 것이다. 취소 사유를 설명하기는 어려웠지만, 지금이라도 결제를 막는 게 소비자들에게도 도움이 될 거라 판단했다.

"거래처에 연락해서 당분간 신규 주문은 받지 말고, 기존 결제 건들도 되도록 취소 처리하라고 하세요. 그리고 고객들한테도 사정을 설명하고 환불 요청을 독려해야 합니다. 우리가 먼저 대책을 세워야 피해를 최소화할 수 있어요."

며칠 동안 쉴 새 없이 전화를 돌렸다. 처음에는 상당수 고객들이 갑작스러운 취소 요청에 불만을 토로했다. 하지만 박 부장은 고객 한 명, 한 명에게 정성스레 사정을 설명하며 양해를 구했다. 취소 사유를 납득하지 못하는 고객들도 많았지만, 그는 끈기 있게 설득을 이어갔다.

결제했던 고객들에게 환불 요청 메일을 보내기도 했다. 박 부장의 노력 덕에 대부분의 고객들은 환불을 받을 수 있었다. 불안한 나날이 계속되던 어느 날, TM이 파산 신청을 했다는 뉴스가 속보로 떴다. 언론을 통해 'TM 사태'의 전말이 알려지자, 박 부장은 안도의 한숨을 내쉬었다. 신속한 대응 덕분에 막대한 손실은 면할 수 있었다. 더 다행스러운 건 고객들의 피해를 막을 수 있었다는 것이다. 뒤늦게 이 소식을 접한 주변 사람들은 모두 박 부장의 선견지명에 놀라워했다.

사무실에 앉아 있던 박 부장은 창밖을 응시하며 생각에 잠겼다. '옛날 같았으면 재무분석 같은 건 할 줄 모른다고 손 놓고 있었겠지.

그러다 일 터지면 그때서야 우왕좌왕 수습하느라 난리 났을 거고. AI 가 없었더라면 정말 큰 위험에 처할 뻔했어….'

박 부장의 오랜 업무 경험과 AI를 활용한 재무분석 덕분에 이번 사태는 오히려 좋은 기회가 되었다. 고객들의 신뢰를 지켜낸 만큼 기존 플랫폼을 벗어나 자체 온라인몰을 구축하고 독자 유통망을 만드는 데 더 매진할 수 있는 계기가 되었다. 30년 현장 경험을 통해 쌓아온 혜안이 빛을 발한 순간이었다.

AI와 함께하는 미래:
체력, 노력, 질문력, 그리고 영향력을 기르자

우리는 지금 생성형 AI 2.0이라는 거대한 물결 앞에 서 있다. 두려움과 걱정, 불안으로 가득한 미래를 잘 헤쳐나가기 위해서는 요즘 어른들에게 무엇이 필요할까? 필자는 그 답이 체력, 노력, 질문력이라고 생각한다.

우선 체력. 체력은 삶의 원동력이며, 앞으로 나아가게 하는 힘이다. 나이가 들수록 체력은 더욱 중요해진다. 60이 넘으면 걷는 것조차 쉽지 않다. AI를 배우려 해도 체력이 없으면 지속하기 어렵다. 일단 체력만 있다면 그 어떤 어려움도 이겨낼 수 있다. 나이는 숫자에 불과하다고 외치지만, 체력이 없으면 그 외침은 공허하다. 100세 시대에서 중요한 것은 그냥 살아가는 것이 아닌 얼마나 건강한 삶을 살아가느냐 하는 것이다.

땀을 흘리고 나면 온몸에 활력이 넘친다. 하루를 시작할 수 있는 원동력이 생긴다. 운동을 해야 건강해질 수 있고, 건강해야 인생을 즐길 수 있다. 우리에게 주어진 시간은 한정되어 있다. 나이가 들수록 더더욱 체력 관리에 힘써야 한다. 조금씩, 천천히 해나가는 것이다. 세상에서 가장 느린 속도로 달리는 사람이 되어도 괜찮다. 중요한 건 멈추지 않는 것이다. 인생의 마지막 순간까지.

다음은 노력. 한평생 노력만 해온 요즘 어른들에게 또다시 노력을 강조하는건 너무 잔인한 거 아닌가 하는 생각이 들 수 있다. '은퇴 후 이제는 좀 쉬어도 되지 않을까'라고 하는 그들에게 또 노력을 강조한다면 거부 반응이 생길지도 모른다. 그런데 어쩔 수 없다. 세상이 너무 빠르게 변하고 있다. 어제의 지식과 경험은 어제로 끝나는 시대가 되어가고 있다. 오늘 아침이 되면 새롭게 등장하는 지식을 배우고 익혀야만 나아갈 수 있다. 결국 꾸준한 노력만이 성장시킨다.

나이가 들수록 안주하기 쉽다. '이 정도면 됐어'라는 생각이 든다. 하지만 언제나 한 걸음 더 나아가야 한다. 한 걸음 더 나아갈 때마다 새로운 세상이 보인다. 그 세상을 보는 순간, 또 다른 도전을 꿈꾸게 된다.

'길어야 3개월'이라는 시한부 암 판정을 받았지만, 암 투병 사실을 숨기며 1년간 래퍼 활동을 해온 87세 서무석 할머님의 얘기는 도전이 얼마나 값진 것임을 보여준다. 경북 칠곡에는 여든이 넘어 한글을 깨친 할머니들로 구성된 '수니와칠공주'라는 8인조 할매래퍼 그룹이 있다. 할머니들은 직접 쓴 인생의 애환이 담겨 있는 시로 랩 가사를 만들어 인기를 얻었다. 로이터와 AP, 중국 관영 중앙TVCCTV, 일본 공영

방송인 NHK 등도 할머니를 취재했다.

그런데 멤버 중 한 분인 서무석 할머님이 림프종 혈액암 3기 판정을 받고 3개월 이상 생존하기 힘들다는 진단을 받은 것이다. 그룹 활동을 시작한 지 불과 5개월 만이다. 하지만 서 할머님은 암 투병 사실이 알려지면 그룹 활동을 이어가지 못한다는 걱정에 가족을 제외하고 그 누구에게도 알리지 않았다. 암이 점점 전이되는 상황에서도 매주 화·목요일에 진행되는 랩 연습에 매진하는 등 남은 열정을 불태워가며 무대에 섰다. 가족들은 병원에서 암 판정을 받자마자 할머니의 래퍼 활동을 만류했었다. 하지만 할머니는 랩을 하며 아이처럼 기뻐하고 행복해하셨다. 랩을 하면서 웃고 행복해하시는 모습에 가족 그 누구도 말릴 수가 없었다. 서 할머님은 인생 끝자락에서 찾은 랩이라는 즐거움에 진심이셨고 마지막 순간까지 노력하셨다. 서무석 할머님은 평생 누리지 못했던 천국 같은 삶을 보내셨고, 랩을 하는 행복감으로 암을 이겨내며 6개월을 더 사셨다.

노력은 힘듦이 아니라 즐거움이고 행복이 되어야 한다. AI를 배우고 익히는 것도 삶을 편안하고 즐겁게 하기 위해 하는 것이다. 오히려 스트레스가 된다면 AI든 뭐든 배울 필요가 없다. 노력은 즐겁다. 노력으로 무언가를 이뤄냈을 때의 그 성취감, 그 작은 성취에서 오는 기쁨이 우리를 앞으로 나아가게 한다. 성취의 기쁨을 맛보며 인간은 성장한다. 나이가 들어서도 배움의 노력을 멈추지 말자.

마지막으로 질문력. 질문은 세상을 바꾼다. 모든 위대한 발견과 발명은 질문에서 시작되었다. 그런데 나이가 들수록 질문하기를 귀찮아하고 꺼려한다. '지천명知天命'이라는 말이 있다. 나이 50이 되면 세상에 궁금한 게 없어진다는 뜻이다. 예전에는 세상의 이치를 다 깨닫고 마음에 여유가 생긴다는 뜻으로 받아들였지만, 지금은 다르다. 질문하지 않으니 새로운 것을 배우지 않는다. 그렇게 성장은 멈추게 된다.

질문력이 떨어지면 AI로부터 좋은 답을 얻지 못한다. 초등학생인 필자의 아들은 매일 하루 종일 질문을 쏟아낸다. 궁금한 게 너무나 많다. 아들은 하루에도 수십 가지 질문을 한다. 엄마 아빠를 질문 폭격에 시달리게 한다. 그런데 아들의 질문들 속에서 나는 세상을 발견한다. 아이의 시각으로 세상을 보는 것, 그 새로운 생각이 문제 해결의 돌파구를 마련한다.

아내는 아들에게 늘 질문을 하라고 말한다. 모르는 게 있으면 물어보라고, 궁금한 게 있으면 알아보라고 한다. 세상에 대해 호기심을 가지라고 얘기한다. 그래야 성장하기 때문이다. 어른도 마찬가지다. 우리가 가진 경험, 우리가 배운 지식에서 안주하지 말고 새로운 것에 눈을 돌려야 한다. AI에게든 사람에게든 질문하는 습관을 잃지 말아야 한다.

질문하는 것이 두려울 때가 있다. 내가 무지해 보일까 봐, 모르는 게 드러날까 봐. 그런데 AI에게는 마음 편하게 질문할 수 있다. 질문을 통해 배운다. 세상에는 배울 게 너무나도 많다. AI에게 질문하고, 또 가르쳐주기도 해보자. 50, 60이 넘었어도 여전히 궁금증을 가지고 세상에 질문을 던질 수 있다. 지금 이 순간에도 누군가는 AI에게 질문을 던지고 있을 것이다. 그리고 그 질문이 세상을 바꿀지도 모른다.

앞으로의 시대는 영향력의 시대라고 한다. 얼마나 똑똑하냐, 얼마나 많은 경력이 있느냐도 중요하지만 얼마나 영향력이 있느냐로 그 사람의 능력이 평가된다. 창업에 있어서도 1인 기업이 대세가 될 것이며, 그 1인은 반드시 영향력이 있어야 한다. 그리고 영향력 있는 사람이 되기 위해서는 전문성을 갖추고, 사람들과 소통하며, 나만의 브랜드를 만들어야 한다. 그 과정에서 AI가 함께한다면 나의 영향력은 2배, 3배로 늘어날 것이다.

이 책은 많은 분들의 지식과 인사이트를 얻어 작성한 책이다. 이 책이 세상에 나오기까지 정말 많은 분들의 도움이 있었다. 필자에게 도움을 주신 모든 분들께 감사의 말씀을 드린다.

먼저, 제 인생의 멘토이자 영원한 스승이신 서강대학교 메타버스 전문대학원 현대원 원장님께 진심으로 감사드린다. 원장님은 항상 방향을 잃고 헤멜 때마다 이끌어주시고 언제나 든든한 버팀목이 되어주셨다. 그리고 비즈니스의 근본을 가르쳐주신 경영학의 최고봉 이석근 교수님, 이용자론 수업을 통해 사용자의 중요성을 일깨워주신 이수영 교수님, 인공지능의 세계로 이끌어주신 김진화 교수님, 연구 방법에 대해 이해하기 쉽게 가르쳐주신 김수연 교수님, 논문 작성에 있어 세심한 조언과 열정적 지도를 아끼지 않으신 박선호 교수님과 김군주 교수님께 머리 숙여 감사드린다.

대선배님이시자 언론사 프로젝트를 진두지휘하신 박정준 대표님, S-Meta 때부터 한결같은 응원을 보내주신 임정훈 전무님과 책을 낼 때마다 따뜻한 응원을 보내주신 반도체의 대가 유웅환 박사님께 깊은 감사를 표한다.

메타버스 대학원에서 함께 수업하며 서로 격려해준 박광석 형님, 임광복 부장님, 김묘은 대표님, 박문수 팀장님, 배현영 박사님, 그리고 최제호, 김호경, 이정윤, 임주영, 김효정, 이기훈, 김한얼, 장채린, 오준석, 김하영, 정수연, 엄승렬, 이양호, 장호영, 신동진, 류성윤, 신선우, 정원영, 문선아, 김인회 원우님 모두에게 감사의 말씀을 드린다. 이분들을 만난 건 필자에게 있어 행운이자 평생의 값진 자산이다.

K미디어랩의 이성춘 대표님, KTCS의 김재경 전무님, 박대수 소장님, 그리고 KT에서 함께 일했던 김현경 팀장님, 김은정 팀장님, 오윤수 팀장님, 이선미 박사님께도 감사의 마음을 전한다.

이번에도 부족한 책이 세상에 나올 수 있도록 물심양면으로 지원해주신 한스미디어 모민원 팀장님께도 진심으로 감사드린다. 이 모든 고마운 분들께 다시 한번 감사의 인사를 올린다.

끝으로 사랑하는 나의 가족들에게 이 자리를 빌려 깊은 감사의 마음을 전하고 싶다. 아들의 책을 먼 발치에서 늘 지켜봐 주신 어머니, 아버지께 깊은 감사와 사랑을 드린다. 두 분의 헌신과 사랑이 없었다면 지금의 저는 없었을 것이다. 이 세상 그 누구보다도 존경하고 사랑한다. 언제나 응원해주는 동생 미리와 재윤이에게도 고마운 마음이다.

그리고 한결같이 곁을 지켜준 아내와 아들 서진이. 세상 무엇과도 바꿀 수 없는 소중한 존재다. 아내는 언제나 고민에 빠져 힘들어할 때마다 지혜로운 조언을 해주었고 격려해주었다. 너무나 고맙고 사랑한다는 말을 전한다. 내 삶의 이유이자 원동력인 서진이는 아빠의 기쁨이고 자랑이다. 아들의 밝은 웃음과 자신에 찬 모습에 매일 힘을 얻는다. 세상 무엇과도 바꿀 수 없는, 내 삶의 중심이다. 건강하게 잘 자라준 서진이에게 너무나 고맙다. 사랑한다.

많은 분들의 도움으로 만든 이 책이 새로운 인생을 준비하시는 독자분들께도 좋은 영향력을 끼쳤으면 하는 바람이다.

Life with AI goes on!

참고문헌

강상구. (2023). 《오십 이후, 삶을 바꾸는 6가지 습관: 품위 있게 나이 들고픈 당신을 위하여》. 서울: 원앤원북스.

강소랑, 안지선, 박유빈. (2023). 《민간 일자리 연계 중장년 취업 지원 모델 개발》. 서울: 서울시50플러스재단.

강소랑, 이영민, 유경숙, 최그림. (2023). 《서울시 중장년 일자리 정책 포럼 연구》. 서울: 서울시50플러스재단.

강소랑, 안지선, 이찬희. (2022). 《민간연계 중장년 일자리 모델 개발》. 서울: 서울시50플러스재단.

강승우, 박소민. (2024). 《챗GPT 업무 활용 마스터: 기업 내 언어모델 도입과 활용을 위한 실전 가이드》. 서울: 삼일인포마인.

강태준, 안준우, 온인선, 정명진, 정유선. (2023). 《챗GPT, 당신의 삶과 비즈니스를 바꿀 이야기: GPT 기술은 당신을 어떻게 바꿀 것인가?》. 서울: 지식과감성.

강현숙, 차봉숙. (2023). 《오십의 마음 사전: 인생 후반기를 찬란하게 열어 줄 31가지 낱말들》. 서울: 유노책주.

경북여성정책개발원. (2022). 〈경북지역 중·장년 1인가구 지원방안 연구〉. 예천군: 경북여성정책개발원.

고승연. (2023). 〈당신은 혼자가 아닙니다 3. 중장년 1인가구, '지속가능한 경제적·사회적 자립'을 꿈꾸다〉 [전자자료]. 서울: 민주연구원.

고용노동부. (2021). 〈대한민국 기업과 중장년이 만점 성공 동반자 고령자 계속고용장려금 신청하세요〉 [전자자료]. 세종: 고용노동부.

고용노동부. (2022). 〈국민내일배움카드 한 장으로 경력설계까지 지원〉 [전자자료]. 고용노동부, 「중장년 새출발 카운슬링」 4월 26일 운영 개시. 세종: 고용노동부.

고용노동부. (2022). 〈국민취업지원제도 중장년·청년특정계층 상담 매뉴얼〉 [전자자료]. 세종: 고용노동부.

고용노동부. (2022). 〈중장년 일자리 희망센터 운영 지침〉 [전자자료]. 세종: 고용노동부.

고용노동부. (2024). 〈중장년내일센터, 더 쉽게 이용하실 수 있습니다!〉 [전자자료]. 세종: 고용노동부.

과학기술정보통신부. (2020). 〈아이트레킹과 얼굴 및 치주조직의 3차원 입체분석을 이용한 중장년층의 '나이와 젊음'에 대한 자가 인지반응의 특징 및 교정치료 후의 변화 양상〉 [전자자료]. 세종: 과학기술정보통신부.

곽현수. (2024). 《(실무에서 바로 써먹을 수 있는) 챗GPT: 업무생산성을 높일 수 있는 AI 활용법》. 서울: 나눔A&T.

권남훈. (2024). 〈생성형 AI는 경제에 어떠한 영향을 미칠까?〉 [전자자료]. 서울: 경제사회연구원.

권예성, 김미진, 김윤경, 김준희. (2022). 《취업과 창업 사이: 정년 소멸시대(마처세대)의 탈출구!!》 서울: HJ골든벨타임.

권은정, 권지선, 박준원. (2024). 《(오늘 바로 활용하는) 챗GPT: GPT-4o(omni): 실생활 활용부터 챗봇 서비스 만들기까지》. 파주: 앤써북.

권재기, 이영광. (2022). 《2022년 50+당사자연구 이슈페이퍼》. 서울: 서울시50플러스재단.

권정민. (2024). 《챗GPT로 레벨업: 인공지능 시대의 자기계발법》. 서울: 학지사.

권희경. (2023). 〈챗GPT가 학교의 변화에 미치는 영향〉 [전자자료]. 대구: 한국지능정보사회진흥원 정책본부 AI·미래전략센터(NIA).

금융위원회. (2024). 〈AI의 활성화와 안전한 활용 지원을 위한 「금융권 AI 협의회」 발족〉 [전자자료]. 서울: 금융위원회.

금준경, 박서연. (2024). 《챗GPT의 두 얼굴: 인공지능이 바꿀 수 있는 것과 없는 것》. 서울: 인물과사상사.

김경미. (2023). 〈AI 스피커를 활용한 대화형 에이전트의 비대면 서비스와 ICT 케어 매니저의 대면 서비스의 통합 방안〉. 가톨릭사회복지, 58, pp. 13–23. 한국천주교 주교회의 사회복지위원회.

김경준. (2023). 《(오십에 읽는) 오륜서: 인생의 변곡점 오십에는 인생관이 달라져야 한다》. 서울: 원앤원북스.

김규섭, 김영철, 우성제, 임주환, 이우현, 남덕호. (2023). 《(디지털 교실에서 활용하는) AI와 챗봇: with 챗GPT》. 서울: 넷마루.

김규태. (2022). 《4060 new 젊은 세대: 인생 후반전 출발선에 서다》. 서울: 메이킹북스.

김대석, 홍후조. (2023). 《GPT가 쏘아올린 교육혁명: GPT 활용 고등사고능력 개발하기》. 서울: 박영스토리.

김덕은. (2024). 《(월 20달러로 고용하는) AI 변호사 with 챗GPT: 계약서, 고소장, 판결문 분석까지 법률 상담이 난생처음이라면》. 서울: 한빛미디어.

김동완. (2022). 오십의 주역공부: 다산처럼 인생의 고비에서 역경을 뛰어넘는 힘. 파주: 다산초당.

김동완. (2022). 《오십의 주역공부: 다산처럼 인생의 고비에서 역경을 뛰어넘는 힘: 큰글자도서》. 파주: 다산초당: 다산북스.

김명석. (2024). 《(업무에서 바로 써먹는) ChatGPT 생성형 AI 활용: AX 인공지능 대전환시대》. 파주: 광문각출판미디어.

김무집, 박경은, 박승이, 길태숙(Mu Jip Kim, Kyungeun Park, Seungie Park, & Taesuk Kihl). (2024). 〈AI를 활용한 실시간 모션 트래킹 노인 운동 어플리케이션 (Elderly exercise application based on real-time motion tracking using AI)〉. 《한국컴퓨터게임학회 논문지(Journal of the Korean society for computer game)》, 37(2), pp. 17–29. 한국컴퓨터게임학회.

김미진, 주혜정. (2023). 《(AI 시대) Chat GPT 리터러시를 만나다: 디지털·미디어·인공지능 리터러시와 1인 기업가 되기》 [전자자료]. 파주: 광문각출판미디어.

김미현. (2023). 〈챗GPT, 생성형 AI가 가져올 산업의 변화〉 [전자자료]. 서울: 한국산업기술진흥원 산업기술정책단(KIaT).

김민석, 김천규, 연주한, 이정원. (2024). 〈대전광역시 중장년 창직 프로그램 개발 및 활성화 정책 연구〉. 대전: 대전세종연구원(DSI).

김범준. (2022). 《오십에 읽는 장자: 복잡한 마음이 홀가분해지는 시간》. 서울: 유노북스.

김성웅. (2024). 〈생성형 AI의 소개 및 활용 시 규제 관련 논의사항〉 [전자자료]. 서울: 금융위원회.

김성지. (2021). 〈MZ세대보다 강력한 A세대, TBWA가 알려주는 소비 트렌드〉. 《디지털 인사이트》, (2021

년 12월 21일).

김세원. (2022). 〈[김세원의 좌충우돌] MZ세대 부럽지않은 A세대〉. 《자유일보》, (2022년 7월 3일).

김세원. (2024). 《생성형 AI 영상제작: 영화·애니메이션·광고·PPT·유튜브까지》. 횡성군: 책바세.

김순강. (2020). 〈초고령 사회, 노인과 장애인 위한 AI 활용 '따뜻한 기술' 모색〉. 《과학과 기술(The Science & technology)》, 615, pp. 56–59. 한국과학기술단체총연합회.

김아름. (2024). 〈"아파트 분양시장 꽉 잡았다" 4060 큰 손 'A세대'〉. 《이데일리》, (2024년 3월 2 0일).

김연미, 송미영, 양정숙, 나현미. (2022). 〈AI로봇 통합관리프로그램이 재가노인의 인지기능, 일상생활활동, 우울에 미치는 효과〉. 《디지털융복합연구(Journal of digital convergence)》, 20(2), pp. 511–523. 한국디지털정책학회.

김용담. (2023). 〈누구나 사용 가능한 AI 시대, 챗GPT로 살펴보는 "생성형(Generative) AI"〉 [전자자료]. 서울: 한국과학창의재단.

김용대. (2024). 〈오픈AI는 챗GPT를 통해 얼마나 벌었나?〉 [전자자료]. 서울: 한국무역보험공사.

김용진, 최성은. (2024). 〈인공지능(AI)을 활용한 장애인 돌봄 서비스의 현재와 과제〉. 수원: 경기복지재단.

김윤화. (2020). 〈중장년층의 스마트미디어 보유 및 활용 추이〉 [전자자료]. 진천군: 정보통신정책연구원(KISDI).

김장현. (2024). 〈AI 특이점의 희생자 안 되려면? 유아부터 노인까지 'AI 리터러시'가 필수〉. 《월간중앙》, 50(4), pp. 28–34. 중앙일보플러스.

김재영, 박지혜, 이재요. (2022). 〈경기도 신중년 컨설턴트 일자리사업 연구〉. 부천: 경기도일자리재단.

김정근. (2021). 〈코로나19 팬데믹 시대 미국의 AI/로봇을 활용한 노인 돌봄 사례와 이슈〉. 《국제사회보장리뷰(Global social security review)》, 16, pp. 16–26. 한국보건사회연구원.

김정원, 송유진, 성용준, 최세정. (2020). 〈아리아 고마워!: 노인 사용자의 AI 스피커에 대한 기능적, 정서적 평가〉. 《미디어 경제와 문화(Journal of media economics & culture)》, 18(4), pp. 7–35. SBS문화재단.

김종우. (2023). 〈패션·취미에 데이팅 앱까지…'A세대' 공략하는 스타트업〉. 《한국경제》, (2023년 7월 26일).

김종원. (2023). 《오십에 시작하는 마음 공부: 자유롭고 빛나게, 두려움 없는 인생 2막을 사는 법》. 서울: 비즈니스북스.

김주은. (2020). 〈노인돌봄에서 인공지능(AI) 기술의 바람직한 활용을 위한 윤리적 제언〉. 동아대학교 대학원 석사학위 논문.

김준성, 브라이스 유, 안상준. (2023). 《진짜 챗GPT 활용법: 엑셀 활용법부터 블로그 자동화, 유튜브 콘텐츠 생성, 미드저니와 주식/부동산 데이터분석까지》. 파주: 위키북스.

김준영, 이해춘, 김기덕, 주수인, 김진성, 최재문. (2020). 〈중장년 고용서비스 인프라 개선방안〉 [전자자료]. 음성군: 한국고용정보원(KEIS).

김지연. (2022). 〈[시사금융용어] A세대〉. 《연합인포맥스》, (2022년 7월 20일).

김지연. (2024). 〈직무 분석을 통해 살펴본 중장년 노동시장의 현황과 개선 방안〉 [전자자료]. 세종: 한국개발연구원.

김지영, 박지혜, 이재요. (2022). 〈경기도 중장년의 일자리 인식 및 정책 수요 조사〉. 부천: 경기도일자리재단.

김진욱, 권세환. (2023). 〈챗GPT 등장이 앞당긴 AI 패러다임 변화〉 [전자자료]. 서울: KB금융지주 경영연구소.

김창현. (2024). 《(Do it!) 일상이 자동화되는 파이썬 생활 프로그래밍 with 챗GPT: 비전공자도 오늘부터 바로 프로그램 만든다!》. 서울: 이지스퍼블리싱.

김학령, 옥진. (2023). 〈1인 가구 노인을 위한 AI 안부 전화 서비스 이용 경험 연구〉. 《인문사회 21(The journal of humanities and social sciences 21)》, 14(2), pp. 1129–1144. 아시아문화학술원.

김현종. (2023). 《챗 GPT 프롬프트 디자인: 인공지능 시대를 준비하는 최소한의 교양》. 서울: 빈티지하우스.

김현철. (2024). 《나는 챗GPT를 이렇게 사용한다: 목회, 교회 교육, 사업, 일상에서 내 손안의 만능 비서, 120% 활용하기》. 서울: 꿈미.

김형호, 조혜인. (2021). 《50+세대와 포스트 코로나: 2021년 50+당사자연구 이슈페이퍼》. 서울: 서울시50플러스재단.

나건웅. (2022). 〈아이도 노인도, 이제 AI가 돌보는 시대, '미래 지구' 위한 C테크·우주테크 '훨훨'〉. 《매경 ECONOMY》, 2165, pp. 56–58. 매일경제신문사.

남경아. (2024). 《오십의 인사이트: 우리 시대 베이비부머가 사는 법》. 파주: 서해문집.

남혜경. (2023). 《오십에 하는 나 공부: 두려움 없이 나이 들기 위한 셀프 코칭》. 서울: 샨티.

노바 리, 조윤진. (2023). 《챗GPT와 함께하는 소설 창작: 인공지능과 협업하는 창작자를 위한 가이드》. 서울: 다른.

노정현, 정지훈, 이상경, 장한성, 박성현. (2024). 《(바로 쓰는) 엔트리 인공지능 x 챗GPT》. 파주: 다산스마트에듀.

뉴스와이어 편집팀. (2024). 〈A세대가 선호하는 위스키 브랜드는 '발렌타인'〉. 《뉴스와이어》, (2024년 7월 8일).

도은채. (2023). 《오십에 시작하는 블로그》. 서울: e비즈북스.

류시원. (2024). 《(미국) 생성형 AI 학습에 이용된 저작물의 공개에 관한 연방법안(H.R. 7913) 발의》 [전자자료]. 진주: 한국저작권위원회.

마티아스 리스, 박성진(역). (2024). 《AI 시대의 정치이론: 인공지능이 민주주의를 파괴할 것인가?》. 서울: 그린비.

명순영. (2020). 〈MZ 못지 않은 A세대…디지털 무장하고 경험 판다〉. 《매일경제》, (2020년 12월 30일).

모리야 히로시, 김양희(역). (2023). 《오십부터는 왜 논어와 손자병법을 함께 알아야 하는가: 이 나이 먹도록 세상을 몰랐다는 걸 깨닫는 순간 100》. 서울: 동양북스.

문상식, 최상민, 김은경, 서예정, 이지현. (2022). 〈울산 중장년 일자리 정책 개선 연구: 신중년을 중심으로〉. 울산: 울산일자리재단.

문성호. (2024). 〈콘텐츠 소비주체, 5060 A세대가 이끈다〉. 《이모작뉴스》, (2024년 9월 23일).

문예찬, 최양순. (2021). 《희망돌보미 사업 참여자가 느낀 일의 가치와 일상생활의 변화》. 서울: 서울시50플러스재단.

박경욱, 박주영, 민대홍, 이희원. (2024). 《(알기 쉬운) 챗GPT 생활 데이터 분석》. 성남: 드림미디어.

박길자, 정보배, 심은희, 김재우, 송혜진, 박해원, 이분여, 장영주. (2024). 《생성형 AI 기반 CBL 수업의 이해와 실제》. 서울: 학지사.

박미희. (2023). 《다시, 설레기 시작했다: 시작하기 좋은 나이, 오십》. 서울: 미다스북스.

박상미, 배은석, 김민수. (2023). 《울산광역시 고립위험 중장년 1인가구 지원방안 연구》. 울산: 울산광역시 복지가족진흥사회서비스원.

박선아, 정영식, 최소영, 임새롬, 홍지연, 김기영, 윤근식. (2024). 《생성형 AI를 활용한 교수학습 프레임워크 개발 연구》 [전자자료]. 대구: 한국교육학술정보원(KERIS).

박순찬, 송혜진. (2022). 〈BTS가 밀렸다, 임영웅 1위 만든 'A세대 파워'〉. 《조선일보》, (2022년 6월 21일).

박순찬. (2022). 〈젊은 스타트업 "A세대 고객이 미래"〉. 《조선일보》, (2022년 6월 23일).

박용준. (2024). 《챗GPT 역사수업: 생성형 AI 시대, 역사수업을 어떻게 할 수 있을까?》. 서울: 에듀니티.

박은정. (2024). 《챗GPT 문화·예술·교육 인사이트》. 횡성군: 책바세.

박찬규, 윤가희. (2024). 《생성형 AI 업무 혁신: 데이터 분석, 이미지 생성, 번역 그리고 정보의 효율적 활용을 위한 AI 완벽 활용서》. 파주: 위키북스.

박찬의. (2024). 《챗GPT와 파이썬으로 주식 자동매매 앱 및 웹 투자 리포트 만들기》. 파주: 앤써북.

박창하. (2023). 《오십에 시작하는 증여 플랜: 더 많이 물려주고, 내 노후도 준비하는 부의 승계전략》. 서울: 고려원북스.

반병현. (2023). 《챗GPT: GPT 노마드의 탄생: 2023 준비된 자에게 찾아온 빅찬스》. 파주: 생능북스.

배영임. (2023). 〈챗GPT의 부상과 AI시대, 사회·경제적 영향에 대비해야〉 [전자자료]. 수원: 경기연구원(GRI).

서영상. (2024). 《챗GPT의 시대: 인공지능과의 대화가 바꾸는 세상》. 안양: 페스트북.

손재희, 이정우. (2024). 〈생성형 AI 시대, 보험산업의 AI 활용과 과제〉 [전자자료]. 서울: 보험연구원(KiRi).

손재희. (2024). 〈생성형 AI 시대, 보험산업의 AI 활용과 과제〉 [전자자료]. 서울: 보험연구원(KiRi).

송문선. (2022). 〈독거노인의 반려 AI 로봇(효돌)과의 동거 중에 경험하는 의인화에 대한 질적연구〉. 《사회복지연구》, 53(1), pp. 119–159. 한국사회복지연구회: 서울대학교 사회복지연구소.

송문선. (2022). 〈빅데이터를 이용한 독거노인 돌봄 AI 대화형 말동무 아가야(AGAYA) 로봇 시스템에 관한 연구〉. 《한국콘텐츠학회 논문지(Journal of the Korea contents association)》, 22(5), pp. 305–318. 한국콘텐츠학회.

송문선. (2023). 〈독거노인의 안전 및 심리 정서적 안정을 위한 로봇 활용에 대한 탐색적 연구〉. 이화여자대학교 대학원 박사학위 논문.

송준용. (2024). 《챗GPT 사용설명서 버전업 2024: 테스터에서 마스터로 레벨업!》. 서울: 여의도책방.

송진주. (2023). 《GPT 세대가 온다: 잡아먹을 것인가, 잡아먹힐 것인가》. 서울: 마인드셋.

송혜진, 변희원. (2022). 〈놀줄 알고 쓸줄 아는 A세대… 명품·전기차 시장의 50% 장악〉. 《조선일보》. (2022년 6월 21일).

송혜진, 변희원. (2022). 〈1명이 4명 데리고 와요… 기업들 "A세대 고객 잡아라"〉. 《조선일보》, (2022년 6월 21일).

스타트업 실험실. (2024). 《30일에 끝내는 AI 활용 1인 창업 가이드》. 파주: 쉼.

신동한. (2024). 〈디지털 전환 시대 서비스업의 중장년 일자리 창출 구조 분석〉 [전자자료]. 세종: 산업연구원(KiET).

신진상. (2023). 《챗 GPT 수행평가 완전정복: 국내 유일 중고등학생 챗 GPT 활용 안내 지침서》. 서울: 영잘국.

양성필. (2023). 《오십, 인생 후반의 즐거움을 준비하는 시간: 남은 삶을 행복하게 살기 위해 반드시 알아야 할 습관》. 서울: 포르체.

양정애. (2023). 〈챗GPT 이용 경험 및 인식 조사〉 [전자자료]. 서울: 한국언론진흥재단 미디어연구센터.

양지훈. (2024). 〈콘텐츠 제작 생성형 AI 서비스 등장: 콘텐츠산업 영향과 이슈〉 [전자자료]. 서울: 한국문화관광연구원.

오규설, 염성군, 이다연. (2024). 《(안전하게 따라하는) 챗GPT 평가개발》. 서울: 테크빌교육.

오일석. (2024). 〈생성형 AI에 의한 사이버위협과 대응 방안〉 [전자자료]. 서울: 국가안보전략연구원(INSS).

오힘찬. (2024). 《(이게 되네?) 챗GPT 미친 활용법 51제》. 서울: 골든래빗.

올리비에 케일린, 마리-알리스 블레트, 이일섭(역). (2023). 《GPT-4를 활용한 인공지능 앱 개발: 오픈AI API와 최신 GPT 모델로 창의적 앱 구축하기》. 서울: 한빛미디어.

요시다 신고, 오시마 유키, 최용(역). (2024). 《(챗GPT와 랭체인을 활용한) LLM 기반 AI 앱 개발: 랭체인 기초부터 슬랙 앱 제작과 배포까지》. 파주: 위키북스.

웰페어 비즈. (2022). 〈인지훈련 및 AI 기반 '두뇌톡톡' 치매 예방에 효과: SK텔레콤〉. 《웰페어 비즈(Welfare biz): 복지제품산업 & 시니어 장애인 노인복지 헬스케어 전문지》, 113, pp. 60–61.

유계환, 김윤명. (2024). 〈주요국의 AI 규제 동향 및 시사점: 생성형 AI 서비스 제공자의 책임을 중심으로〉 [전자자료]. 서울: 한국지식재산연구원(KIIP).

유다정. (2024). 〈"A세대, MZ보다 식단관리 더 철저… 단백질 섭취도 많아" TBWA 시니어랩, 트렌드 발표〉. 《브랜드브리프》, (2024년 2월 1일).

유다정. (2024). 〈"55–69세 'A세대', 온라인 콘텐츠 생산 주체로 떠올라"… TBWA 시니어랩〉. 《브랜드브리프》, (2024년 8월 13일).

유성호. (2024). 〈액티브시니어 A세대가 선호하는 위스키 브랜드는 '발렌타인'〉. 《소믈리에타임즈》, (2024년 7월 8일).

유정균. (2022). 〈소외된 중장년층에게 관심을 가져야 할 때〉 [전자자료]. 수원: 경기연구원(GRI).

유창선. (2024). 《오십에 처음 만나는 예술: 가우디에서 임영웅까지 인생 후반전, 예술에서 삶을 재발견하다》. 서울: 새빛.

윤미. (2021). 〈중장년층 재취업활성화 정책방안: FGI기반의 AHP분석〉 [전자자료]. 부산: 한국지방정부학회.

윤지원. (2020). 〈포스트 코로나 시대, 이통3사 어르신 돌봄 더 진화: SKT, AI로 치매 관리… LGU+는 레이더 센서로 낙상 감지〉. 《문화경제》, 688, pp. 48–51. CNB미디어.

이강훈. (2023). 〈DK아시아, 왕길역 로열파크씨티, 경제를 리딩하는 A세대에 관심〉. 《MSN》, (2023년 9월 1일).

이경상, 최봉, 챗GPT. (2024). 《챗GPT는 내 비서: 생성형 AI를 혁신의 비밀 병기로 만들기》. 서울: 지식노마드.

이경선. (2024). 〈생성형 AI 기술의 진화방향과 정책과제〉 [전자자료]. 진천군: 정보통신정책연구원 (KISDI).

이경은, 민재원, 허진무. (2024). 〈AI 휴먼 시니어케어 헬스콘텐츠를 참여한 노인의 수용과정 탐색: 혁신확산이론을 중심으로〉. 《한국체육학회지: 인문·사회과학편》. 63(3), pp. 373–386. 한국체육학회.

이경태. (2023). 《(빈자에게도 공정한 전쟁) 오십에 식당》. 대구: 마이티북스.

이미지. (2021). 〈청년·중장년층 차이에 따른 여성 지적장애인의 문해력과 직업적응능력간 영향요인 탐색〉 [전자자료]. 성남: 한국장애인고용공단 고용개발원 정책연구팀.

이보경. (2023). 《(알수록 재미있는) 챗 GPT 시대 진로 직업》. 서울: 지브레인.

이삼수. (2023). 《오십의 인생 공부: 동양고전의 인생학 50대의 처세수업》. 고양: 홍익P&C.

이상우. (2023). 〈AI 시스템을 통한 독거노인 지원에 관한 연구〉. 인천대학교 정보기술대학원 석사학위 논문.

이석환, 전용호, 김윤영, 김광현. (2022). 《중장년 1인 가구의 자기돌봄에 관한 연구》. 서울: 서울시50플러스재단.

이석환. (2023). 《서울시 40대 특화 직업전환지원서비스의 필요성과 정책 방향》. 서울: 서울시50플러스재단.

이성주. (2023). 〈기술혁신의 관점에서 본 챗GPT의 현재와 미래〉 [전자자료]. 서울: 서울대학교 아시아연구소 HK+메가아시아연구사업단.

이승우. (2024). 《(예제가 가득한) 챗GPT 프롬프트 길라잡이: 한 권으로 끝내는 ChatGPT 입문!》. 서울: 정보문화사.

이시경. (2018). 〈Ai Chi 수중운동이 여성노인의 유연성, 혈압 및 스트레스에 미치는 영향〉. 《대한고령친화산업학회지》. 10(2), pp. 141–149. 대한고령친화산업학회.

이시야마 노부타카, 김은석(역). (2020). 《마흔이 넘으면 쉬워질 줄 알았는데: 여전히 일이 만만찮은 중장년 직장인의 업무 개선 솔루션 22》. 서울: 예문아카이브.

이시한. (2023). 《GPT 제너레이션: 챗GPT가 바꿀 우리 인류의 미래》. 대구: 북모먼트.

이용설, 송승근, 최훈. (2023). 〈인공지능 기반 노인 돌봄서비스 개발 사례 분석 및 전망〉. 《한국콘텐츠학회 논문지(Journal of the Korea contents association)》. 23(2), pp. 647–656. 한국콘텐츠학회.

이유진. (2022). 《오십 즈음 이완의 시간: 실패를 떠나보내고 다시 행복해지기》. 서울: 도마뱀출판사.

이윤형. (2023). 〈울산광역시 중장년 1인가구 사회안전망 구축전략〉. 울산: 울산연구원(URi).

이은솔, 이강현. (2024). 〈고령자의 정서적 안정을 위한 친밀성 형성 기반의 AI 돌봄 로봇 디자인 연구〉. 《Archives of design research》. 37(1), pp. 139–164. Korean Society of Design Science.

이은영. (2022). 〈BTS 대신 임영웅 1위 만드는 파워 A세대 출격!〉. 《오픈애즈》. (2022년 10월 26일).

이이영. (2022). 《오십에 다시 읽는 논어: 흔들리지 않는 시간을 위한 공자의 가르침》. 서울: 가림출판사.

이종범. (2023). 《챗GPT로 책쓰기: 기획에서 마케팅까지 챗GPT로 출판하는 법》. 서울: e비즈북스.

이주현. (2023). 〈AI가 안부 전화… 클로바 케어콜, 사용자 1만 명 넘겼다〉. 《한경 ESG: 지속 가능 성장 돕는 ESG 경영·투자 매거진》. 24, pp. 104–105. 한국경제매거진.

이창호, 모상현. (2024). 〈청소년의 생성형 AI 이용실태조사〉 [전자자료]. 세종: 한국청소년정책연구원(NYPi).

이창호. (2023). 《(챗GPT시대) 청소년을 위한 미디어 탐구: Z세대 미디어 여행》. 서울: 지금.

이채현. (2023). 〈A세대가 온다' 초고령화 사회 대비하는 여행·숙박업계〉. 《아시아에이》. (2023년 12월 15일).

이태열. (2024). 《(AI를 활용한 퍼포먼스 마케팅) 구글 애널리틱스 4를 활용한 디지털 마케팅 with 챗GPT: 오늘 배워서 바로 써먹는 실전 디지털 마케팅!》. 서울: 디지털북스.

이학연. (2023). 〈전세계는 챗GPT 규제 논의 중… 국가별 온도차 분명〉 [전자자료]. 수원: 경기연구원.

이학연. (2023). 〈쳇GPT의 공공부문 활용, 면밀한 검토 선행돼야〉 [전자자료]. 수원: 경기연구원(GRI).

이현구, 김형정, 송길섭, 송민경, 윤성임, 김현정, 이상진, 김성식, 박천호. (2024). 《챗GPT 활용의 정석: 당신의 비즈니스에 날개를 달아줄 실전 가이드》. 서울: 브레인플랫폼.

이현실. (2024). 《챗−GPT에 시를 쓰지 않는 이유: 이현실 詩選集》. 서울: 지성의샘.

이혜민, 이창문. (2021). 〈경기도 중장년 고용 및 구직활동 통계〉 [전자자료]. 부천: 경기도일자리재단 일자리연구센터.

이호선. (2023). 《(나이 들수록 재미, 가족, 관계, 행복, 품격, 지식이 높아지는) 오십의 기술》. 서울: 카시오페아.

이호선. (2024). 《오십의 말하기는 달라야 합니다: 사람을 사로잡는 재치 있고 긍정적인 포용의 대화법》. 서울: 오아시스.

임소현, 서예린. (2023). 《중장년 정책 해외 사례 분석. 2》. 서울: 서울시50플러스재단.

임소현, 이영광. (2021). 《서울시 중장년(은퇴자) 차상위 일자리 모델 개발》. 서울: 서울시50플러스재단.

임소현, 이영광. (2021). 《중장년 1인가구의 사회적 관계망 형성을 위한 50+커뮤니티 역할 모색》. 서울: 서울시50플러스재단.

임소현, 이영광. (2022). 《서울시 중장년 노후준비 지원방안》. 서울: 서울시50플러스재단.

임소현, 정성지. (2023). 《서울시 중장년 생애설계준비 심층분석. 1》. 서울: 서울시50플러스재단.

임소현, 이승엽, 이영광. (2022). 《중장년 생애설계준비지표 개발》. 서울: 서울시50플러스재단.

임소현. (2023). 《서울시 중장년 생애설계준비 실태 조사》. 서울: 서울시50플러스재단.

임정원, 이종화, 길혜민. (2023). 〈AI 기반 노인 돌봄 서비스의 효과성 및 개선방안 탐색 연구〉. 《디지털콘텐츠학회 논문지(Journal of digital contents society)》. 24(10), pp. 2325−2335. 한국디지털콘텐츠학회.

장대은. (2024). 《공부력 상승 챗 GPT 200% 활용법: 십대를 위한 15가지 질문법》. 서울: 매경주니어.

장문철. (2024). 《(ChatGPT 4−o옴니) 챗GPT: 프롬프트로 만드는 59가지 실용 작품들》. 파주: 앤써북.

장미경. (2024). 〈챗GPT 시대, 인공지능 리터러시의 필요성과 역할〉 [전자자료]. 서울: 한국과학창의재단.

장미경. (2024). 〈챗GPT로 동영상까지 생성한다, AI '소라'(Sora) 주목 산업계는 물론 교육계에도 혁신적 영향〉 [전자자료]. 서울: 한국과학창의재단.

장인성. (2023). 〈유럽연합의 챗GPT 규제와 독일 지방행정에서의 도입 시도〉 [전자자료]. 원주: 한국지방행정연구원.

장일권. (2023). 《챗GPT 퀀텀 시대, 목사 살리기 프로젝트》. 파주: 작은사람들.

장지연. (2021). 〈중장년층의 미디어 비판적 이해능력과 자아존중감〉 [전자자료]. 진천군: 정보통신정책연구원(KISDI).

정경은. (2023). 〈경력단절 중장년 여성의 간호조무사 진입과 이탈, 정착의 서사〉. [전자자료]. 서울: 한국노동사회연구소(KLSI).

정민제. (2024). 〈생성형 AI와 협업할 준비 되셨나요?〉 [전자자료]. 서울: 경제사회연구원.

정연경. (2024). 《(챗GPT 시대의) 논문 작성법》. 서울: 이화여자대학교출판문화원.

정종기. (2024). 《(상상을 현실로) 부를 창출하는 ChatGPT 활용전략: 실전 활용 사례 1000》. 서울: 형설eLife.

정준화. (2023). 〈챗GPT의 등장과 인공지능 분야의 과제〉 [전자자료]. 서울: 국회입법조사처.

정채원, 신정아. (2023). 《(Y대 공대생이 알려주는) 어린이 챗GPT 공부법: 공부에 필요한 챗GPT의 모든 것!》. 서울: 이북스미디어.

정혜경, 이순재. (2021). 《서울시 50+보람일자리사업의 경제적 가치 평가모형 개발》. 서울: 서울시50플러스재단.

제주사무소. (2021). 〈통계로 보는 제주지역 중·장년층 4050세대〉 [전자자료]. 제주: 호남지방통계청 제주사무소.

조관일. (2022). 《오십의 말 품격 수업: 단어, 말투, 태도가 깊어지는 50의 말 공부》. 파주: 21세기북스.

조규형, 김태근. (2021). 《서울시 중장년 지원제도 이용 현황, 만족도 및 요구조사》. 서울: 서울시50플러스재단.

조규형, 이유우. (2021). 《서울시 스마트복지 실현을 위한 중장년 지원방안 연구》. 서울: 서울시50플러스재단.

조규형, 오창환, 변종봉. (2022). 《서울시 중장년 정책의 디지털 전환 지원 방안 연구: 서울시50플러스재단을 중심으로》. 서울: 서울시50플러스재단.

조규형, 황은희, 강유연, 김윤선. (2022). 《50+생애설계 상담을 위한 진단지 개발과 활용에 관한 연구》. 서울: 서울시50플러스재단.

조규형. (2022). 《2022년 서울시 중장년 지원 정책 요구조사》. 서울: 서울시50플러스재단.

조남철, 김석. (2024). 《(생성형 AI가 만드는) 가짜뉴스: 팩트 체크로 뉴스를 제대로 가려낼 수 있을까?》. 서울: 뭉치.

조남철. (2023). 《(질문하면 바로바로 답이 나오는) 챗GPT》. 서울: 뭉치.

조아라, 싹이. (2023). 《챗GPT에게 손해 배상을 청구합니다》. 고양: M&Kids.

조혜연. (2022). 〈노인 삶의 질 높이는 '에이징테크': 말동무하는 'AI', 119 연결하는 'IoT'〉. 《산업종합저널(The industry journal)》, 365, pp. 194-195. 산업마케팅.

주경희. (2021). 〈여행이 독거노인의 삶에 미치는 영향〉. 《고령산업융복합학회지(Journal of interdisciplinary study on aging industries)》, 3(1), pp. 13-20. AI융합연구원.

주방현, 윤명희, 이동호. (2024). 《(챗GPT) 슬기로운 일상생활의 자동화》. 파주: 광문각출판미디어.

주한나. (2023). 《챗GPT 개발자 핸드북: 마이크로소프트 AI 개발자가 알려주는 GPT 활용 노하우》. 서울: 한빛미디어.

주혜정, 김미경, 강우리, 홍한들. (2024). 《AI 챗GPT 디지털 예술가 되기: 인공지능과 예술의 만남》. 파주: 광문각출판미디어.

중소벤처기업부, 창업진흥원. (2022). 〈중장년 지원정책 고도화를 위한 현황조사〉 [전자자료]: 최종보고서. 세종: 창업진흥원.

중소벤처기업부. (2022). 〈중소기업 일자리와 청년, 중장년 취업 수요 연결 지원: 2022년 '기업인력애로센터 활용 취업지원' 사업 시행〉 [전자자료]. 세종: 중소벤처기업부.

지철원. (2023). 《재테크는 오십부터: 평생 월급처럼 받게 해주는 연금 인출 전략》. 서울: 위즈덤하우스.

진회승, 윤보성, 신승윤. (2024). 〈생성형 AI에 대응한 SW 인재양성 정책 방향 연구〉 [전자자료]. 성남: 소프트웨어정책연구소(SPRi).

천인국. (2024). 《(두근두근) C언어 with 챗GPT》. 파주: 생능출판사.

천인국. (2024). 《딥러닝 EXPRESS: 생성형 AI 수록 및 케라스 라이브러리 실습 코드 포함》. 파주: 생능출판사.

최병선, 챗GPT. (2024). 《(똑똑한 비서 챗GPT와 함께 푼) 에이즈 바로 알기 '100문 100답'》. 파주: 한국학술정보.

최송목. (2024). 《오십에 읽는 손자병법(孫子兵法): 불확실한 삶을 대비하기 위한 2,500년의 전략》. 서울: 유노북스.

최영림, 정상현, 김종욱. (2023). 〈윤리적 의사결정 시스템 기반 노인 건강 돌봄 로봇 개발〉. 《한국지능시스템학회 논문지(Journal of Korean institute of intelligent systems)》, 33(3), pp. 197-206. 한국지능시스템학회.

최영준. (2023). 〈제주지역 중장년 1인가구 우울감 개선을 위한 신체활동 프로그램 개발〉. 제주: 제주연구원(JRI).

최영호. (2024). 〈TBWA 시니어랩 "A세대의 관심이 높은 콘텐츠의 방향성을 탐색, 선망 받을 수 있는 시니어들의 모습을 제시"〉. 《매드타임스》. (2024년 8월 13일).

최윤경. (2023). 〈고금리·일하는 노인, 이상기후·인공지능 기반: 계묘년 강타했던 새로운 일상〉. 《신용사회》, 495, pp. 74-77. 에스비에이드.

최은지. (2023). 《나의 비서, 챗GPT: 왕초보자를 위한 스마트한 활용 전략》. 부산: 아이러브북.

최재용, 강혜정, 김재연, 노경훈, 박성우, 신오영, 양양금, 유양석, 윤은숙, 이도혜. (2024). 《생성형 AI 활용 생산성 향상》. 서울: 미디어북.

최재용, 홍성훈, 이신우. (2024). 《챗GPT 프롬프트의 신세계: 논문작성부터 비즈니스 기획까지》. 서울: 미디어북.

최홍규. (2024). 〈글을 동영상으로 만드는 생성형 AI '소라(Sora)', 방송산업의 걱정과 희망에 대하여〉 [전자자료]. 진천군: 정보통신산업진흥원(nipa).

최흥식. (2024). 《AI 전환 시대엔 혼자보다 함께, 클로드 AI 글쓰기》. 부천: 프리렉.

추민영, 박연우, 허수진, 노승현, 허원회. (2024). 〈지자체에서 활용할 수 있는 생성형 AI를 이용한 1:1 맞춤형 노인 스마트폰 교육 서비스 설계〉. 《JIIBC(The journal of the institute of internet, broadcasting and communication)》, 24(1), pp. 133-139. 한국인터넷방송통신학회.

충청남도. (2021). 〈충남도 중장년 여성 일자리 실태 및 충남형 일자리 발굴〉 [전자자료]. 홍성군: 충청남도.

카네기, D., 김시오(역). (2023). 《성공을 부르는 데일 카네기의 7가지 기본 원칙: 챗 GPT 인공지능 시대의 성공법칙!》. 서울: 브라운힐.

카지타니 켄토, 안동현(역). (2024). 《AX 시대, 기업의 승부수는 사업·서비스·조직의 AI 전환에 있다》. 부천: 프리렉.

통계청. (2022). 〈2021년 「중·장년층 행정통계」 결과〉 [전자자료]. 대전: 통계청.

특허청, 중소벤처기업부. (2021). 〈특허청, 중기부와 공동으로 시니어의(중·장년층) 특허기반 기술창업을 지원한다〉 [전자자료]. 대전: 특허청.

프롬프트 크리에이터. (2024). 《(된다!) 하루 만에 끝내는 챗GPT 활용법: 인공지능에게 일 시키고 시간 버는 법》. 서울: 이지스퍼블리싱.

하헌형. (2024). 〈놀줄 알고 쓸줄 아는 'A세대'가 뜬다〉. 《한국경제》. (2024년 4월 9일).

한경록. (2023). 〈챗GPT 활용 스마트 행정〉 [전자자료]. 서울: 서울대학교 아시아연구소 HK+메가아시아연구사업단.

한국개발연구원. (2023). 〈챗GPT 시대를 살아가는 우리와 경제교육〉 [전자자료]: 2023 경제교육 컨퍼런스. 세종: 한국개발연구원(KDI).

한국교육과정평가원. (2023). 《(싱가포르) 챗GPT 관련 싱가포르 교육 분야 대응 현황》 [전자자료]. 진천군: 한국교육과정평가원.

한국데이터산업진흥원. (2024). 〈생성형 AI 거버넌스의 가치와 책임 있는 AI 개발 및 배포를 위한 프레임워크〉 [전자자료]. 서울: 한국데이터산업진흥원(Kdata).

한국신용정보원. (2024). 〈생성형 AI와 양질 데이터 공급의 중요성〉 [전자자료]. 서울: 금융위원회.

한국연구재단. (2024). 〈연구의 창의·혁신성 제고를 위한 생성형 AI 기술 분석 및 활용 연구〉 [전자자료]. 대전: 한국연구재단(NRF).

한국은행 강원본부. (2021). 〈최근 강원지역 중장년층 고용 상황〉 [전자자료]. 춘천: 한국은행 강원본부.

한국저작권위원회 국제통상협력팀 북경사무소. (2024). 《(중국) 생성형 AI에 의해 생성된 울트라맨 이미지 저작권 침해 판결》 [전자자료]. 진주: 한국저작권위원회.

한국청소년정책연구원, 성균관대 글로벌융복합콘텐츠연구소. (2023). 〈챗GPT 알고리즘 이해와 청소년 시민성 증진을 위한 활용 방안 모색〉 [전자자료]. 세종: 한국청소년정책연구원(NYPi).

한세희. (2024). 《(챗GPT도, 일론 머스크도 알고 싶은 요즘 어른을 위한 최소한의) 인공지능 이야기》. 파주: 날.

한영석. (2022). 〈중장년 세대의 재교육을 위한 방송대의 맞춤형 평생교육 프로그램 제공 방안 연구〉 [전자자료]. 세종: 인재개발정보센터.

한요셉. (2024). 〈중장년층 고용 불안정성 극복을 위한 노동시장 기능 회복 방안〉 [전자자료]. 세종: 한국개발연구원.

한혜경. (2022). 《기꺼이 오십, 나를 다시 배워야 할 시간: 오래된 나와 화해하는 자기 역사 쓰기의 즐거움》. 서울: 월요일의꿈.

허일무. (2022). 《여전히 서툰 오십 그래서 담담하게: 흔들리는 오십, 새로운 나와 마주하는 연습! 화성: 파지트.

허정필. (2023). 《(교육공학자가 제안하는) ChatGPT 활용 메타버스기반 혁신교수법》. 파주: 교육과학사.

홍기훈. (2023). 《GPT: 인공지능을 가장 잘 활용하는 신인류의 탄생》. 파주: 21세기북스.

홍성표, 박보람, 양인준. (2021). 《서울시50플러스 동남캠퍼스 운영 방안: 중장년 창업캠퍼스 운영 방안》. 서울: 서울시50플러스재단.

홍순성. (2024). 《(월 20달러로) 비즈니스 글쓰기 with 챗GPT: 블로그, SNS 콘텐츠, 프레젠테이션, 책 쓰기까지 업무에 바로 쓰고 싶다면》. 서울: 한빛미디어.

홍하상. (2022). 〈그레이트 그레이, A세대를 잡아라〉. 효성그룹, (2022년 8월 2일).

황경란, 최성은. (2021). 〈지역주도형 중장년 일자리 현황 및 사례 분석〉 [전자자료]. 수원: 경기복지재단.

황우현, 전다윗, 전다희. (2024). 《챗GPT 수업에서 바로 써먹는 컴퓨터 및 AI 활용》. 파주: 광문각.

황지온. (2024). 〈도파밍·디토·돌봄경제로 보는 A세대의 라이프 스타일 변화〉. 《서울경제》, (2024년 1월 25일).

후루카와 쇼이치, 오기와라 유이. (2024). 《(OpenAI API와 파이썬으로) 나만의 챗GPT 만들기: ChatGPT 기초부터 OpenAI API, 랭체인을 활용한 서비스 앱 제작까지》. 파주: 위키북스.

흔들의자. (2023). 《오십에 시작하는 1인 출판: 평생 현역이 답이다! 퇴직 전에 준비하는 출판의 생존 기술》. 서울: 흔들의자.

Ai, A. L., & Bolling, S. F. (2002). The use of complementary and alternative therapies among middle-aged and older cardiac patients. *American Journal of Medical Quality*, 17(1), pp. 12–19.

Ai, A. L., Hopp, F., Tice, T. N., & Koenig, H. G. (2013). Existential relatedness in light of eudemonic well-being and religious coping among middle-aged and older cardiac patients. *Journal of Health Psychology*, 18(5), pp. 676–688.

Ai, A. L., Peterson, C., Bolling, S. F., & Koenig, H. G. (2002). Private prayer and optimism in middle-aged and older patients awaiting cardiac surgery. *The Gerontologist*, 42(1), pp. 70–81.

Ai, A. L., Peterson, C., Rodgers, W., & Tice, T. N. (2005). Effects of faith and secular factors on locus of control in middle-aged and older cardiac patients. *Aging & Mental Health*, 9(4), pp. 329–338.

Ai, F., Li, E., Ji, Q., & Zhang, H. (2024). Construction of a machine learning-based risk prediction model for depression in middle-aged and elderly hypertensive people in China: A longitudinal study. *Frontiers in Psychiatry*, 15.

Ai, Z., Tang, C., Peng, P., Wen, X., & Tang, S. (2023). Prevalence and influencing factors of chronic pain in middle-aged and older adults in China: Results of a nationally representative survey. *Frontiers in Public Health*, 11.

Ai, Z., Tang, C., Wen, X., & Kartheepan, K. (2024). Examining the impact of chronic diseases on activities of daily living of middle-aged and older adults aged 45 years and above in China: A nationally representative study. *Frontiers in Public Health*, 12.

Ardelt, M., Ai, A. L., & Eichenberger, S. E. (2008). In search for meaning: The differential role of religion for middle-aged and older persons diagnosed with a life-threatening illness. *Journal of Religion, Spirituality & Aging*, 20(4), pp. 288–313.

Armbrust, M., et al. (2010). A view of cloud computing. *Communications of the ACM*, 53(4), 50–58.

Bernal, M. C., Batista, E., & Martínez-Ballesté, A. (2024). Artificial intelligence for the study of human ageing: A systematic literature review. *Applied Intelligence*, 54, 11949–11977.

Bourdieu, P. (1986). The forms of capital. In J.G. Richardson (Ed.), *Handbook of Theory and Research for the Sociology of Education*, pp. 241–258. Greenwood Press.

Brynjolfsson, E., & McAfee, A. (2014). *The Second Machine Age: Work, Progress, and Prosperity in a Time of Brilliant Technologies*. W. W. Norton & Company.

Cao, X., Yin, Z., Li, Y., & Zhang, W. (2021). Aging measure among middle-aged and older Chinese adults using machine learning. *Frontiers in Medicine*.

Chen, H., Chiang, R. H., & Storey, V. C. (2012). Business intelligence and analytics: From big data to big impact. *MIS Quarterly*, 36(4), 1165–1188.

Chew, H. S. J., Tan, E. K., & Yap, J. Y. (2021). The potential of AI in enhancing adult weight loss: A scoping review. *Public Health Nutrition*.

Cusumano, M. A. (2010). *Staying Power: Six Enduring Principles for Managing Strategy and Innovation in an Uncertain World*. Oxford University Press.

Fearon, K. (2023). Chat GPT in our days. Great Britain: [Publisher not identified].

Gomes, S. R. B. S., Campos, M. M. A., & Almeida, G. L. (2023). Predicting depressive symptoms in middle-aged and elderly adults using sleep data and health markers: A machine learning approach. *Sleep Medicine*.

Hu, Y. N., Chen, P. C., Hsu, C. C., Yu, H. K., & Chien, K. L. (2016). Age and gender differences in the relationship between self-rated health and mortality among middle-aged and elderly people in Taiwan. *International Journal of Gerontology*, 10(4), pp. 190–196.

Hüsch, A., Distelrath, D., & Hüsch, T. (2023). Einsatzmöglichkeiten von GPT in Finance, Compliance und Audit: Vorteile, Herausforderungen, Praxisbeispiele. Wiesbaden: Springer Gabler.

Jing, Y., & Tamura, R. (2023). A study on Technology Acceptance Model of AI speakers among middle-aged people. Kyushu University Institutional Repository.

Jonas, R., Wang, S., & Zheng, L. (2021). Relationship of age, atherosclerosis, and angiographic stenosis using AI. *Open Heart*.

Kathuria, R., & Kathuria, V. (2020). The use of human-centered AI to augment the health of older adults. In International Conference on Human-Computer Interaction.

Kim, E., Zhang, L., & Zuo, J. (2021). Age bias in emotion detection: An analysis of facial emotion recognition on young, middle-aged, and older adults. AAAI/ACM Conference.

Koc, M. (2023). Artificial intelligence in geriatrics. Turkish Journal of Geriatrics.

Kotler, P., & Keller, K. L. (2016). *Marketing Management*. Pearson.

Lee, M., & Park, J. S. (2022). Do parasocial relationships and the quality of communication with AI shopping chatbots determine middle-aged women consumers' continuance usage intentions?. *Journal of Consumer Behaviour*, 21(4), pp. 607–618.

Lin, K. C., Huang, J., & Chen, W. (2021). A feasible fall evaluation system via AI gesture detection of gait and balance for older adults in Taiwan. *IEEE Access*.

Lind, L., Vessby, B., & Sundström, J. (2006). The apolipoprotein B/AI ratio and the metabolic syndrome independently predict risk for myocardial infarction in middle-aged men. *Arteriosclerosis, Thrombosis, and Vascular Biology*, 26(5), 956–961.

Ma, B., Lee, Y., & Wang, S. (2023). Artificial intelligence in elderly healthcare: A scoping review. *Ageing Research Reviews*..

Mahmoud, E. (2023). Using chat GPT to escape the matrix. Great Britain: [Publisher not identified].

Moghadam, M. P., Esfandiar, P., & Shirani, Z. (2024). Impact of AI in nursing for geriatric clinical care for chronic diseases: A systematic review. IEEE.

OECD. (2023). *Putting AI to the test: how does the performance of GPT and 15—year—old students in PISA compare?.* Paris: OECD.

Park, Y., Cho, E., & Kim, M. (2024). Effectiveness of AI robot interventions on psychological health in community—dwelling older adults. *Journal of Korean Gerontological Nursing.*

Qiu, Y., Xie, H., & Zhang, Y. (2024). Effectiveness of digital intelligence interventions on depression and anxiety in older adults. Psychiatry Research.

Ragnedda, M. (2018). Conceptualizing digital capital. Telematics and Informatics, 35(8), pp. 2366—2375.

Ragnedda, M., & Ruiu, M. L. (2020). *Digital Capital: A Bourdieusian Perspective on the Digital Divide.* Emerald Publishing Limited.

Shum, N. Y. E., & Lau, H. P. B. (2024). Perils, power, and promises: Latent profile analysis on attitudes toward (AI) among middle—aged and older adults in Hong Kong. *Computers in Human Behavior,* 2(2).

Tan, J. Y., Lee, S., & Ho, M. (2024). Role of technology in health for middle—aged and older adults in Singapore. *Scientific Reports.*

Tseng, H. T., Huang, H. H., & Hsieh, C. C. (2020). Active Aging AI Community Care Ecosystem Design. In Population. Healthy and Active Aging, pp. 137—149.

Tzuo, T., & Weisert, G. (2018). *Subscribed: Why the Subscription Model Will Be Your Company's Future — and What to Do About It.* Penguin.

Vyas, M., Izzo, J. L., Lacourcière, Y., Dube, M. P., & Tremblay, J. (2007). Augmentation index and central aortic stiffness in middle—aged to elderly individuals. *American Journal of Hypertension,* 20(6), pp. 642—649.

Wallenfeldt, K., Bokemark, L., Wikstrand, J., & Hulthe, J. (2004). Apolipoprotein B/apolipoprotein AI in relation to the metabolic syndrome and change in carotid artery intima—media thickness during 3 years in middle—aged men. *Stroke,* 35(6), pp. 1432—1437.

Wang, A., Zhou, Y., Ma, H., Tang, X., & Pei, R. (2024). Preparing for aging: Understanding middle—aged user acceptance of AI chatbots through the technology acceptance model. *Digital Health,* 10.

Wang, P., Lee, C., & Zhang, Y. (2024). Evaluating impact factors of AI acceptance in outpatient service by middle—aged and older individuals. Resilience in Healthcare.

Welty, F. K., Lichtenstein, A. H., Lamon—Fava, S., & Schaefer, E. J. (2007). Effect of body mass index on apolipoprotein AI kinetics in middle—aged men and postmenopausal women. *Metabolism,* 56(12), pp. 1684—1689.

Zhang, W., Cai, Y., & Zhou, S. (2024). Artificial intelligence in geriatrics: A systematic literature review. *Applied Intelligence.*

특별부록

계정 만드는 법부터 다양한 프롬프트 사용법까지, 자신에게 꼭 필요한
생성형 AI를 100% 완벽하게 활용하는 법! 〈처음 어른들을 위한 생성형
AI 2.0 퍼펙트 활용 가이드〉에서 확인하세요.

생성형 AI가
처음인 어른들을 위한
가장 쉬운 책

1판 1쇄 인쇄 2025년 1월 3일
1판 1쇄 발행 2025년 1월 10일

지은이 김재필
펴낸이 김기옥

경제경영팀장 모민원
기획 편집 변호이, 박지선
마케팅 박진모
지원 고광현, 임민진
제작 김형식

디자인 푸른나무디자인
인쇄·제본 민언프린텍

펴낸곳 한스미디어(한즈미디어(주))
주소 121-839 서울특별시 마포구 양화로 11길 13(서교동, 강원빌딩 5층)
전화 02-707-0337 | **팩스** 02-707-0198 | **홈페이지** www.hansmedia.com
출판신고번호 제 313-2003-227호 | **신고일자** 2003년 6월 25일

ISBN 979-11-93712-86-3 (13320)